Freundschaft und Liebe bei Mädchen und Jungen im Grundschulalter

Eine empirische Untersuchung

von

Birgit Leidinger

Tectum Verlag
Marburg 2003

Leidinger, Birgit:
Freundschaft und Liebe bei Mädchen und Jungen im Grundschulalter.
Eine empirische Untersuchung.
/ von Birgit Leidinger
- Marburg : Tectum Verlag, 2003
Zugl: Kassel, Univ. Diss. 2003
ISBN 978-3-8288-8488-5

Tectum Verlag
Marburg 2003

Inhalt

Einleitung

In verschiedenen Kommentaren zum „Jahr des Kindes", das 1979 von den Vereinigten Nationen ausgerufen wurde, bedauerten die Verfasser noch den Mangel an Daten über kindliche Lebensbedingungen und ihre subjektive Bewertung (vgl. LANG 1985). Bereits ein Jahr später im Kindersurvey 1980, den LANG als eine der ersten systematischen Erhebungen der Lebensverhältnisse von Kindern in der Bundesrepublik Deutschland ansieht, wurden in einer repräsentativen Befragung von 2048 acht- bis zehnjährigen Kindern die drei sozialisationsrelevanten Bereiche Familie, Schule und Spiel untersucht, wobei deren subjektive Komponenten mitberücksichtigt wurden. Seither erschienen eine ganze Reihe von Arbeiten (PETILLON 1993; KRAPPMANN/ OSWALD 1995; ZEIHER 1996), die der Perspektive von Kindern einen hohen Stellenwert einräumen und den „Alltag der Kinder" aus deren Sicht darstellen.

Aus erziehungswissenschaftlicher und sozialpädagogischer Sicht besteht auf dem Gebiet „Freundschaft und Liebe zwischen Mädchen und Jungen im Grundschulalter" ein Forschungsdefizit. So existieren zwar Studien, die die Relevanz von Freundschaften in der mittleren Kindheit betonen, aber vorliegende Untersuchung ist vermutlich die erste, die sich explizit mit gegengeschlechtlichen Beziehungen und Beziehungswünschen befasst. Mittels Befragung, Beobachtung und der Auswertung schriftlicher Texte von Kindern im Grundschulalter soll deren persönliche Einschätzung und Wahrnehmung zum Thema Freundschaft und Liebe erforscht werden.

Wer mit offenen Augen durch eine Grundschule geht, wird an vielen Stellen Indizien finden für die kindliche Auseinandersetzung mit dem Thema Freundschaft und Liebe. Auf Tafeln, Möbeln, Malunterlagen und Wänden sieht man mit Namen versehene Herzchen, Amors Pfeil oder einfach nur zwei Namen, die durch ein Pluszeichen verbunden sind.

Auch die Auswertung der Beratungsgespräche des Kinder- und Jugend-
telefons weist darauf hin, dass Kinder und Jugendliche viele Fragen,
Sorgen und Ängste zum Themenkomplex Sexualität und Beziehungen
haben (Vgl. SCHÜTZ 1999). Dass in diesem Zusammenhang ein großer
Wissens- und Redebedarf auch bei jüngeren Kindern besteht, belegt die
Statistik zur Altersverteilung der Anrufenden. Im Alter von unter acht Jahren bis zu elf Jahren sind es immerhin 16,2%. Der häufigste Anlass für
einen Anruf beim Kinder- und Jugendtelefon ist ein Thema aus dem Bereich Partnerschaft und Liebe, mit dem sich ein Drittel aller Gespräche
beschäftigt. Damit liegt dieser Themenkomplex mit deutlichem Abstand
vor den Bereichen Familie, die nach Anlasshäufigkeit der Anrufe an vier-
ter Stelle liegt, und Schule, die erst an siebter Stelle erscheint.

Die Studien von KRAPPMANN/OSWALD (1995,S.200) und BREI-
DENSTEIN/KELLE (1998,S.4) stimmen darin überein, dass es so etwas
wie eine Normalität der Geschlechtertrennung gibt, wenn die Kinder die
Sitzordnung frei wählen oder die Zusammensetzung der Arbeitsgruppe
selbst bestimmen dürfen.

Obwohl die Geschlechtssegregation in der Grundschule immer wieder
beschrieben wird (LEVER 1976, WAGNER 1989) schließe ich mich der
Vermutung von HORSTKEMPER (1996) an, dass die Trennung in Jun-
gen- und Mädchencliquen weniger scharf ist, als sie auch PETILLON
(1993) für die Schulanfänger feststellt. In ihrem Aufsatz „Kontaktbörse
Grundschule – Zwischen Spaßkämpfen, erster Verliebtheit und Anmache" beschreibt sie, dass Mädchen und Jungen bereits in der Grundschule die – auch erotisch gefärbte – Kontaktaufnahme zum anderen
Geschlecht üben. Dies wird auch in Aufsätzen deutlich, die im Zusammenhang mit der Koedukationsdebatte von Grundschülern zum Thema
„Mädchen und Jungen in der Grundschule" geschrieben wurden. Vehe-
ment vertraten beide Geschlechter die Meinung, dass sie keinesfalls getrennt werden wollen. Ein typisches Beispiel gibt ein achtjähriges Mädchen:

„Eine Schule, in der es keine Jungen gibt, ist saublöd. Dann können keine Mädchen und Jungen kämpfen. Und man kann nicht verliebt sein" (Vgl. FAULSTICH-WIELAND/ HORSTKEMPER 1993, S. 46).

Da die meisten Forschungsergebnisse darin übereinstimmen, dass sich Freundschaften von Jungen und Mädchen sowohl im äußeren Verhalten als auch in ihren Erwartungen unterscheiden, gilt mein besonderes Interesse der Frage, wie es sich in den anscheinend eher seltenen gegengeschlechtlichen Freundschaften verhält. In seiner kurzen Genese von Beziehungen unterschiedlicher Qualität vermutet KRAPPMANN (1998, S.367), dass die Liebesbeziehung sich über einige Phasen hinweg gemeinsam mit der Partnerschafts- und Freundschaftsvorstellung entwickelt und später eigene Wege geht. So fragt er sich auch, ob man frühe Vorformen im Sozialleben der Kinder und Jugendlichen entdecken kann.

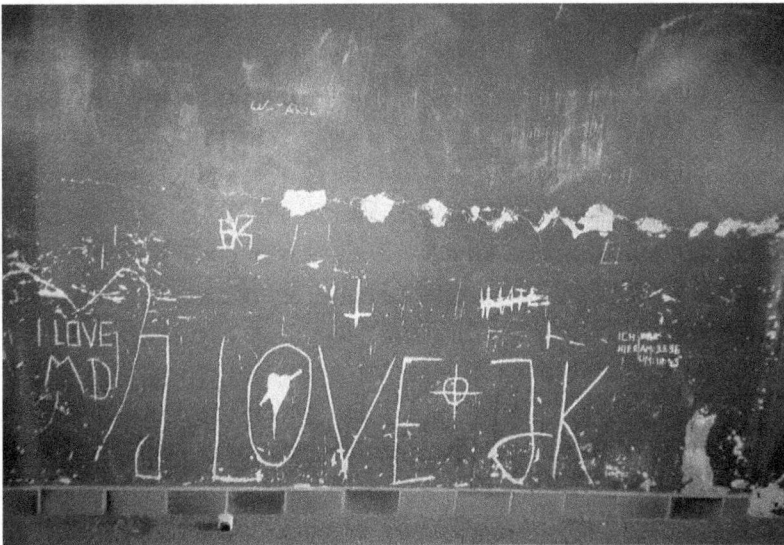

Einer der Eingangsbereiche der Grundschule in Wetter

Die Bedeutung der Beziehung zu Gleichaltrigen und dabei insbesondere die Bedeutung von Freundschaften ist allgemein anerkannt; Ausgangs-

8

hypothese ist hier aber, dass viele Kinder im Grundschulalter auch ein breites Spektrum an Gefühlen in Zusammenhang mit Verliebtheit erleben.

Generelles Ziel der Arbeit ist die wissenschaftliche Untersuchung der Phänomene Freundschaft und Liebe im Grundschulalter. Zur allgemeinen Bedeutung der kindlichen Sozialbeziehungen in der Grundschule ist bereits viel geforscht worden; hier hat insbesondere PETILLON (1993) wichtige Beiträge geleistet. Beziehungen zwischen Jungen und Mädchen, ihre teilweise erotische Einfärbung und ihre Bedeutung für die Betroffenen sind dabei allerdings so gut wie gar nicht untersucht worden. Die Vernachlässigung dieses Forschungsgebietes legt die Vermutung nahe, dass der ganze Bereich soweit tabuisiert ist, dass er sich sogar der Wahrnehmung entzieht. Als Hypothese wird hier also davon ausgegangen, dass Kinder in ihren ersten „Liebesbeziehungen" das ganze Spektrum der Gefühle über Sehnsucht bis zu Eifersucht und Enttäuschung erleben und dies für sie entsprechende Bedeutung hat. Es wird untersucht, unter welchen Bedingungen sich gegengeschlechtliche Freundschaften und Liebesbeziehungen entwickeln, welche Voraussetzungen und Verhaltensstrategien sie erhalten oder beenden und welche Konstanz oder Veränderung die dyadische Beziehung kennzeichnet. Neben den geglückten Beziehungen wird in dieser Arbeit auch den erwünschten, den einseitig erhofften und misslingenden Beziehungen nachgespürt. Zu den Ausgangsüberlegungen gehört die Vermutung, dass ältere Geschwister in ihrer Vorbildfunktion dazu beitragen, dass sich Kinder früh verlieben. Dies gilt es ebenso zu überprüfen wie die Frage danach in welchem Maße die Vorstellung von Liebe bereits bei Kindern Sehnsuchtsbilder erzeugt. Großes Interesse liegt auch in der Erforschung der Einstellungen von Jungen und Mädchen. Gibt es hier Unterschiede im Erleben oder decken sich die Auffassungen? Eine weitere Frage stellt sich in Bezug auf die Einschätzung von Verliebtheit bei den Klassenkameraden. Bestehen hier normierende Vorstellungen? Schließlich ist zu untersuchen, welche Entwicklungspotentiale und Lernmöglichkeiten die gegengeschlechtlichen Beziehungen implizieren.

Der Begriff „Liebe" wurde von mir zunächst vermieden, erst als die Kinder das Wort ohne Scheu, unverkrampft und unbefangen in die Befragung einbrachten, entschloss ich mich dem Beispiel zu folgen und der vorliegenden Arbeit den möglicherweise zu Widerspruch reizenden Titel zu geben.

Das Interesse am Thema beruht in dreierlei Hinsicht auf eigenen Erfahrungen. Zum einen liegen diese im Rückblick auf die eigene Kindheit und den damit verbundenen Erinnerungen an Freundschaften und Verliebtheiten, zum anderen wurden sie aktiviert durch das Miterleben der manchmal besonders schönen, manchmal leidvollen Erfahrungen der eigenen Kinder und schließlich liegen sie in meiner langjährige Tätigkeit mit Grundschulkindern, die mich immer wieder mit ihrer Freude und ihrem Schmerz im Zusammenhang mit Freundschaft und Liebe konfrontierten und mich somit für die Bedeutung des Themas sensibilisierten.

Ein Anliegen der Arbeit ist es, neben der Bearbeitung des Themas, ausgewählte Rahmenbedingungen und inhaltliche Aspekte des heutigen Kinderlebens darzustellen. So dient Teil 1 der Arbeit der Einführung in Thematik und Forschungsstand und Teil 2 der Darstellung der eigenen Untersuchung und ihrer Ergebnisse.

Fotos erscheinen als wertvolles Hilfsmittel der Dokumentation. Da der Fotoapparat als technisches Aufnahmegerät bei den Kindern jedoch unmittelbare Reaktionen auslöst, die die Situation direkt verändern, konnte er nur bedingt eingesetzt werden. Bildlich festgehalten wurden Tafelbilder, Malunterlagen, Hauswände und Liebesbriefe, die das Interesse der Grundschulkinder am Thema Liebe dokumentieren.

Die Arbeit berührt verschiedene Fachdisziplinen (Soziologie, Psychologie, Medizin, Erziehungswissenschaften, Sozialpädagogik). Mit MÜNCH (1984, S.30) soll hier vorwegnehmend auf die damit verbundenen Schwierigkeiten hingewiesen werden.

„Es gehört zu den Risiken eines interdisziplinären Ansatzes, daß Spezialisten aller an der Thematik interessierten Disziplinen aus der Perspektive ihrer Fachrichtung wesentliche Aspekte zu wenig berücksichtigt sehen."

Um dem Titel der Arbeit „Freundschaft und Liebe bei Jungen und Mädchen im Grundschulalter" gerecht zu werden ist es unumgänglich die drei Bereiche

- Mädchen und Jungen
- Freundschaft und Liebe
- Grundschulalter

genauer zu erarbeiten. So werden im ersten Kapitel Sozialisationsbedingungen dargestellt, wobei das Aufwachsen und Leben als Junge oder Mädchen besondere Berücksichtigung findet. Im zweiten Kapitel geht es in einer Phänomenologie der mittleren und späten Kindheit um das Grundschulalter. Das dritte Kapitel erarbeitet schließlich theoretische Perspektiven und empirische Befunde von Freundschaft und Liebe. Damit sind Rahmenbedingungen skizziert innerhalb derer sich die eigene Untersuchung zum Thema bewegt.

Kapitel 4 dient der Beschreibung des Forschungsfeldes, der Darstellung der Untersuchungsmethoden und Aussagen zur Auswertung. Kapitel 5 präsentiert die Ergebnisse der Befragungen und Beobachtungen, die ergänzt werden durch die Analyse schriftlicher Schülerarbeiten zum Thema. Acht ausgewählte Kinderportraits schließen sich zur Veranschaulichung an. Die Untersuchung zum Verständnis von Freundschaft und Liebe bei Grundschülern wird abgerundet durch den Blickwinkel der Retrospektive. So sind Interviews mit Erwachsenen, die ihre Rückerinnerung an eigene Verliebtheit in ihrer Grundschulzeit schildern, Inhalt eines Exkurses. Im gleichen Kapitel findet sich auch ein „Experteninterview" mit PETER HÄRTLING, dem Autor der bekannten Liebesgeschichte für Kinder „Ben liebt Anna". Im letzten Kapitel werden die Ergebnisse abschließend zusammengefasst und mit Perspektiven zum pädagogischen Umgang versehen.

I. Veränderte Rahmenbedingungen der Sozialisation

Nach HURRELMANN (2001, S.275) war die Bestimmung des Sozialisationsbegriffs seit seiner wissenschaftlichen Erstverwendung durch den französischen Sozialwissenschaftler Emile DURKHEIM zu Beginn des zwanzigsten Jahrhunderts nicht immer eindeutig. Wurden Sozialisationseinflüsse lange Zeit als einseitig angenommen in dem Sinne, dass das Verhalten der Eltern als Bedingung das der Kinder als Folge interpretiert wurde, setzten sich später systemische Perspektiven durch und die gegenseitige transaktionale Beeinflussung der Mitglieder eines Systems rückte in den Blickpunkt (Vgl. OERTER/MONTADA 1998, S.33).

Sozialisation – als der Prozess, in dem ein Mensch durch die sozialen, ökonomischen und kulturellen Verhältnisse der historisch gewachsenen Gesellschaft so geformt wird, dass er ihnen gemäße Einstellungen und Verhaltensweisen entwickelt – soll hier als aktiver Vorgang der Aneignung und Auseinandersetzung mit grundlegenden Handlungs- und Reaktionsmustern verstanden werden. Das impliziert die Ausbildung von Regulations- und Selbstregulationssystemen bei Kindern und Heranwachsenden, die gegenüber ihren "Vorbildern" neu und subjektspezifisch sind.

Klassischen Sozialisationstheorien mit ihren lern- und verhaltenstheoretischen, entwicklungstheoretischen, psychoanalytischen, rollen- und interaktionstheoretischen sowie gesellschaftstheoretischen Ansätzen stehen heute integrative Theorie- und komplexe Forschungsansätze gegenüber, die in der Regel interdisziplinär konzipiert sind und von Vertretern gesellschafts- und sozialstrukturtheoretischer Positionen ausgegangen sind. Im Fachlexikon der sozialen Arbeit halten PRESSEL und PRESSEL (1997, S.879) fest, dass die begrenzte Reichweite der verschiedenen Sozialisationstheorien für die Praxis bedeute, dass die ausschließliche Orientierung an einer Theorie zur Verkürzung der Erklärungen und damit auch zu unvollständigen Handlungsstrategien führen müsse.

Laut HONIG (1999, S.79) setzt sich die sozialwissenschaftliche Kind-heitsforschung heute von einem Verständnis der Kindheit als Ent-wicklungs- beziehungsweise Sozialisationsphase ab. Der Verzicht auf die Sozialisationsperspektive gründet nach OSWALD (2000, S.9) in der Hoffnung und Absicht die Konstruktionsleistungen der Kinder leichter zu verstehen und neue Aspekte der Kinderwelt zu entdecken. Wenn er vom neuerdings proklamierten Ende der Sozialisationsforschung spricht, sieht OSWALD dies jedoch als irreführendes Bild. Für ihn stehen Soziologie der Kindheit als Untersuchung der kindlichen Eigenwelt in keinem grund-sätzlich paradigmatischen Gegensatz zur Sozialisationsperspektive. Mit HONIG (1999, S.84) geht die Verfasserin davon aus, dass es kind-heitstheoretisch notwendig ist Entwicklungsprozesse in Auseinander-setzung mit Kindheitscodes darzustellen aber auch die Pluralisierung der Kindheitsmuster selbst.

Auch HEINZEL (2000, S.17) sieht eine Ergänzung in den wissen-schaftlich fundierten Auffassungen über Kindheit als Entwicklungsphase, sozialisierende Vorbereitungsphase und Übergangsraum auf das Er-wachsenendasein einerseits und der weiteren Perspektive als sozialer Strukturkategorie und Konstrukt generationaler Verhältnisse anderer-seits.

Im Sozialisationsprozess wirken eine Vielzahl von Faktoren, die sich auf unterschiedlichen Ebenen analysieren lassen. Im Zusammenhang dieser Arbeit interessieren besonders die Auswirkungen des sozialen Wandels, die geschlechtsspezifische Sozialisation, der Einfluss der Massenmedien sowie die Schule als Sozialisationsinstanz.

1.1 Kindheit im gesellschaftlichen Umbruch

LANGE (1996, S.46) weist darauf hin, dass sich nicht nur die faktische Kindheit ändert, sondern auch die Vorstellungen von Kindheit einem

Wandel unterworfen sind, wobei beide Prozesse in einem wechselseitigem Austauschverhältnis zueinander stehen.

In der „Geschichte der Kindheit", die ARIÈS bereits 1960 als Verfallsgeschichte, DEMAUSE (1975), als eine lineare Geschichte des Fortschritts beschreibt, wird die fehlende Trennung von Kindern und Erwachsenen in der Vormoderne konstatiert. Im Mittelalter lebte das Kind sobald es sich alleine fortbewegen und verständlich machen konnte mit den Erwachsenen in einem informellen natürlichen „Lehrlingsverhältnis", das die Bereiche Welterkenntnis, Religion, Sprache, Sitte, Sexualität und Handwerk betraf (Vgl. von HENTIG 1975, S.10). Laut ARIÈS kannte die mittelalterliche Kunst die Kindheit entweder nicht oder unternahm jedenfalls keinen Versuch sie darzustellen. Das was heute unter Kindheit verstanden wird, ist für ihn im wesentlichen „Erfindung" der Neuzeit und setzte sich erst mit dem aufkommenden Bürgertum durch. Hier weist HONIG (1999, S.29) darauf hin, dass Kritik und Kommentare zu ARIÈS These es nahe legen, eher von „Herstellung" oder Durchsetzung moderner Kindheit zu sprechen als von Entdeckung. Obwohl die beiden Klassiker der Kindheitsgeschichte völlig konträre Positionen vertreten, wird deutlich, dass es immer Veränderungen gab, im Hinblick auf das, was Kindern zugestanden aber auch zugemutet wurde. SCHÖN (1995, S.51/52) hält fest, dass die historisch-gesellschaftliche Veränderung von Kindheit offensichtlich weder linear positiv noch einfach negativ verlaufen ist. Die Veränderungen in der Sozialisation und Erziehung seien in der Realität komplexer, vielschichtiger und widersprüchlicher, als es auf den ersten Blick erscheine.

Die „Moderne" – als Resultat von ökonomischen, politischen und kulturellen Modernisierungsprozessen, von der Umwandlung der Agrargesellschaft des achtzehnten Jahrhunderts bis zur Industriegesellschaft in der heutigen Gestalt – wird getragen von Rationalisierungs- und Individualisierungsprozessen. Die technische Rationalisierung führte zur strikten Trennung von Arbeit und Familienleben und damit gleichzeitig zur Aufteilung von Emotionalität auf Seiten von Familie und Freizeit sowie

Sachlichkeit auf Seiten von Arbeitswelt und Schule. Individualisierung dagegen meint Prozesse der Freisetzung aus „überkommenen Sozial-formen, Sozialmilieus und Orientierungen" und der sozialen Vereinze-lung sowie die Abhängigkeit von neuen institutionellen Anforderungen (Vgl. STANGE 1995,S.57-100).

Wie LANGE (1996, S.9) ausführt, haben sich in den letzten Jahren vor allem zwei gegensätzliche Positionen in der Kindheitsforschung etabliert. In der Öffentlichkeit werde Kindheit häufig als verplante und verarmte, gestresste und risikoreiche Zeit des Aufwachsens in einer konsumorien-tierten Gesellschaft gesehen. Ihren kulturkritischen Niederschlag fände diese Position in Titeln wie „Das Verschwinden der Kindheit (POSTMAN, 1987), „Kindheit als Fiktion" (HENGST, 1981), „Das gehetzte Kind" (EL-KIND, 1991), „Ende der Spielzeit. Wie wir unsere Kinder verplanen". Nach LANGE vertritt die andere Seite die Auffassung, dass das Interes-se an Kindern noch nie so groß war wie heute und das Aufwachsen durch eine Vielzahl von Chancen und Optionen gekennzeichnet ist.

Im Folgenden werden die in den vergangenen zweieinhalb Jahrzehnten durch den „Modernisierungsschub" geprägten gesellschaftlichen Ent-wicklungen in ihren Auswirkungen auf die heutige Kindheit dargestellt. Dabei soll Kindheit hier nicht negativ als „Verlorene" bewertet werden, wenn sie unter den Modernisierungsgesichtspunkten von Individualisie-rung und Pluralisierung betrachtet wird, sondern sie soll – wie PREUSS-LAUSITZ vorschlägt – in Kategorien von Gefahren und Chancen, von Widersprüchen und Ambivalenzen und neuen Balanceversuchen be-schrieben werden.

Als erste und wichtigste Sozialisationsinstanz ist nach wie vor die Familie zu sehen. Deren Entwicklung ist in den letzten 20 bis 25 Jahren be-stimmt durch sinkende Eheschließungszahlen, steigende Scheidungs-raten, eine wachsende Anzahl kinderloser Ehen, die Zunahme unverhei-ratet zusammenlebender Paare, sinkende Geburtenraten und eine höhe-re Anzahl von Einzelkindern, die es mit sich bringt, dass künftig vermehrt

Kinder ohne Onkel und Tanten aufwachsen werden sowie einer wachsenden Zahl alleinerziehender Eltern. Eine weitere demographische Veränderung liegt in der zunehmenden Berufstätigkeit der Mütter (Vgl. ROLFF/ZIMMERMANN 1997, S.22). Aus den statistischen Angaben lässt sich zusammenfassend feststellen, dass Kinder heute vermehrt mit berufstätigen Müttern in Ein-Eltern-Familien, als Einzelkinder und Scheidungskinder aufwachsen. Daneben ist nach wie vor trotz der Verstädterung des ländlichen Raumes besonders auf dem Lande die Mehrgenerationenfamilie anzutreffen.

Auch der „Zehnte Kinder und Jugendbericht" (1998) konstatiert den Geburtenrückgang und beschreibt die Vielfalt der familialen Lebensverhältnisse. Nach PEUCKERT (1991) kann es während Kindheit und Jugend zu mehrmaligem Wechsel zwischen verschiedenen Familienformen kommen. Fast 30 Prozent der Kinder, die in den 80er Jahren geboren wurden, werden nach verschiedenen Schätzungen eine Zeitlang ohne Vater oder Mutter leben (FTHENAKIS 1995, SCHWARZ, 1989). NAUCK (1995) weist darauf hin, dass die Kindschaftsverhältnisse in denen Kinder aufwachsen von elementarer Bedeutung für die Lebensqualität sind. In seiner differenzierten Analyse der Familienformen, in denen Kinder heranwachsen, geht er von einem Normalentwurf aus, den er in folgende Einzeldimensionen gliedert:

(1) die Eltern des Kindes sind miteinander verheiratet, das Kind ist
(2) ehelich geboren und ist
(3) ein leibliches Kind der Eltern, wobei
(4) diese Eltern in einer Haushaltsgemeinschaft leben und zugleich
(5) eine Haushaltsgemeinschaft mit dem Kind bilden.

NAUCK hält fest, dass mehr als 83 Prozent aller minderjährigen Kinder in Westdeutschland und über 75 Prozent der Kinder in Ostdeutschland in einem Kindschaftsverhältnis stehen, das dem Normalitätsentwurf entspricht (Vgl. NAUCK 1995, S.61).

Zunehmende Erwerbstätigkeit der Mütter einerseits und die hohe Arbeitslosenquote andererseits beeinflussen das Familienleben ebenfalls entscheidend. Individualisierung der kindlichen Lebensläufe stehen der Standardisierung der Lebensbedingungen durch Massenkonsum, Medien und Spielzeug gegenüber. Nach HERZBERG (1992) spielen etwa 10 Prozent der Kinder aufgrund mangelnder Spielgelegenheiten überwiegend allein und unterhalten nur in der Schule Kontakte zu Gleichaltrigen. Damit ist die Schule zu einem wichtigen Ort geworden, an dem die Kinder ihre Freunde täglich treffen. So haben auch die Befragungen, die KRAPPMANN und OSWALD (1995) in ihrem Projekt zum „Alltag der Schulkinder" durchführten, ergeben, dass die meisten Kinder ihre Freunde unter den Klassenkameraden wählten. Dies entspricht Ergebnissen einer Studie des Deutschen Jugendinstituts (1992), das über eintausend acht- bis zwölfjährige zum Thema „Was tun Kinder am Nachmittag?" befragte.

Die Interpretation dieser statistischen Daten und ihre Bedeutung für die kindliche Persönlichkeitsentwicklung ist mit Bedacht vorzunehmen. Schnelle Zuweisungen sind zu vermeiden, zumal die lebenslagenspezifischen, geschlechtsspezifischen und regionalen Unterschiede keine Verallgemeinerungen zulassen. Mit ALTERMANN-KÖSTER (1992) bin ich der Auffassung, dass die Art und Weise in der Kinder Konflikte und Belastungen verarbeiten weniger von der jeweiligen Familienform abhängt, als von der Art und dem Ausmaß der Kommunikation, Interaktion und emotionalen Zuwendung, ebenso von personalen Kompetenzen wie individuellen Problembewältigungsstrategien, aber auch von Interventionen durch formelle und informelle Unterstützungssysteme.

Provozierend fragt Elisabeth BECK-GERNSHEIM: „Was kommt nach der Familie?" und beschreibt, dass diese ihr Monopol, das sie lange Zeit innehatte, endgültig verliert, wobei das nicht heiße, dass die traditionelle Familie sich auflöse.

> „Ihre quantitative Bedeutung nimmt ab, neue Lebensformen kommen auf und breiten sich aus, die nicht oder jedenfalls nicht zumeist auf Alleinleben zielen, eher auf Verbindungen anderer Art: z.B. ohne Trauschein oder ohne Kinder; Alleinerziehende, Fortsetzungsfamilien oder Partner desselben Geschlechts; Wochenend-

Beziehungen und Lebensabschnittgefährten; Leben mit mehreren Haushalten oder zwischen verschiedenen Städten. Es entstehen mehr Zwischenformen und Nebenformen, Vorformen und Nachformen; das sind die Konturen der >>postfamilialen Familie<<"(BECK-GERNSHEIM 1998, S.20).

Die Diversifizierung von familiären Erfahrungsmustern hat sozialisatorische Effekte auf die Kinder, die BECK-GERNSHEIM im Zusammenhang mit Trennungsereignissen als individualistische Botschaft ansieht. Wenn es Kindern gelänge, sich mit wechselnden Familienformen zu arrangieren, so hieße das, dass sie früh lernen müssten Bindungen aufzugeben und mit Verlust fertig zu werden. So würden sie früh lernen, was Verlassenwerden und Abschied bedeuten und erfahren, dass die Liebe nicht ewig währt, dass Beziehungen endeten, dass Trennung ein Normalereignis im Leben darstelle.

Eine einseitige Interpretation, die bei Kindern in diesem Zusammenhang nur die Verletzungen und lebenslangen Störungen sieht, ist meines Erachtens ebenso falsch, wie die Überbetonung der Anpassungsfähigkeit von Kindern in familiären Krisen.

Die grundlegende Änderung des Eltern- Kind- Verhältnisses ist neben dem Wandel der familiären Strukturen ein weiterer wesentlicher Aspekt einer Kindheit im Wandel. Nach ROLFF und ZIMMERMANN (1997, S.22) dienen Kinder nicht mehr lediglich der Versorgung der Eltern im Alter, der Fortführung der Familientradition und der Weitergabe des Familiennamens, sondern sie sollen dem Leben der Eltern Sinn geben. Kinder werden gehegt und gepflegt und die Eltern sind bemüht auf die Gefühle der Kinder einzugehen. Die problematische Seite daran liegt in der Idee der „perfekten Sozialisation" der sich etliche moderne Eltern verschreiben. (Vgl. ROLFF und ZIMMERMANN 1997, S.32) Die Zukunftshoffnungen, Ambitionen und Investitionen der Eltern konzentrieren sich auf das Kind, dessen „Gelingen" gesichert werden soll. Das impliziert, dass Kinder mit ihren geistigen und körperlichen Eigenheiten immer weniger so akzeptiert werden wie sie sind, sondern zum Zielpunkt ehrgeiziger und planvoller Bemühungen werden. Mit Hilfe von Therapeuten und Trainings in den unterschiedlichsten Bereichen sollen frühzeitig alle Mängel korrigiert und durch Kurse und Förderprogramme alle Anlagen gestärkt werden. BECK-GERNSHEIM (1998) spricht vom Gestaltwandel, den Elternschaft in der Moderne durchmacht: „Optimale Startchancen fürs Kind" heißt die neue Elternpflicht – und, so ihre These, was wir heute als Anspruchshaltung der Eltern erleben, ist nicht zuletzt ein Versuch, dies Gebot zu erfüllen. Fortschritte in Medizin, Psychologie und Pädagogik führen dazu das Kind zunehmend gestaltbar werden zu lassen. Durch immer stärkere Betonung der Bedeutung der ersten Lebensjahre seitens der Psychologie, wird das Unterlassen von Förderung mit verlorenen Entwicklungschancen gleichgesetzt. Zu einem Zeitpunkt, an dem traditionelle Familienerziehung problematisiert wird, steht die Familie gleichzeitig unter einem immensen Erziehungsdruck. Widersprüchliche Folgen davon können zum einen Überforderung der Kinder durch einseitig ausgerichtete kognitive Anforderungen und Terminpläne sein[1], zum anderen völlige Vernachlässigung von Erziehung. HURREL-MANN (1994a, S.13) hält fest, dass in Familie und Schule heute große Verunsicherung herrscht. Eltern und Berufspädagogen wüssten zuviel über die Fehler, die im Umgang mit Kindern und Jugendlichen möglich sind. Um nur ja nichts falsch zu machen und auch, um sich der quälenden Auseinandersetzung darüber zu entziehen, was den Kindern und Jugendlichen erzieherisch bekommt, hätten sich viele Erwachsene aus der Rolle als Eltern oder Erzieher verabschiedet und sich auf eine Position der „Nicht-Erziehung" zurückgezogen.

Unabhängig von der „Erziehungskrise" gilt als heutiges höchstes Erziehungsziel der Eltern die Selbständigkeit ihrer Kinder. Dies drückt sich auch in einem stärker ausgeprägten partnerschaftlichen Eltern-Kind-Verhältnis aus. Wie BÜCHNER (1991) es formuliert, geht die Ent-

---

[1] Auf ein extremes Beispiel dieser Förderung und Entwicklungsbeschleunigung weist LANGE (1996,S.60) hin. Das „Better Baby Institute" in Philadelphia versucht das kindliche Potential möglichst früh und umfassend zu maximieren. Die so geförderten Kinder können im zweiten Lebensjahr lesen, Musik verfassen und vieles mehr.

wicklung vom Befehlen und Gehorchen zum Verhandeln, was bedeutet, dass Ver- und Gebote zunehmend durch Diskussionen ersetzt werden. Indem die persönlichen Interessen der Familienmitglieder prinzipiell als gleichwertig anerkannt werden, müssen sie aufeinander abgestimmt und Freiräume ausgehandelt werden.

Weitgehend zusammengebrochen sind in heutigen Familien auch traditionelle, altersbezogene Normierungen dessen, was in einer bestimmten Altersphase ver- oder geboten ist.

In dem Stichwort „Verinselung" (ZEIHER 1994) drückt sich ein weiterer Aspekt veränderter Kindheit aus. Mit ihrer in den 30er Jahren durchgeführten Untersuchung zum Lebensraum des Großstadtkindes konnte Martha MUCHOW (1935) noch eindrucksvoll die aktive kindliche Aneignung des Straßen- beziehungsweise „Streifraums" belegen. Initiative und die Bereitschaft sich mit neuen Anforderungen und Aufgaben auseinander zu setzen gehörten ihrer Meinung nach zur Eroberung unbekannten Geländes. Durch die enorme Zunahme des Verkehrs in den letzten Jahrzehnten wurde das Spielen auf der Straße gefährlich. Dazu kam die Funktionsentmischung und Spezialisierung der Räume, die eine Trennung von Wohnen, Arbeiten, Freizeit und Einkaufen mit sich brachte. Mit der Entstehung neuer Siedlungsformen entstanden gleichzeitig öffentliche, gesellschaftlich organisierte Spielräume für Kinder. Folge dieser Entwicklung ist eine Reduzierung des bespielbaren Nahraums auf Wohnung und ausgegrenzten Spielplatz bei gleichzeitiger Erweiterung des Radius auf entfernt voneinander liegende Teilräume wie Sportplätze, Musikschule und Freizeitorte. Die Nutzung dieser „Inseln" zwingt zur Mobilität und zur genauen zeitlichen Planung. Absprachen müssen getroffen und Termine abgestimmt werden.

> „[...] Kinder scheinen heute früher ihre Bedürfnisbefriedigung zu organisieren und die Rahmenbedingungen dafür auszuhandeln. Dafür muß ein hohes Maß an Mobilität, Flexibilität und Ausdauer vorausgesetzt werden. Diesbezüglich kann von einer frühzeitigen Selbständigkeit der Kinder gesprochen werden, denn Autonomieerfahrungen haben eine Chance, die in der Möglichkeit des „Aus-

handelns" von gemeinsamen Aktivitäten und des dafür erforderlichen Zeitrahmens bestehen"(HOPF 1989, S.90).

Mit Verinselung meint ZEIHER jedoch nicht nur die räumliche, sondern auch die soziale. Der verinselte Lebensraum ist für jedes Kind ein anderer, denn jedes Kind hat seine persönliche Inselzusammenstellungen und Inselrouten. Während die außerfamiliäre kindliche Sozialisation früher von der altersheterogenen Nachbarschaftsgruppe getragen wurde, der man auch bei ungünstigen Umständen und bei Konflikten nicht ausweichen konnte, sind heute die Zuordnungen zu Spielpartnern weniger fest und im Prinzip beliebig auflösbar. ZEIHER (1994, S.366) schreibt, dass sich soziale Integration nicht ungeplant herstellen kann. Der Isolation könne nur entgehen, wer sich aktiv zu organisierten Veranstaltungen begebe oder Kontakte selbst initiiere. Die räumlichen Trennungen und Entfernungen, die Isolationsbedrohungen machten es nötig, aktiver als im einheitlichen Lebensraum soziale Beziehungen herzustellen, sich um Freunde zu bemühen und sich für andere attraktiv zu machen.

Individuelle Tagesabläufe mit ihren von verschiedenen Instanzen gesetzten Zeitrahmen erfordern eine bewusste Gestaltung der sozialen Kontakte, ebenso wie die geplante Nutzung des entsprechenden Raumes. Daneben gilt, dass die einzelnen Tätigkeiten und Spielpartner oft nur zu bestimmten Zeiten erreichbar sind. Die räumliche und soziale Verinselung hat somit auch eine zeitliche Komponente, die die Kinder zwingt, eigene Lebenszeit in Koordination mit externen Vorgaben selbst zu gestalten.

Wie im „Zehnten Kinder- und Jugendbericht" (1998) ausdrücklich festgehalten, ist das Armutsrisiko von Kindern höher, als das der Erwachsenen. Dennoch ist die Mehrheit „reicher" als die Kinder früherer Generationen, wie es sich in demselben Bericht auch in der Überschrift „Kindheit in einem reichen Land" ausdrückt. Nach aktuellen Erhebungen verfügten die „Konsumkinder" 1996 über etwa sechs Milliarden Mark, wobei die etwa fünfzehn Milliarden Mark an Sparguthaben nicht gerechnet wurden.

21

Da sie gleichzeitig das Kaufverhalten der Eltern beeinflussen, entschieden sie nach Schätzungen über insgesamt rund dreißig Milliarden Mark mit (Vgl. HENKE 1998). Das Konsumverhalten ist stark beeinflusst durch Werbung, für die – eigens auf Kinder abgezielt - seitens der Industrie jährlich eine Milliarde ausgegeben wird. Daneben steigt die Anzahl von „kindgerechten" Produkten ständig. Es gibt eigens für Kinder Kosmetik und Systempflege, bunte Hi-Fi-Geräte mit großen Knöpfen für die Kleinsten und Software-Einstiegsprogramme. OPASCHOWSKI (1996) umschreibt die Konsumwünsche der jungen Generation mit der Formel. „In", „Neu" und „Modisch". Seinen Untersuchungen zufolge, ist „In" und im Trend sein mittlerweile für die überwiegende Mehrheit der jüngeren Generation zu einem Grundbedürfnis geworden. Der Anteil der jungen Leute, der besonderen Wert auf modische Freizeitkleidung legt, nimmt ständig zu und für die jüngere Generation wird alles, was neu auf dem Markt ist, immer attraktiver (Vgl. OPASCHOWSKI 1996, S.141-176).

> „Es ist absehbar und auch schon beobachtbar, daß das Selbstwertgefühl und die eigene Identität zunehmend durch den Konsum definiert werden. Auch die Wertschätzung anderer oder auch Freundschaftsbildungen leiten sich von dem Besitz bestimmter Waren ab, d.h.., Konsumkultur dominiert nicht nur die Selbstdefinition, sondern auch die soziale Beziehung. Unter Kinderfreundschaften wird die Frage der Warenqualität zur Lebensqualität" (ROLFF/ ZIMMERMANN 1997, S.76).

Über die „veränderte Kindheit "– unterschiedliche Kinderwelten, auch Jungen- und Mädchenwelten – ist viel geschrieben worden. Für FÖLLING-ALBERS (1998, S.13) entspricht dies einem Prozess zunehmender „Diversifikation" von Kindheitsmustern.

In Übernahme des Begriffs von RENNER/SEIDENFADEN spricht BAACKE (1999, S.51-55) vom Diskursuniversum der Kindheit, das er unter dem Stichwort „Struktur" und „Variationen" ordnet. Strukturelemente sind:

- „die Bestimmtheit von Kindheit durch geographische Region, Landschaft, Tradition und Brauchtum;

- die Bestimmtheit von Kindheit durch Ausbildung und Erwerbstätigkeit der Eltern und die soziale Lage,
- die Bestimmtheit von Kindheit durch das Verhältnis von Spielen, Arbeiten und offenem wie organisiertem Lernen (in der Schule)
- die Bestimmtheit von Kindheit durch fehlende oder vorhandene Organisationen von Karrieren und Zukunftsmöglichkeiten
- die Unterschiedlichkeit kindlicher Erfahrungs- und Spielräume bei Jungen und Mädchen in der überwiegenden Mehrzahl der Fälle bis heute,
- die Spannung zwischen der Erfahrung von Angewiesenheit, Schutz- und Annahmebedürfnis einerseits, aber auch der Machtlosigkeit, des Ausgeliefertseins an Erziehungspersonen andererseits (ein großer Teil der Kindheit besteht aus Ohnmachtserfahrungen vor allem auch gegenüber dem Vater;
- entwicklungstypischen Verhaltensweisen."

Als Ergebnis der Kinderforschung nennt LIPSKI (2000, S.82) das Eigenleben der Kinder, das den Eltern weitgehend verborgen bleibt. Dieses Eigenleben, das schon jüngere Kinder führen, und erst recht die älteren, betrifft nicht nur bestimmte Alltagsaktivitäten, sondern Meinungen, Einstellungen und subjektive Befindlichkeiten. So fasst auch KRAPPMANN (1998, S.357) mehrere Studien zusammen und schreibt, dass es Kindern auch gegen Einschränkungen gelingt in den Lücken, Pausen und Nebenplätzen der Institutionen ihre Kinderwelt zu entfalten.

Aus eigener Beobachtung, kann ich bestätigen, dass sich Lehrer für die Pausenaufsicht Stellen suchen an denen sie möglichst einen Überblick über das ganze Geschehen erhalten. Kinder, die unbeobachtet sein wollen finden rund um das Gebäude Plätze die nicht einzusehen sind. So gibt es Seiteneingänge, Außenkellertreppen und Gebüsche, die nicht ohne weiteres einsehbar sind, an denen sich auch immer kleine Gruppen aufhalten.

Über Vorstellungen, die Kinder selbst von ihrem Kindsein haben, hat FÖLLING-ALBERS (1998, S.18-27) acht- bis elfjährigen Kinder befragt. Dabei wurden die Kinder aufgefordert sich vorzustellen, sie würden einem fremden Wesen von einem weit entfernten anderen Stern erklären, was Kinder sind. Besonders in Bereichen, die gesellschaftliche Konventionen betreffen, grenzen Kinder ihr eigenes Kindsein deutlich vom Status der Erwachsenen ab. Sie erleben Kindsein sowohl als Einschränkung

- Kinder dürfen kein Auto fahren
- Kinder dürfen keinen Alkohol trinken
- Erwachsene dürfen in die Disco, Kinder noch nicht
- Erwachsene dürfen lange aufbleiben und die Kinder nicht so lange

wie auch als Freiraum, der sie von belastenden Verpflichtungen entbindet

- Erwachsene müssen arbeiten
- Die Eltern verdienen Geld für Essen, Trinken und den Lebensunterhalt. Wir können spielen und herumtoben.

1.1.1 Sozialisation durch Massenmedien und Massenkultur

Kinder wachsen heute in einer Mediengesellschaft auf, deren Angebote sie selbstverständlich und in hohem Maße nutzen. Medien sind als Unterhaltungs- Kommunikations- Arbeits- und Informationsmittel Bestandteil vieler Lebensbereiche. Sowohl die älteren auditiven Medien wie Hörfunk, Schallplatten und Kassetten werden von Kindern selbstverständlich genutzt, als auch die neueren audio-visuellen Medien wie Fernseher und Videogerät. Routiniert bedienen bereits viele Vorschulkinder den Computer und der Umgang mit den technischen Geräten ist ihnen vertraut. Es stellt sich die Frage, welche Medienwelt in welcher Weise in den veränderten Kindheitskontext hineinspielt. Nach ROGGE (1997) stellen Medien einen wesentlichen Sozialisationsfaktor dar und prägen Sinnlichkeit, Erleben und Wahrnehmung.

Jedes sechste Kind zwischen 6 und 13 Jahren besitzt einen eigenen
Fernseher, jedes zehnte Kind sogar einen eigenen Computer. Seit der
Einführung des Privatfernsehens im Jahr 1985 hat der Fernsehkonsum
der 6 bis 9 jährigen mit 19% am stärksten zugenommen (ZDF Medienforschung 1997). Knapp 20% der 6 bis 13 jährigen gehören nach einer
Markt-Media-Studie des Bauer-Verlages (1994) zu den Vielsehern, die
täglich mehr als fünf Stunden vor dem Bildschirm sitzen; nach Feier-
abend und Windgasse (1997) verbringt jedes zweite Kind täglich ein bis
drei Stunden vor dem Fernseher (Vgl. Zehnter Familienbericht 1998,
S.70/71). Damit werden Kinder zwangsläufig mit Symbolen, Losungen,
Interpretationen, Lebensentwürfen und –stilen konfrontiert, die oft weit
über das hinausreichen, was Eltern, Lehrer und Erzieher ihnen vermitteln
können. Durch eine Vielzahl von medienvermittelten Alternativen verliert
gleichzeitig das, was Kindern in ihrem unmittelbaren Erfahrungsfeld vor-
gelebt und nahegelegt wird, an Selbstverständlichkeit. Durch Radio und
Fernsehen werden sie schon in jüngstem Alter mit Nachrichten und Informationen konfrontiert, die ihnen auch Unverständliches, Bedrohliches
und Abschreckendes, das auf der Welt passiert zu Gehör und vor Augen
bringen. Eltern können den Informationsfluss nicht mehr in traditioneller
Weise filtern und steuern. Angesichts der rasanten technologischen
Entwicklung im Bereich der Medien werden die Grenzen der Kontroll-
möglichkeiten erkannt. Auch Politik sieht sich eingestandenermaßen
nicht mehr in der Lage Entscheidendes zum Schutz der Kinder im Bereich der Medien zu verändern (Vgl. Zehnter Familienbericht 1998,S.70).

Medien greifen nachhaltig in die Gestaltung von Alltag, Arbeit und Freizeit ein und beeinflussen zwischenmenschliche Kommunikations-
gewohnheiten. Sie strukturieren Zeitabläufe, geben Vertrautheit und
suggerieren Sicherheit. Ihre Funktionsvielfalt äußert sich darin, dass sie
für Spannung und Entspannung stehen, für Stimmung und Gefühl, sie
haben kompensatorische, eskapistische und soziale Funktionen, die sich
über Nähe und Distanz, Solidarität nach innen und Abgrenzung nach
außen ausdrücken (Vgl. ROGGE 1997, S.633). ROGGE (Ebd.) betont,
dass zwar jedes Medium seine spezifischen Einflüsse hat, aber diese

von der sozialen und familialen Umwelt, von schulischen und beruflichen Zielen abhängig sind.

„Der Mediengebrauch stellt sich um so produktiver, innovativer, kompetenter und kritisch-distanzierter dar, je mehr Medien als Ergänzung genutzt werden, der Mediengebrauch in einen intensiven, sozialen und kommunikativen Kontext eingebunden ist" (Ebd. S.633).

Umgekehrt gilt, dass Medien für Kommunikationsverlust und Isolation stehen je weniger kommunikativ-vielfältig sich die Alltags- und Lebenswelten der Nutzer darstellen. Die neuere Rezeptionsforschung zeigt, dass von bestimmten Medienangeboten nicht auf gleichförmige Wirkung bei den Rezipienten zu schließen ist. Von konzentrierter Aufnahme des Gesendeten bis zum bloßen Aufenthalt im Raum, in dem eines oder mehrere Medien hineinsenden, reicht das Kontinuum an Rezeptionsweisen. Dabei steht Medienkommunikation immer im Dienst der Alltagsbewältigung. Medien und Realitätsverarbeitung erfolgt in aktiven individuellen und kollektiven Prozessen. Der Mediengebrauch ist integriert in Prozesse der Auseinandersetzung mit den eigenen Entwicklungsthemen. Diese inneren Themen stehen für unbewältigte Probleme, die Kinder in bestimmten Entwicklungsabschnitten oder unter verschiedenen familiendynamischen Bedingungen haben können. Auch im Spiel ahmen Kinder Medieninhalte, -figuren und -symbole nicht einfach nach, sondern greifen sich heraus, was ihren eigenen Bedürfnissen, Themen und Problemen entspricht. Situationsbezogen werden über Identifikationsprozesse mit Medienfiguren Frustrationen, Ängste und Konflikte bewältigt, Selbstvertrauen entwickelt oder die Individualität in der Gruppe betont. Der Grundsatz :„Jedes Kind sieht seinen eigenen Film" ist in der Medienforschung längst akzeptiert. Kinder suchen sich Medieninhalte heraus, die ihren emotionalen, kognitiven und sozialen Voraussetzungen, Fähigkeiten und Erwartungen entsprechen und damit zu tun haben, was ihnen wichtig ist und sie bewegt (PAUS-HAASE 1991, S.106-121). In Kindergruppen stellen Gespräche über gesehene Sendungen Gemeinsamkeiten her. Dabei machen Kinder Medienerlebnisse zum Mittel für das Konkurrieren um soziale Anerkennung und zur Regelung der sozialen Hierarchie in der Gruppe. In Kindergarten und Schule dient das Erzählen von Gesehenem oft zum angeberischen Ab- und Ausgrenzen. Das Eigentum an Medienprodukten, wie zum Beispiel Figuren zur Serie, führt zur eigenen Aufwertung.

Gewaltdarstellungen, erzwungene Passivität in Hören und Sehen, passive Aneignung der Wirklichkeit, Verlust an Eigentätigkeit, Erfahrungen aus zweiter Hand, Verkümmerung von Schreiben, Lesen und Sprache gehören zu den Argumenten mit denen die Gegner vor Medien und Kommunikationstechnologien warnen. Eine besonders pessimistische Einschätzung in Bezug auf die Medienkindheit vertritt POSTMAN in seinem Buch „Das Verschwinden der Kindheit" (1987). Er geht davon aus, dass das fernsehende Kind Fähigkeiten wie logisches und abstraktes Denken, Symbolverständnis und Selbstbeherrschung nicht mehr erwirbt. Zudem verwische Fernsehen die Grenzen zwischen Kindheit und Erwachsensein, indem es aufgrund fehlender Differenzierung seiner Adressaten auch Kinder mit Informationen über Sexualität und Gewalt konfrontiert; also kein Geheimnis offen lasse. Ohne Geheimnisse könne es aber – so POSTMAN – keine Kindheit geben. Er argumentiert, dass Literalität, die einst die Differenz zwischen Kindern und Erwachsenen begründet habe, weiterhin an Bedeutung verlieren werde angesichts der Bildkultur der Massenmedien, die die einzelnen Altersstufen gleichsam gleichschalte. In Übereinstimmung mit GIESECKE (1985, S.9) hält GROSSMANN (1996, S.161) dieser These entgegen, dass die Entstehung der Kindheit weniger in der Literalität begründet ist, als vielmehr durch die Organisation der Arbeit in der bürgerlich-kapitalistischen Gesellschaft. POSTMANS Sichtweise erscheint meines Erachtens ebenso einseitig, wie das Feiern immer neuer technischer Errungenschaften als Mittel zur Problemlösung. Auch hier lässt sich die Spanne zwischen Chancen und Risiken erkennen. Der enorme Kenntniszuwachs und die Fähigkeit, Medien eigenständig und selektiv zu nutzen, steht der Reduzierung von Eigentätigkeit und der Gefahr der Einschränkung zwischenmenschlicher Kommunikation gegenüber. Inwieweit hier Chancen genutzt und Gefahren vermieden werden, hängt sowohl von lebensgeschichtlich erworbenen personalen und sozialen Ressourcen, als auch von der Unterstützung der Eltern und Lehrer ab.

Es ist davon auszugehen, dass Fernsehprogramm und Werbung untrennbar miteinander verbunden sind. AUFENANGER (1991) betont, dass die Medienproduktion inzwischen weltweit unter dem Primat der Kommerzialisierung steht. Es bilden sich zunehmend Multi-Media-Konzerne, die vom Buchverlag bis zur Film- und Fernsehproduktion medienübergreifend tätig sind. Einerseits erweitern Medien individuelle Spielräume, zum anderen bergen sie das Risiko, dass Kinder zu Spielbällen der Themen, Moden und Konjunkturen werden. Festzuhalten ist in jedem Fall, dass Kinder als kompetente Verbraucher von Konsumwaren und eigenständige Nutzer von Massenmedien eine Aufwertung und Autonomisierung gegenüber Bildungsexperten, Eltern und Erwachsenen allgemein erfahren.

Für das in dieser Arbeit behandelte Thema „Freundschaft und Liebe bei Mädchen und Jungen im Grundschulalter" dürfte ein Zitat besonders interessant sein, das BAACKE (1999, S.310) nach der Auswertung neuer Daten zur Fernsehnutzung der sechs- bis zwölfjährigen geschrieben hat:

> „Daily Soaps (derzeit: *Unter uns* oder *Verbotene Liebe*) sind im Grundschulalter ab dem achten Lebensjahr zur persönlichen Primetime der Kinder) zunehmend bevorzugte Programme, und sie führen die Kinder damit früher als noch vor zehn Jahren stärker an die Szenarien von Erotik und Sexualität, Beziehungsaufnahmen und außerschulische Dramatiken heran. Ganz offensichtlich bilden sich hier allmählich neue geschmackstypische Altersprofile für Kinder heraus."

Dies deckt sich mit meiner Einschätzung, wobei betont werden muss, dass genannte Sendungen vielen Kindern bereits im ersten und zweiten Schuljahr, das heißt mit sechs und sieben Jahren vertraut sind. Neben den von BAACKE genannten „Daily Soaps" sind auch die Flirt- und Kennenlernshows nach dem Muster der ARD-Sendung „Herzblatt" bei vielen Grundschülern bekannt und beliebt. In dieser Show sitzen sich vier Kandidaten durch eine verschiebbare Wand so getrennt gegenüber, dass auf der einen Seite entweder ein Mann sitzt und hinter der Wand drei Frauen oder sich umgekehrt eine Frau auf der einen Seite befindet und drei Männer hinter der Wand sitzen. Durch die Beantwortung von drei Fragen, die die jeweils einzeln sitzende Person den anderen drei Kandidaten stellen kann, hat sie Gelegenheit ihr „Herzblatt" zu finden. Hat sie sich aufgrund der Antworten entschieden, verschiebt sich die Wand und das „Paar" steht sich gegenüber und erhält als zusätzlichen Gewinn zum weiteren kennen lernen eine gemeinsame Hubschrauberreise. Diese öffentliche Form der Partnervermittlung verlangt von den einzelnen Kandidaten eine möglichst wirkungsvolle Selbstdarstellung, um über die gelungene Inszenierung schließlich auserwählt zu werden. Der Bekanntheitsgrad der Sendung bei den Kindern äußert sich nicht nur in ihren Gesprächen, sondern wird auch an folgendem Beispiel deutlich. Auf einer Klassenfahrt des dritten Schuljahres der Burgwaldschule wurde auf Anregung und Wunsch der Kinder an einem bunten Abend „Herzblatt" gespielt. Eifrig überlegten die Kinder, wie sie das Studio aufbauen könnten und entschieden schnell, dass an Stelle der verschiebbaren Wand auch ein Vorhang als Sichtschutz ausreichen würde. Es gab keine Schwierigkeiten bei der Kandidatensuche, wobei auffiel, dass die Jungen etwas zurückhaltender waren. Unter allgemeinem Gejohle wurden Fragen gestellt und beantwortet, so dass sich zur Freude aller „Paare" finden konnten. In Anbetracht dessen, was in diesem Kapitel zur Sozialisation durch die Medien erarbeitet wurde, muss davon ausgegangen werden, dass Kinder sich Medieninhalte heraussuchen, die ihren emotionalen, kognitiven und sozialen Voraussetzungen, Fähigkeiten und Erwartungen entsprechen und nachspielen, was ihren eigenen Bedürfnissen, Themen und Problemen entspricht. Ohne die Untersuchungsergebnisse der vorliegenden Arbeit vorwegnehmen zu wollen, kann bereits obiges Beispiel als Indiz dafür angesehen werden, inwieweit „Liebe" zu den bedeutungsvollen Themen der Kinderkultur gehört.

1.2 Mädchen und Jungen – Aspekte geschlechtsspezifischer Sozialisation

Es besteht zunehmende Einigkeit darüber, dass die Geschlechtszugehörigkeit, abgesehen vom biologischen Unterschied, in ihren Ausformungen soziokulturell definiert und überformt wird. In der englischen Sprache wird dies auch an unterschiedlichen Begriffen deutlich. „Sex" steht hier für die biologische Ausstattung und „gender" als Terminus für die soziale Ausprägung.

BILDEN (2001) fasst zusammen, dass Geschlecht sozial auf drei Ebenen konstruiert und naturalisiert wird. Dies sind die Ebenen der Interaktionen, der Diskurse und des Leibs/Körpers. Obwohl sie von der aktiven Aneignung der Welt und des eigenen Körpers durch das Kind ausgeht, kommt BILDEN (1980, S.792) in Zusammenfassung von Forschungen zur geschlechtsspezifischen Sozialisation zum Schluss, dass für Mädchen und Jungen tendenziell unterschiedliche Sozialisationsmodi gelten. Sie stellt die These auf, dass Mädchen mehr sozialisiert werden und ihr Sozialisationsmodus eher passiv ist, bei Jungen dagegen spiele die Selbstsozialisation eine größere Rolle, so dass ihr Sozialisationsmodus aktiver ist.

Obwohl immer mehr Bastionen reiner Männerwelten fallen[2] , verbinden sich bis heute unterschiedliche Lebenspläne und Handlungsmöglichkeiten mit dem Geschlecht. Obwohl sich die meisten Eltern mittlerweile in Bezug auf ihre geschlechtsspezifische Erwartungshaltung hinterfragen und bemüht sind um die gleiche Behandlung von Jungen und Mädchen, gibt es immer noch Säuglinge, die je nach Geschlecht blau oder rosa gekleidet werden. Auch die Spielsachen unterscheiden sich insofern, als man eher bei Jungen den Umgang mit technischem Spielzeug fördert.

---

[2] Seit dem Jahr 2000 können Frauen zum Beispiel auch ihren Militärdienst ableisten.

FLADE (1996, S. 19) fasst Forschungsergebnisse aus Nordamerika und Deutschland zum räumlichen Verhalten zusammen und hält fest:

- „Mädchen haben im Durchschnitt einen kleineren Bewegungsraum als Jungen.
- Jungen nutzen öfter das Fahrrad, während Mädchen zu Fuß gehen oder mit öffentlichen Verkehrsmitteln fahren.
- Jungen sind „auto-orientierter" als Mädchen. Sie sehen sich im Erwachsenenalter viel häufiger als autofahrende Person. In der Vorstellung der Mädchen spielt das Auto als künftiges Verkehrsmittel eine geringere Rolle.
- Die Aufenthaltsorte von Mädchen und Jungen unterscheiden sich: Mädchen halten sich mehr in Wohnnähe, Jungen häufiger auf öffentlichen Plätzen auf.
- Jungen sind öfter draußen anzutreffen als Mädchen.
- Jungen setzen mehr ihre körperlichen Kräfte ein, ihr Spielverhalten ist „rauher" und raumgreifender. Jungen spielen in größeren Gruppen, was automatisch mehr Platz erfordert.
- Mädchen und Jungen unterscheiden sich in Bezug auf sportliche Aktivitäten. Fußballspielen ist ein jungentypischer Sport. Das Interesse an Sport ist bei Jungen ausgeprägter."

An derartigen Untersuchungsergebnissen kritisiert PREUSS-LAUSITZ (1996, S.202), dass sie die Realität pauschal abbilden und den Wandel nicht berücksichtigen. Obwohl er sieht, dass hierarchisch strukturierte Geschlechtsrollenerwartungen sowie entsprechende Prozesse und Identitätsbildungen vorhanden sind, plädiert er dafür sich auf Pluralisierung innerhalb der Geschlechter einzulassen und zu fragen, welche Kombination von Ansprüchen und kindlichen Verhaltensformen in welchen sozialen, ethnischen und ökonomischen Horizonten erfolgreich sind.

Verschiedene Theorien wurden herangezogen, um unterschiedliches Verhalten von Jungen und Mädchen zu erklären. Die Verstärkertheorie geht davon aus, dass sich geschlechtsstereotypenkonformes Verhalten durch besondere Wahrnehmung und positive Beachtung durchsetze. Die

Modelltheorie erklärt unterschiedliches Verhalten durch die Imitation des elterlichen Verhaltens, wobei dies durch Bekräftigung noch verstärkt wird. Bei BAACKE (1999, S.243/244) heißt es, dass der „weibliche" und „männliche" Sozialcharakter das in sich zunehmend konsistente komplexe Produkt aus biologischer Determination, sozialer Zuschreibung und Verstärkung, interaktions-bezogener Psychodynamik und kognitiver Selbstkategorisierung ist.

Zu den klassischen Themen empirischer Untersuchungen zur geschlechts-spezifischen Sozialisation gehörten Unterschiede in der sensomotorischen und kognitiven Entwicklung von Jungen und Mädchen, ebenso Differenzen in den intellektuellen und sozialen Fähigkeiten und Leistungen. Belege für diese vermuteten Unterschiede ließen sich jedoch in den neueren Untersuchungen immer weniger finden, dafür zeigte sich, dass die Bandbreite von Eigenschaften und Verhaltensweisen innerhalb der jeweiligen Geschlechter erheblich größer ist. (Vgl. HABER-MANN/ KAUFELD 1996, S.29)

1990 hielten SCHNACK und NEUTZLING als Autoren des Buches „Kleine Helden in Not" fest, dass es so gut wie keine pädagogischen oder sozialisationstheoretischen Arbeiten über Jungen gäbe. Auch erziehungswissenschaftliche Zeitschriften widmeten sich in den achtziger Jahren kaum spezifischen Jungenproblemen. Nissen (1990, S.146) stellt dem gegenüber, dass Soziologen meist von Kindheit und Jugend sprechen, wobei sie faktisch Jungen meinen und Mädchen vergessen.

Im Auftrag der Bundeszentrale für gesundheitliche Aufklärung führte die Arbeitsgruppe um MILHOFFER von 1995 bis 1997 eine empirische Studie durch. In einer norddeutschen Großstadt wurden rund 500 Schüler und Schülerinnen aus dritten bis sechsten Klassen nach ihrem Wissen über Sexualität und ihren Erfahrungen im Umgang mit diesem Thema in der Schule befragt. Beim Nachdenken über sich selbst und bei der Formulierung von Wunscheigenschaften ergab die Studie (MILHOFFER 1999, S.19-24) mehr Gemeinsamkeiten als Unterschiede bei Jungen und

Mädchen. So werden die Eigenschaften sportlich, klug, mutig, witzig und hilfsbereit von beiden Geschlechtern bevorzugt. Aber auch „gut ausse-hen" stellt eine wichtige Wunscheigenschaft für beide Geschlechter dar. Dabei sind die Wünsche an das eigene Aussehen in hohem Maße von geschlechtsbezogenen Schönheitsidealen bestimmt. Im Hinblick auf die Eigenschaften „technisch fit" und „durchsetzungsfähig" klaffte das Wunschselbst auseinander. Gemäß den herrschenden Stereotypen kreuzten mehr Jungen an technisch fit sein zu wollen und mehr Mädchen wären gerne durchsetzungsfähig. Auch für den Umgang mit Kummer wurden Unterschiede festgestellt. Mehr Jungen als Mädchen haben „gar keinen" Ansprechpartner und viele behaupten „keinen zu brauchen". Ob hier immer noch Vorstellungen nach dem Motto „ein Junge weint nicht" bewirken, dass Gefühle nicht ausgedrückt werden?

1.3 Sexualerziehung und Geschlechtsrollenerwerb

Von einem in jeder Gesellschaft mit den ökonomischen und politischen Verhältnissen zutiefst verwobenem kulturellem System der Zweige-schlechtlichkeit spricht HAGEMANN-WHITE (1984,S.77). Die Aneignung der in der eigenen Kultur geltenden symbolischen Ordnung von Zweige-schlechtlichkeit, bedeute, sie als Medium der Verständigung über Identi-tät zu nehmen und sich selber in dieser Ordnung zu orten.

Nach KOHLBERG (1974) vollzieht sich die Aneignung der Geschlechter-rolle in vier Schritten. Im ersten Schritt erkennt das Kind, dass es Väter und Mütter gibt, also zwei Geschlechter mit unterschiedlichen Aufgaben in der sozialen Welt. Im zweiten Schritt ordnet sich das Kind selbst ei-nem dieser beiden Geschlechter zu. Nach dieser Zuordnung und der I-dentifizierung mit dem Geschlecht, wählt das Kind im dritten Schritt aktiv aus seiner Umwelt aus, was zu diesem Geschlecht passt. Erst im vierten Schritt, im Alter von 5 bis 6 Jahren, erfolgt der Aufbau der Geschlechtskonstanz, das heißt, das Kind erkennt, dass es sein Geschlecht nicht mehr ändern kann.

Üblicherweise bewerten Kinder ihr eigenes Geschlecht positiver; die Geschlechtsrollenidentität funktioniert als Organisator der Selbstverstärkung. Dass die Geschlechtsrollenidentifikation individuell sehr unterschiedlich ausfällt, hängt damit zusammen, dass die Umwelt zwar Verhaltensmuster und –vorschriften anbietet, das Kind sie aber mit seinen eigenen persönlichen Wünschen und Neigungen in Beziehung setzt.

Bereits 1980 stellte BILDEN fest, dass die Forschung die Körperlichkeit, die Geschlechtlichkeit der Menschen völlig aus ihrem Denksystem herausgehalten hat. Auch 1995 hält MILHOFFER fest, es könne der Eindruck entstehen, die soziale Rolle habe nichts mit Sexualität zu tun. Als sprach- und begrifflos bezeichnet sie das Hineinwachsen in die eigene sexuelle Identität, das auf der Gefühlsebene lange vor der Sprachentwicklung einsetzt. Das Kind „erspüre" gleichermaßen die Wertigkeit der Beziehungen zwischen Frauen und Männern. Sexuelle Gefühle seien auch später in der Regel kein Gesprächsthema im Familienalltag.

Eine leibfeindliche Einstellung, die besonders durch die Moralvorstellungen der Kirchen geprägt wurde, wirkt bis heute fort, trotz angeblicher Aufklärung seit der Aufklärung, trotz „sexueller Revolution", trotz Utopien einer „befreiten Sexualität". Menschliche Sexualität hat neben der biologischen auch eine kulturelle und soziale Dimension. Vermittelt durch gesellschaftliche Normen, Moral- und Wertvorstellungen ist sie regional und historisch gebunden.

Die enge Verbindung von gesellschaftspolitischen Positionen und Sexualerziehung zeigt sich in der Verunsicherung, die mit der Legitimationskrise der vorherrschenden Normen einhergeht. Auf der einen Seite findet die aufdringliche Vermarktung der Sexualität in den Medien statt, auf der anderen Seite gibt es ein unverändertes Tabu bezüglich einer offenen Kommunikation im Hinblick auf reale sexuelle Begierden und Betätigung.

FREUDS Theorien zur kindlichen Sexualität haben darauf hingewiesen, dass es keine asexuelle „unschuldige" Kindheit gibt, sondern Kinder von Geburt an sexuell getönte Lustempfindungen verspüren. Ihm ist es zu verdanken, dass der Begriff Sexualität aus der engen Bedeutung als geschlechtliche Vereinigung gelöst wurde und heute wesentlich umfassender verstanden wird. FREUDS Entwicklungsschema der sexuellen Energie (Libido), das er in mehrere Phasen aufteilte, ist jedoch inzwischen mehrfach kritisiert worden. Es gilt nicht nur als belegt, dass Freud die ödipale Situation mit ihren Konflikten überschätzt und falsch interpretiert hat, auch für die von ihm angenommene zentrale Bedeutung der Entdeckung genitaler Unterschiede gibt es keine empirischen Belege. So kommt TRAUTNER (1993, S.292) zum Schluss, dass zahlreiche Forschungsbefunde im Widerspruch stehen zu den psychoanalytischen Hypothesen der Entwicklung der Geschlechtstypisierung.

Die im Rahmen dieser Arbeit besonders interessierende Latenzphase, die FREUD für die Zeit zwischen dem fünften und elften Lebensjahr angenommen hat, besagt, dass die Sexualität vorübergehend fast keine Rolle spielt, sich somit auch das Interesse am anderen Geschlecht verliert und erst wieder im Zusammenhang mit den körperlichen Veränderungen in der Pubertät in die aktive Phase drängt. Laut NEUBAUER (1996, S.26-28) belegen heutige Untersuchungen diese Phase nicht. Er geht davon aus, dass Kinder spätestens in der Grundschule erfahren, dass ihre sexuellen Regungen in öffentlichen Institutionen keinen Platz haben, so dass sexuelle Erkundungen außerhalb der Schule angesiedelt werden. Nach seinen Erfahrungen lassen sie nach und werden ersetzt durch das Aussprechen „schmutziger Wörter", das Erzählen „zwei- und eindeutiger Witze" oder das Singen „obszöner Lieder".

> „Von der Latenzphase kann nicht gesprochen werden, denn sexuelle Äußerungen spielen sich verdeckt ab. Von Kindern ab dem 8. Lebensjahr wird häufig berichtet, daß sie schon einmal verliebt waren, wobei es ihnen „ganz warm" wurde. Sie schreiben Liebesbriefe, schleichen der geliebten Person hinterher und haben sexuelle Phantasien" (NEUBAUER 1996, S.28).

Für RUBIN (1981, S.86) werden sexuelle Interessen in Gruppen von Neun- bis Zwölfjährigen meist offenkundig. Er beschreibt die „bull sessions" amerikanischer Jungen, als angeregte „Männer"-Unterhaltungen, in denen sexuelle Informationen ausgetauscht werden. Dabei zitiert er Gary Fine, der angibt, diese Sitzungen seien gesättigt mit lautem (beinahe hysterischem), kicherndem Gelächter, Beleidigungen und Prahlereien, alles Erscheinungen, die die grundsätzliche Bedeutung der diskutierten Themen bezeugen mögen.

Auch BAACKE (1999, S. 221) hält fest, dass alle Daten über die wir zur Sexualität in der Kindheit verfügen darauf verweisen, dass sich Kinder für den Bereich der Sexualität *stark* interessieren. In diesem Zusammenhang zitiert er GOLDMAN, für den die Latenzperiode ein Mythos darstellt. BAACKE bemängelt, dass Sexualität für die Altersgruppe der sechs- bis zwölfjährigen besonders selten thematisiert wird und kaum zugegeben wird, dass auch Kinder erotische Erfahrungen haben, die sie mit Wünschen verbinden. Hier konnte jedoch mit der Studie „Selbstwahrnehmung, Sexualwissen und Körpergefühl sechs- bis vierzehnjähriger Mädchen und Jungen", die von der Arbeitsgruppe um MILHOFFER durchgeführt wurde, eine Lücke geschlossen werden. Auf Grundlage dieser Studie wurde ein Leitfaden zur Sexualerziehung für Schule und außerschulische Jugendarbeit entwickelt, der Material bietet und bei den alterspezifischen Bedürfnissen der Kinder ansetzt.

Im Rahmen eines Forschungsprojekts haben BECK und SCHOLZ eine Grundschulklasse von der ersten bis zur vierten Klasse begleitet. Anhand ihrer Beobachtungen konstatieren sie auch für das erste Schuljahr die ständige Präsenz des Themas Sexualität.

> „Die Fragen der Körperlichkeit, der Geschlechtsteile sowie Fragen der Beziehung zwischen Jungen und Mädchen sind ein wichtiges Thema zwischen den Kindern, das in dieser Klasse eher von den Mädchen ausgeht" (BECK/SCHOLZ 1995, S.63).

Immer mehr Lehrkräfte sind zwar von der Notwendigkeit schulischer Sexualerziehung überzeugt, fühlen sich jedoch bei der Umsetzung überfordert, behandeln das Thema nur ausschnitthaft oder verzichten letztlich ganz auf die Behandlung im Unterricht. (Vgl. MILHOFFER 1999) Auch wenn Sexualerziehung als geschlechtsreflektierte Sozialerziehung verstanden werden muss, reduziert sie sich im Unterricht nach wie vor auf Aufklärung im Sinne der Wissensvermittlung biologischer Grundtatsachen wie Zeugung und Geburt.

„Mädchen, die mit 9, 10 oder 11 Jahren ihre erste Monatsblutung bekommen, haben ein Recht darauf, bereits in der Grundschule über die sexuelle Reife hinreichend informiert zu werden. In sechs der sechzehn Bundesländern ist es dagegen lt. Richtlinien oder Lehrplan nicht einmal möglich, das Unterrichtsthema „Körperliche und seelische Entwicklung in der Vorpubertät/Pubertät im vierten Schuljahr zu behandeln.
Auch bei den Jungen wurde die Vorverlagerung des Ejakularchealters hinlänglich belegt. [...] Daher gilt ebenso für die Jungen die Forderung, sie in der Grundschule über ihren ersten Samenerguss rechtzeitig aufzuklären" (KLUGE 1998, S. 217).

Sexualität wird von Kindern im Grundschulalter über Beschimpfungen, Witze, Anspielungen und Kommentare thematisiert. BREIDENSTEIN (1998, S.155-164) arbeitete heraus, dass dabei Techniken der Klangassoziation, der Produktion von Zweideutigkeit, der Anspielungen und der Interpretationen alltäglichen Verhaltens auf eine verborgene sexuelle Wirklichkeit hin zum Tragen kommen. Der sexuell konnotierte Kommentar lebe von der Ausdrucksqualität der Beiläufigkeit und Lässigkeit, das heißt es geht um die Demonstration von „coolness". BREIDENSTEIN resümiert, dass der sexuelle Diskurs von Kindern zu einem alltäglichen Gegenstand von Spiel und Konversation geworden ist, der sich vor allem durch seinen Unterhaltungswert auszeichnet.

1.4 Pluralisierung der Geschlechtererwartungen

In den letzten Jahrzehnten vollzog sich ein Wandel der Geschlechtsrollen, der zu parallel existierenden modernisierten und traditionalen Erziehungspraktiken und Einstellungen geführt hat, die sich oft sogar innerhalb einer Person oder einer Familie finden. Meines Erachtens wird die Vielfalt und Widersprüchlichkeit der Erwartungen, denen Jungen und Mädchen ausgesetzt sind, von ihnen teilweise äußerst diffus empfunden.

Auf die Abnahme von Verhaltensunterschieden zwischen Jungen und Mädchen weisen empirische Daten hin. OSWALD und BOLL(1992,S.48) gehen davon aus, dass sich Geschlechtsrollen zunehmend angleichen. In der internationalen Schülerstudie von CZERWENKA (1990, S.197) heißt es, dass keine geschlechts-spezifischen Unterschiede in der subjektiven Verarbeitung von Schulerfahrungen festzustellen sind. Für DU BOIS-REYMOND (1994, S.85) sind die Unterschiede zwischen Jungen und Mädchen hinsichtlich des Aktivitätsniveaus und des Aktivitätsspektrums bei modernen Kindern kleiner, als bei den traditionalen Kindern.

PREUSS-LAUSITZ (1996, S.191) zitiert SCHÜTZE, die nach Durchsicht der internationalen empirischen Forschung feststellt, dass sich Geschlechterunterschiede in ihrer Mehrheit nicht – oder nicht mehr – nachweisen lassen. Auf der Ebene von Tätigkeiten franse des Typische gleichsam aus.

In einer Untersuchung von BISKUP/ BRINK und PFISTER (1996, S.161) zur Konfliktbewältigung von Mädchen und Jungen, wurden Kinder der dritten, vierten und fünften Klasse zum Thema befragt. Die These, dass Jungen häufiger als Mädchen Streit initiierten ließ sich nicht verifizieren. Wenn man von den Schilderungen der Kinder ausgeht, dann unterscheiden sich die befragten Mädchen und Jungen nicht im Hinblick auf die Zahl, Aktualität und Dauer der Konflikte.

Modernisierung der Kindheit betrifft beide Geschlechter. So vertritt
PREUSS-LAUSITZ (1996, S.194) die These, dass sich unter Bedingungen von Pluralisierung und Individualisierung einerseits, von universali-
sierten, also geschlechtsübergreifenden Anforderungen an Kinder, Jugendliche und Erwachsene andererseits, ein bipolares, eindeutiges Set
von Geschlechterrollen beziehungsweise –erwartungen auflöst. Seiner
Meinung nach wird es ersetzt durch eine Mischung von gemeinsamen
Anforderungen an und Verhaltensweisen von Jungen und Mädchen,
durch in Subgruppen weiter bestehende Differenzen und durch konstruk-
tivistisch-individualisierte Kombinationen von tradierterweise als „männlich" und „weiblich" normierter Verhaltensformen bei Jungen und Mädchen.

Im vorangegangenen Kapitel wurde betont, dass Kinder von klein auf aktiv eingreifende Subjekte sind, die ihre Realität produktiv verarbeiten.
Das bezieht sich auch auf die Aneignung und Auseinandersetzung mit
geschlechtsrelevanten Normen, Verhaltensanforderungen, Signalen und
Modellangeboten.

> „Jungen wie Mädchen sind also nicht einfach Geschlechterrollen-
> erwartungen ausgesetzt, denen sie sich zu fügen haben. Wir kön-
> nen vielmehr davon ausgehen, daß sie damit je nachdem imitato-
> risch, spielerisch, begeistert, distanziert usw. umgehen, bis sie ein
> *Set von Selbstdefinitionen* für sich selbst entwickelt haben, die sie
> für sich als ausreichend „männlich" beziehungsweise „weiblich" an-
> sehen. Das kann in der pluralistischen Gesellschaft sehr Unter-
> schiedliches sein" (PREUSS-LAUSITZ 1996, S.192).

In seinem Aufsatz „Gender Patchwork. Fremd- und Selbstbilder der Geschlechter im Umbruch" schreibt PREUSS-LAUSITZ (1996, S.196f.),
dass sich die Chance, sich eine eigene Geschlechterdefinition zu bas-
teln, erheblich erhöht hat. Er weist besonders darauf hin, dass die Ansprüche an heutige Kinder universalistisch, also geschlechtsübergreifend
sind. Er benennt 9 Punkte, die hier etwas verkürzt übernommen werden.

- Jungen und Mädchen haben ein hohes Ausbildungsniveau zu erwerben.
- Jungen und Mädchen haben frühe Selbständigkeit zu gewinnen.

- Jungen und Mädchen haben damit verbunden die kognitive Fähigkeit und psychische Bereitschaft zu erwerben, sich frühzeitig allein denken zu können.
- Jungen und Mädchen haben selbst aktiv die eigenen Wünsche und Interessen auszudrücken, mit anderen aushandelnd zu realisieren und sich in die Interessen anderer einzufühlen.
- Jungen und Mädchen haben sprachlich kompetent zu sein, um die moderne Kommunikation erfolgreich herstellen zu können.
- Jungen und Mädchen haben die sozialen Netze, Freundschaften, Partnerschaften eigenaktiv zu planen und ständig neu zu sichern.
- Jungen und Mädchen haben Kommunikationsfähigkeit und Offenheit zu entwickeln.
- Jungen und Mädchen haben den eigenen Körper zu konstruieren.
- Jungen und Mädchen haben frühen Umgang mit Technik kompetent zu erwerben.

Mit dem Verweis auf ein hohes Bildungs- und Ausbildungsniveau beider Geschlechter, frühe Selbständigkeit, innerfamiliären Wandel, der Zunahme der individualisierten Sportaktivitäten beider Geschlechter, dem zunehmend selbstverständlichen Umgang mit Technik, der allgemeinen Zunahme von Sprachfähigkeit und der gestiegenen Bedeutung von peer-group-Beziehungen, geht PREUSS-LAUSITZ (1996) davon aus, dass sich erhebliche Teile des oben genannten Anforderungskatalogs schon im Leben der jungen Generation verankert haben. Dieser übergreifende Anspruch und Erwartungshorizont nimmt sowohl traditional als „weiblich" wie traditional als „männlich" eingestufte Komponenten auf.

Idealvorstellungen, die in jeder Kultur mit dem Merkmal Geschlecht verbunden sind, legen fest, was als wünschenswertes, angemessenes, typisches oder auch abweichendes Verhalten gilt. Allgemein gelten Mädchen und Frauen eher als „Beziehungsarbeiterinnen" (Vgl. VALTIN/FATKE 1997, S.20) Die Autoren beschreiben, dass beruflicher Erfolg und Unabhängigkeit zwar für beide Geschlechter wichtig sind, daneben aber die Liebesbeziehung zu einem Mann eine ganz wesentliche Rolle für Frauen spielt. Das Streben nach Liebe mache für sie einen wichtigen Kern ihrer Identität aus, während sich Männer eher über den Beruf definierten.

Dass die beliebten Jungen in Schulen heute die sozial kommunikativen, einfühlsamen, für andere engagierten und hilfsbereiten sind, konnte PREUSS-LAUSITZ (1996) in soziometrischen Untersuchungen nachweisen. Als weiterer Beleg dafür, dass sich die polaren Begriffspaare jungenhaft, mädchenhaft als zunehmend ungeeignet erweisen, um den Wandel des Umgangs mit Kleidung, Mode und Körper zu beschreiben, sieht er darin, dass es heute frühzeitig auch zum Selbstverständnis der Jungen gehört sich über Jungenmode auf dem Laufenden zu halten und Kosmetika anzuwenden.

Mit FÖLLING-ALBERS (1995, S.14) ist auch in diesem Zusammenhang darauf hinzuweisen, dass die gesellschaftlichen Wandlungsprozesse durchaus nicht alle Kinder in gleicher Weise erreicht haben und dass die einzelnen Einflussfaktoren sich auf verschiedene Kinder sehr unterschiedlich auswirken.

1.5 Schulische Sozialisation

PEKRUN/HELMKE (1993, S.567f.) sehen die vier wesentlichen Funktionen die die Schule erfüllt, in der Qualifikation, der Allokation, der Sozialisation und der Bereitstellung von peer-Gruppen. Die Qualifikation erfolgt durch die Vermittlung von Basiswissen und Fertigkeiten, die Allokation durch die Berechtigung zum Zugang nachschulischer Bildungs-, Berufs- und Lebenschancen, die Sozialisation als Vermittlung von Normen, Werten und Maßstäben durch Schüler-Schüler- und Lehrer-Schüler-Interaktionen und die Bereitstellung von peer-Gruppen durch das Treffen von Gleichaltrigengruppen.

Sozialisationseffekte der Schule – als zentraler öffentlicher Institution der sekundären Sozialisation – können nicht unabhängig von den außerschulischen Sozialisationsbedingungen gesehen werden. ULICH (1980, S.469-499) macht in seinem Ansatz das komplexe Bedingungsgefüge schulischer Sozialisation sichtbar. Danach ergeben sich Sozialisationseffekte aus dem Zusammenspiel von Interaktionsbedingungen und Interaktionen, die wiederum von außerschulischen und schulischen Sozialisationsbedingungen beeinflusst werden. Dabei werden drei Ebenen erfasst. Die schulstrukturelle Ebene, die Gruppenebene und die Individualebene.

Auf Seiten der Schüler werden die vorschulischen Erfahrungen und Sozialisationseinflüsse, die subkulturellen Orientierungsmuster und Einstellungen gegenüber Schule und Lehrern sowie die aktuellen inner- und außerschulischen Beziehungen zu Gleichaltrigen und Erwachsenen relevant. Auf Seiten der Lehrer sind die soziale Herkunft, die bisherige Sozialisation, Ausbildung und berufliche Sozialisation, sowie die Begabungs- Persönlichkeits- und Unterrichtstheorien von Bedeutung für das Verhalten. Schließlich müssen noch die institutionell- organisatorischen Bedingungen wie Schulsystem, Schulart, hierarchische Organisationsstrukturen der Schule sowie Unterrichtsformen und -inhalte mitberücksichtigt werden, da sie sich ebenfalls auf die Art der Interaktionen zwischen Schülern und Lehrern auswirken. Dabei sind für die eigentliche Struktur der Lehrer-Schüler-Interaktion ein spezifisches Machtgefälle und damit zusammenhängende charakteristische Kompetenzverteilung und dem analoge Kommunikationskanäle und –formen wesentlich.

In einer Zusammenfassung relevanter empirischer Ergebnisse führt U-LICH (1980, S.476) auf, dass die kommunikative Dominanz der Lehrer sehr groß ist. In einer Unterrichtsstunde stammen achtzig Prozent aller sprachlichen Äußerungen von ihm. Dabei geht der Lehrer nicht einmal in jeder zehnten Äußerung auf Schüler ein; auf emotionale Probleme von Schülern bezieht sich sogar nur jede hundertste Äußerung. Er gibt pro Unterrichtsstunde im Durchschnitt 60 bis 70 Fragen und fast ebenso viele Aufforderungen und Befehle an die Schüler weiter. Dabei sind seine Äußerungen zum großen Teil nicht reversibel, das heißt Schüler könnten die gleiche Äußerung nicht ohne negative Sanktionen an den Lehrer richten. Auch achtzehn Jahre später betont ULICH (1998) in seinem Beitrag zur schulischen Sozialisation die ungleiche Machtverteilung, nach der sich Schülerinnen und Schüler gegenüber ihrem Lehrer in der klar untergeordneten Abhängigkeitsrolle befinden.

Lernen im sozialen Feld der Schulklasse ist unter den heute gegebenen Bedingungen vor allem Konkurrenzlernen. Schüler lernen im Unterricht weniger miteinander, als vielmehr gegen- und nebeneinander. Das „Versagen" des einen wird zur Leistungschance des anderen. Leistungsbewertungen führen zu Statushierarchien, die auch die Beziehungen zwischen den Schülern prägen. Als wesentlichen Sozialisationseffekt, lernen Schüler, dass Konkurrenz ein wichtiges und notwendiges Verhaltensmuster ist, eine grundlegende Art sozialer Beziehung.

„Schulische Sozialisation ist also immer und besonders Lernen in Konkurrenz und Lernen von Konkurrenz. In dieser Hinsicht wie auch durch die Vermittlung von Abhängigkeitserfahrungen und durch permanente Leistungsforderungen werden die Schüler tatsächlich auf Arbeits- und andere Lebenszusammenhänge in der Gesellschaft vorbereitet, die hierarchisch organisiert und vom Leistungs- und Konkurrenzprinzip wesentlich bestimmt ist" (ULICH 1980, S.495).

Der Vergleich mit ULICHs Aufsatz aus dem Jahr 1998 ergibt wiederum, dass sich in den letzten zwanzig Jahren diesbezüglich nichts geändert hat. Er konstatiert, dass der vom Lehrer vorgenommene soziale Leistungsvergleich und die Knappheit guter Noten die Schulklasse zum wirksamsten Erfahrungsfeld von Konkurrenz machten.

Auch dem sogenannten heimlichen Lehrplan muss eine wichtige Rolle beigemessen werden, es laufen neben den beabsichtigten auch latente und nicht intendierte Sozialisationsprozesse ab. Miteinander umzugehen, als Mädchen und als Jungen aufzutreten und „richtig" zu handeln, lernen Kinder, laut PFISTER (1993) nicht im „offiziellen" Unterricht, sondern weitgehend unbemerkt und ungeplant vor, in und nach den Schulstunden, auf dem Pausenhof und auf dem Schulweg.

In einer bundesweit durchgeführten Befragung acht bis zehnjähriger Grundschulkinder, die am Sonderforschungsbereich 3 der Universitäten Frankfurt und Mannheim durchgeführt wurde, untersuchte man die Bereiche Familie, Schule und Spiel. LANG (1985, S.12) stellt in ihrer Analyse der Forschungsergebnisse fest, dass die Schule am wenigsten positiv beurteilt wird. Eine nicht unerhebliche Anzahl von Kindern fühlen sich durch die Schule belastet und überfordert. Als wesentlich sieht LANG auch die Erkenntnis, der mehr oder weniger engen Verknüpfung der drei Bereiche. Familiäre Merkmale haben einen Einfluss auf die Schulangst von Kindern und Schulschwierigkeiten wirken sich auf das allgemeine Wohlbefinden und auch auf die Beurteilung anderer Lebensbereiche aus.

Dass sich bereits vor der Einschulung bei einem Teil der Kinder in Form von Grundkenntnissen kultureller und sozialer Techniken und Ausdrucksmöglichkeiten deutliche Affinitäten zum schulischen Bildungsanspruch finden und diese sich über die Bildungsnähe des entsprechenden Elternhauses niederschlagen, konstatiert BÜCHNER (1996, S. 161). In seinem Aufsatz „Das Kind als Schülerin oder Schüler" hält er fest, wie selbstverständlich Erwachsene Kinder ab einem bestimmten Alter in ihrer Rolle als Schülerinnen oder Schüler wahrnehmen und als solche(r) ansprechen. Auch wenn Kindheit mehr ist als Schulkindheit wird sie doch auch außerhalb der Schule immer wieder vom schulischen Bildungsanspruch eingeholt.

„Aus einer Summe von insgesamt über 40 ausführlichen Fallstudien geht hervor, daß das Schülersein aus der Sicht von Kindern bedeutet, daß ihr *gesamter* Lebensalltag in jeweils spezifischer Weise von Schule bestimmt oder zumindest erheblich von Schule beeinflußt wird" (BÜCHNER, 1996, S.173).

So bestimmt Schule nicht nur den Tages- und Wochenrhythmus, sondern über die Hausaufgaben auch einen Teil der schulfreien Zeit, die
durch lernintensive Phasen vor Klassenarbeiten zusätzlich verkürzt wird.

In ihrem Aufsatz „Kindheitsforschung und Schule" hält FÖLLING-
ALBERS (1995, S.13) fest, dass die Erfahrung von Lehrern und Lehrerinnen im vergangenen Jahrzehnt gezeigt habe, dass es immer mehr
Kindern nicht gelingt sich auf die traditionelle Schülerrolle einzulassen,
die vor allem dadurch gekennzeichnet ist, dass SchülerInnen im Unterricht spontane Bedürfnisse zurückstecken, sich zu Sachthemen und
nicht zu persönlich Wichtigem äußern und warten, bis sie „drangenom-
men" werden. Für die veränderten Probleme der Lehrer mit ihren Schülern seien nicht so sehr Intelligenzdefizite kennzeichnend, sondern eher
die Verhaltens- und Aufmerksamkeitsprobleme die das Unterrichten er-
schwerten.

II. Zur Phänomenologie der mittleren und späten Kindheit

Kinder im Grundschulalter sind im Regelfall[3] zwischen sechs und zwölf Jahren und befinden sich somit in der mittleren und späten Kindheit, die in anderen Terminologien auch als eigentliche Kindheit oder Latenzperiode bezeichnet wird. Die Autoren BÜCHNER und FUHS (1994, S.63) bezeichnen die Altersgruppe der neun bis vierzehnjährigen in Anlehnung an die Literatur als „Lücke"-Kinder. Dieser Begriff kennzeichnet zum einen die „Lücke" zwischen den sozialpädagogischen Angebotsformen insofern, als diese Altersgruppe für den Hort zu groß und für die Jugendclubs zu klein ist. Zum anderen wollen BÜCHNER und FUHS deutlich machen, dass es für diese Altersgruppe so gut wie keine systematischen, empirischen Untersuchungen gibt. Sie vermuten, dass sich diese Nicht-Mehr-Kinder und Noch-Nicht-Jugendlichen in einer Übergangsphase befinden, die bislang in der Wahrnehmung von Eltern, aber auch von Lehrern und anderen professionellen Pädagogen eher als unproblematisch galt. Dagegen zeichnet BÖHNISCH (1992, S.135) das Bild der Verfrühung der Jugendphase, in der Neunjährige zu spät nach Hause kommen, die falschen Freunde mitbringen würden, sich von ihren Eltern abwendeten, selbständig Räume aufsuchten, öffentliche Plätze bevölkerten, wie auch die Medien- und Computerecken in Kaufhäusern.

Für BAACKE (1999, S.64) gilt:

„>Die 6- bis 12jährigen<, das ist: eine in der Alterabgrenzung offene, in sich dynamische, wandlungs- und perspektivenreiche Altersphase, deren Bestimmungsmomente in der wissenschaftlichen Debatte unklar bzw. strittig sind, die aber durch eine Tendenz nach Gegenwärtigkeit und Intensität gekennzeichnet ist, die unverletzt zu halten Aufgabe pädagogischer Bemühung sein sollte."

---

[3] Ausnahmen bilden jüngere Kinder, die mit Genehmigung des Schulamtes auf Wunsch der Eltern vorzeitig eingeschult werden ebenso wie ältere Kinder, die durch das Zusammentreffen mehrerer ungünstiger Umstände wie häufigem Schulwechsel, Widerholungen einer Klasse und verspäteter Einschulung zum Teil mit 13 Jahren noch in der Grundschule sind.

Die folgende Betrachtung bestimmter Entwicklungsaufgaben und - probleme, die dieser Altersgruppe zugeordnet werden, darf nicht unberücksichtigt lassen, dass die Darstellung genereller Muster problematische Typisierungen mit sich bringt. Abweichungen von durchschnittlichen Entwicklungsverläufen und große inter-individuelle Schwankungen verbieten Verallgemeinerungen und Pauschalisierungen.

Die mittlere und späte Kindheit zeichnet sich aus durch eine Loslösung vom unmittelbaren Familienleben bei zunehmender Relevanz der Gleichaltrigenbeziehungen. So bezeichnet KRAPPMANN (1998, S.358) die Sozialisation in der Gruppe der Gleichaltrigen als fokales Entwicklungsthema in der mittleren Kindheit. Grundlegende Entwicklungen finden auch im sozio-kognitiven Bereich statt.

Unter Berücksichtigung psychoanalytischer Grundkonzepte hat ERIKSON (1966) eine bis ins Erwachsenenalter hineinreichende Theorie zur Entwicklung von Ich-Identität entworfen. In acht Phasen beschreibt er die Auseinandersetzung des Menschen mit seiner sozialen Umwelt. Diese Phasen – Entwicklungsabschnitte – sind durch krisenhafte Konflikte gekennzeichnet, die jeweils positiv bewältigt werden müssen, um zum Aufbau einer positiven Erwachsenen-Identität zu gelangen. Für Kinder im Grundschulalter nimmt er das Begriffspaar Leistung gegen Minderwertigkeitsgefühl an. Das Kind entwickele in dieser Zeit „Werksinn", der es in die Lage versetzt, allein oder in Absprache und Kooperation mit anderen Kindern zielorientiert Produkte herzustellen. Erfolgserlebnisse und Anerkennung werden dann zur Basis der Entfaltung seiner Identität im Jugendalter.

Für PIAGET (1978) dagegen befinden sich Kinder von sieben bis dreizehn Jahren – also im Grundschulalter – in der Phase der konkreten Operationen. Er versteht darunter, dass sie sich in ihren Wahrnehmungen nicht mehr ausschließlich auf einen Aspekt eines Vorgangs zentrieren, sondern in der Lage sind gleichzeitig deren komplementäre Seite mitdenken zu können. So wird die Wahrnehmung zwar realistischer, bleibt aber dennoch an die konkrete Anschauung gebunden.

Sowohl an ERIKSONS als auch an PIAGETS theoretischen Entwürfen ist Kritik geübt worden. Insbesondere die Undifferenziertheit bei der zeitlichen Festlegung und Abfolge wird in Frage gestellt, da sie die Unterschiedlichkeit der einzelnen Kinder in ihrer Entwicklung zu wenig berücksichtigt. Einzelne Lebensabschnitte werden nach FÖLLING-ALBERS (1989, S.48) immer weniger als einheitliche Phasen gesehen. So sei Kindheit von Jugendalter ebenso wenig eindeutig abzugrenzen wie die Jugend vom Erwachsenenalter. Sie sieht Entwicklung als Prozess, bei dem eine Vielzahl miteinander verbundener Faktoren permanent ineinander greifen und sie sei gleichzeitig ihr Ergebnis. FÖLLING-ALBERS geht davon aus, dass solche komplexen Vorgänge nicht mehr durch einfache Variablenmodelle beschrieben werden können, sondern einen ökologischen Bezugsrahmen erfordern, in den neben Familie, Schule und Gleichaltrigen auch der ökologische Nahraum, die Wohnung, Stadt/Land – Milieu, Wertvorstellungen und Lebenskultur berücksichtigt werden müssen. Zusätzlich spiele die „doppelte Zeitperspektive" als Lebensalter des Einzelnen und historisches Zeitalter eine wichtige Rolle.

LANGE (1996, S.73) sieht ein wesentliches Merkmal der mittleren Kindheit in der Einordnung in und eigenständigen Nutzung von zunehmend rationaleren Zeitstrukturmustern. Darüber hinaus fasst er zusammen:

> „Die mittlere Kindheit läßt sich somit als soziokulturell definierte, mit bestimmten Entwicklungsanforderungen und Entwicklungsangeboten ausgestattete Lebensphase begreifen, in der gerade die sozialräumlichen Prozesse und tätigen Aneignungsweisen auf der einen Seite, aber auch die Beherrschung zunehmend abstrakter Handlungsketten auf der anderen Seite, in unserer Gesellschaft dominante Wesenszüge darstellen" (LANG 1996, S.73).

In einem Versuch der Begriffsbestimmung von Pubertät weist KLUGE (1998, S.17) darauf hin, dass in Medizin, Psychologie, Soziologie und Sexualwissenschaft zum Teil erhebliche Abweichungen in Bezug auf konkrete Angaben des Zeitpunkts bestehen. Im Vergleich unterschiedlicher Autoren lässt sich für das erstmalige Auftreten sekundärer Geschlechtsmerkmale ein Zeitraum von neun bis dreizehn Jahren festhalten. Damit beginnen die puberalen Entwicklungsvorgänge bereits im Kindesalter. In seiner Darstellung der Ergebnisse einer repräsentativen Jugend- und Elternstudie über Verhalten und Einstellungen zur Sexualität legt KLUGE die Pubertät in einem groben Zeitrahmen zwischen dem 9./10. Lebensjahr und dem 17./19. Lebensjahr für beide Geschlechter fest (ebd. S.26). Nach dieser Definition befinden sich Kinder am Ende ihrer Grundschulzeit in der Pubertät. Hier ist mit HAEBERLE (1985, S. 174) zu berücksichtigen:

> „Die physiologischen Veränderungen in der Pubertät können früh oder spät, schnell oder langsam eintreten, und Menschen gleichen Alters können sich daher in ganz verschiedenen Stadien der Entwicklung befinden" (HAEBERLE 1985, S.174).

So wird man neuerdings die Pubertät auch schon bei zehnjährigen annehmen können, schreibt BAACKE (1999, S.58). Sexualbiologische Entwicklungsprozesse finden heute früher als noch vor einem Jahrzehnt statt. Laut OERTER/DREHER (1998, S.334) haben diese Prozesse immer auch Rückwirkungen auf die psychische Entwicklung. Wie BAACKE (1999, S.58) schreibt, verlaufen sie bei gesunden Kindern synchron.

Insbesondere nach älteren Erkenntnissen der Pubertätsforschung erlangen Mädchen früher als Jungen die Sexualreife. Angesichts der Befunde der von KLUGE dargestellten repräsentativen Untersuchung gleichen sich beide Geschlechter auch bei diesem Entwicklungsziel immer mehr an.

Aus den langjährigen eigenen Erfahrungen durch die Tätigkeit in der Grundschule heraus, ist festzuhalten, dass die unterschiedliche körperliche Entwicklung bereits ab dem ersten Schuljahr durch die Größe sichtbar ist. Besonders im dritten und vierten Schuljahr fallen aber immer mehr Mädchen auf, die sich schon äußerlich auf der Grenze zwischen Kind und Jugendlichen befinden. Der sich entwickelnde Busen ist bei vielen nicht mehr zu übersehen. Die Jungen dagegen entwickeln sich zum Teil zu ungelenk wirkenden Riesen.

III. Freundschaft und Liebe – Theoretische Perspektiven und empirische Befunde

3.1 Forschungsstand

Als *„unilateral- komplementär"* bezeichnet YOUNISS (1980) die Eltern-Kind-Beziehung, die durch den Erfahrungs- und Kompetenzvorsprung der Erwachsenen geprägt ist. Aus Liebe, Anerkennung oder Furcht folgen Kinder den Forderungen Erwachsener, noch bevor sie eigene Einsichten gewonnen haben oder Ansprüche mit den anderen ausgehandelt haben. Da man davon ausgeht, dass das Kind seine Begriffe, Vorgehensweisen und Fähigkeiten in Auseinandersetzung mit Objekten und Personen „konstruiert", spricht man von Ko-Konstruktion, wenn Kinder Prozeduren innerhalb eines reziproken Austauschs entwickeln (Vgl. Y-OUNISS, 1994, S.19). Für die Sozialentwicklung ist deshalb die Gleich-altrigengruppe, in der das Kind ein Verhältnis von Gleichheit und Wechselseitigkeit aufbauen kann, unverzichtbar (PIAGET 1973, 1986). Neben den Eltern werden die anderen Kinder in der mittleren Kindheit für die Selbstdefinition wichtig. Hier sind es insbesondere die Freundschaften, die die Möglichkeiten bieten eigene personale Aspekte der Identität in umfassender Weise einzubringen und den Freund in seiner Subjektivität zu erfahren.

In seinen Untersuchungen von Kinderfreundschaften belegt YOUNISS (1994,S.83), dass sie ein Beispiel für eine kommunikative Beziehung sind, in der gegenseitiges Verstehen oder Einverständnis und gegenseitige Achtung oder Gemeinschaftlichkeit deutliche Ergebnisse der Entwicklung sind. Der Schlüssel liegt dabei in der Reziprozität, die immer wieder neu definiert wird. Gegenseitiger Beistand nimmt innerhalb der Freundschaftskonzepte von Kindern einen wichtigen Stellenwert ein (SELMAN 1984/ VALTIN 1991). So hält auch YOUNISS insbesondere die Freundschaft für eine Beziehung, die Entwicklungsmöglichkeiten erschließt, die andere Beziehungen nicht enthalten.

Dass Freundschaften zu den zentralen Bestandteilen des Daseins von Kindern gehören begründet RUBIN (1981):

„Freundschaften füllen einen großen Teil ihrer wachen Stunden aus, und zwar sowohl in ihrem realen Verhalten als auch in ihrer Gedanken- und Phantasiewelt. Freundschaften sind für Kinder oft die Quellen ihrer höchsten Freuden und ihrer tiefsten Frustrationen" (RUBIN 1981, S.10).

Mit Verweis auf mehrere Untersuchungen betont HERZBERG (1992, S.77), dass Kinder, die sich in ihrer Altersgruppe nicht eingebunden fühlen und denen es schwer fällt, Freunde zu gewinnen, weniger glücklich sind, sich öfter zurückgesetzt und einsam fühlen, ein geringeres Selbstvertrauen und oft auch schlechtere Schulleistungen haben als populäre Kinder.

KRAPPMANN 1993, VALTIN 1991 und YOUNISS 1982 zeigen auf, dass Freundschaften einen besonders förderlichen Rahmen bieten um Konfliktverhalten zu lernen, da die emotionale Verbundenheit zum Konfliktpartner eine erfolgreiche Lösung des Konflikts verlangt, wenn die Konfliktpartner an der Weiterführung ihrer Freundschaftsbeziehung interessiert sind. Dies gilt meines Erachtens auch – und in besonderem Maße – für die Liebesbeziehungen.

Maßgeblich protektiven und intervenierenden Einfluss auf das psychophysische Wohlbefinden schreibt NÖTZOLD-LINDEN (1994, S.20) dyadischen Freundschaften als Teil der sozialen Ressourcen von Individuen zu.

In PETILLONS (1993) Untersuchung zum Sozialleben der Schulanfänger, bei der dreizehn Schulklassen zu Beginn des ersten Schuljahres, am Ende des Jahres und am Ende des zweiten Schuljahres befragt wurden, stellen Kinder den Beginn einer Freundschaft als besonders wichtiges Sozialereignis dar. PETILLON (1993, S.174) kommt aufgrund seiner empirischen Untersuchung zum Ergebnis, dass zwei verschiedenartige soziale Welten die Geschlechter trennen. So handelten nur wenige Kindergeschichten, die in seiner Studie ausgewertet wurden, von Interaktionen zwischen Jungen und Mädchen. Die Nennung von Einzelkontakten zwischen den Geschlechtern bildeten laut PETILLON eine große Ausnahme. Seiner Analyse zufolge sind die Kontakte zwischen Jungen und Mädchen dadurch gekennzeichnet, dass sich die beiden Geschlechter von Schulbeginn an, in den meisten Fällen ignorieren. Damit setze sich eine Entwicklung fort, die sich bereits am Ende der Kindergartenzeit abzeichne.

In einer Zusammenfassung verschiedener Studien hält MACCOBY (Vgl. 2000, S.32) den Beginn der Geschlechtertrennung für die Altersphase ab dem 18 Monat bis zum dritten Lebensjahr fest. Geschlechterpräferenzen für das eigene Geschlecht seien zunehmend deutlich ausgeprägt. Vor allem in Settings in denen die Kinder zahlreichen, ungefähr gleichaltrigen Gefährten begegnen, bildeten sie nach Geschlechtern getrennte Gruppen. PETILLON (1994, S.18/19) vertritt die These, dass sich bei Mädchen und Jungen unterschiedliche „Spielkulturen" entwickeln, die dazu führen, dass sich die Geschlechter im Verlauf der Kindheit mehr und mehr entfremden.

Obwohl PETILLON (1993) von zwei verschiedenartigen sozialen Welten schreibt, kommt er nicht umhin zu konstatieren, dass zum Ende des zweiten Schuljahres einige „Liebesbeziehungen" beschrieben werden. Da die Äußerungen der Kinder die Intensität ihrer Gefühle am besten wiedergeben, sollen sie hier zitiert werden.

> „„Die haben gesagt, dass der Thomas in mich verknallt ist. Da hab ich mich gefreut, weil ich den ja wirklich liebe."
> „Gestern war ich auch glücklich in der großen Pause. Da habe ich mit Imo gespielt, das war ein Kußspiel. Und dann hat Imo dem André gesagt, er würde mich lieben. Dann hat die Michi es mir gesagt, und da war ich froh. Dann ist Pamela zu mir gekommen und hat gefragt: „Liebst du den Imo?" Da habe ich gesagt: „Sympathisch ist er mir, aber lieben tu ich ihn nicht""" (PETILLON 1993, S.53).

Im Zusammenhang mit der Feststellung von PETILLON (1993), dass sich die beiden Geschlechter von Schulbeginn an in den meisten Fällen ignorieren, vermuten BECK und SCHOLZ (1995, S.67), dies Ergebnis sei durch die Methode der Befragung ausgelöst worden. Ihre eigenen vierjährigen Beobachtungen in einer Grundschulklasse zeigten von Anfang an vielfältige Beziehungen zwischen Mädchen und Jungen, allerdings höchst unterschiedlicher Qualität.

Mit PETILLON sieht auch STÖCKLI (1997) die Separierung der Geschlechter in zwei Welten. Er bestätigt als Realität, dass sich Jungen praktisch nie an Spielen von Mädchen beteiligten und sich Mädchen selten unter spielende Jungen mischten. Intensive Beziehungen zu andersgeschlechtlichen Kindern blieben eine Randerscheinung. STÖCKLI weist jedoch darauf hin, dass die Überbetonung der Separierung in mancher Hinsicht ein falsches Bild vom Ausmaß des Interesses am anderen Geschlecht erzeugen könne (S.213) Er referiert die Antworten einer Befragung zum Thema Jungen und Mädchen in zwei dritten Schuljahren und hält fest, dass sich viele dieser Jungen und Mädchen sehr wohl darüber im Klaren sind, dass Bewunderung und zärtliche Zuneigung ihren "Blick hinüber" leiten. Gerade die allseits beliebten, selbständigen und sozial kompetenten Mädchen und Jungen würden in diesem Alter die Grenzlinien zwischen den Geschlechtern überwinden. Er resümiert, die Diskrepanz zwischen dem eher verstohlenen, oft schon romantisch geprägtem Blick über die Grenze und dem offenen Aufeinanderzugehen sei enorm groß.

Wie bereits ausgeführt, besteht in der Forschung große Übereinstimmung darin, dass freundschaftliche Beziehungen zwischen Jungen und Mädchen im Grundschulalter eher der Ausnahme entsprechen. Üblicherweise sind Beziehungen dieser Altersgruppe geschlechtshomogen. KRAPPMANN und OSWALD (1995) bestätigen in ihrer Untersuchung über den Alltag von Schulkindern, dass der Anteil an gegengeschlechtlichen Beziehungen geringfügig ist und enge Beziehungen erst in der sechsten Klassenstufe auftauchen. Auch PETILLON schreibt im Fazit seiner Studie zum Sozialleben des Schulanfängers, dass sich die Bereitschaft einen Mitschüler des anderen Geschlechts als Freund zu akzeptieren bis zum Ende des zweiten Schuljahrs fast völlig verliert.

Untersuchungsbefunde weisen auch darauf hin, dass Mädchenfreundschaften anders aussehen als Jungenfreundschaften. Mädchen betonen schon in einem früheren Alter den Austausch von Vertraulichkeiten (SMOLLAR & YOUNISS 1982/ VON SALISCH 1991). Sie spielen nach LEVER (1976, 1978) häufiger in kleinen Gruppen und zeigen ein anderes Konfliktverhalten. Es wurde beobachtet, dass Mädchen häufiger Strategien anwendeten, die den Konflikt mildern.

Im Sinne BRONFENBRENNERS spricht STÖCKLI (1997) im Zusammenhang mit der zunehmenden Bedeutung der Beziehung zu den Gleichaltrigen, die neben die Beziehung zu den Eltern tritt, von einem entwicklungsrelevanten Übergang. Seine These ist, dass im Verlauf der Kindheit und Voradoleszenz ein weiterer Übergang zu vollziehen ist, nämlich der, der geschlechtsübergreifenden Beziehungen innerhalb der Gleichaltrigenwelt. STÖCKLI betrachtet diese geschlechtsübergreifende Beziehung in der Kindheit als eine qualitative Ausdehnung sozialer Möglichkeiten, die nicht nur der persönlichen Entwicklung, sondern letztlich dem gesellschaftlichen Zusammenleben der Geschlechter neue Tore öffnen.

KRAPPMANN und OSWALD (1995) werteten über Beobachtung gewonnene Daten der Interaktionen von zehn- und zwölfjährigen Jungen und Mädchen aus. Das analysierte Material enthielt über 400 Interaktionssequenzen, an denen sich Mädchen und Jungen der Klasse über 800 mal beteiligt haben. Im Hinblick auf die verschiedenartige Beteiligung an diesen Interaktionen unterschieden KRAPPMANN und OSWALD zwischen folgenden sechs Typen.

- „Die „Abstinenten" umfassen diejenigen, die so gut wie nie mit Kindern des anderen Geschlechts interagierten.

54

- Die „Gute Partner/innen", die sich durch sachlichen Umgang ohne Är-
gerei und Flirt auszeichneten.
- Die „Piesacker", als Jungen, die die Mädchen störten und ärgerten.
- Die „Geärgerten", als Mädchen, die nur negative Erfahrungen mit den
Jungen machten.
- Die „Kämpferinnen", die wenig an Hilfen oder Spiel mit Jungen beteiligt waren, aber dennoch viel Kontakt hatten, weil sie Ärgereien unter-
banden und Jungen generell in ihre Schranken wiesen, manchmal
auch mit Hieben.
- Die „Necker/innen", bei denen ein auf die Geschlechtszugehörigkeit
zielender Umgang mit Kindern des anderen Geschlechts vorherrsch-
te. Ihr Verhalten erweckte ein ums andere Mal den Eindruck, dass es
ihnen nicht so sehr um die Sache ging als vielmehr um die Beziehung
über die Geschlechtsgrenze hinweg."

In der Studie „Selbstwahrnehmung, Sexualwissen und Körpergefühl 6 –
14 jähriger Mädchen und Jungen" die von der Arbeitsgruppe MILHOF-
FER, KRETTMANN und GLUSZYNSKI durchgeführt wurde, konnte belegt werden, dass es für Mädchen und Jungen schon im Kindergarten
und der Grundschule zum festen Erlebnisbestand gehört sich zu verlieben. Datengrundlage des Leitfadens „Sexualerziehung die ankommt..."
ist vorgenannte empirische Studie, die unter rund 500 Schülerinnen und
Schülern aus dritten bis sechsten Klassen erhoben wurde. Es konnte
aufgezeigt werden, dass Interaktionen zwischen Jungen und Mädchen
nicht nur von sozialem, sondern auch von erotisch-sexuellem Leistungs-
druck bestimmt sind. Darüber hinaus wird festgehalten, dass Sexualität
und Erotik fester Bestandteil der Selbstfindung und Persönlichkeitsentfal-
tung von Jungen und Mädchen vor der Pubertät sind und auch im Schulalltag den Umgang miteinander bestimmen.

Auch BILDEN (1998, S.288) hält fest, dass sich die Kontakte zwischen
Mädchen und Jungen in der Vorpubertät differenzieren und erotische
Momente hineinkommen.

Die vielbeschworene „Mauer" zwischen den Geschlechtern schien den Blick auf die große Bedeutung, die das Thema Liebe und Verliebtheit auch für den Alltag von Grundschulkindern hat, lange zu verstellen. Während das Phänomen früher innerhalb der Untersuchungen zu Interaktionen von Mädchen und Jungen nur kurz konstatiert und auf wenigen Seiten abgehandelt wurde, gibt es neuerdings Arbeiten, die sich gründlicher mit dem Thema auseinandersetzen. Die Arbeitsgruppe um MILHOFFER (1999) hat belegt, dass ein hoher Prozentsatz der Mädchen und Jungen auch im Grundschulalter bereits verliebt ist. Auch BREIDENSTEIN und KELLE widmen diesem Bereich in ihren ethnographischen Studien ihre Aufmerksamkeit.

Mit der Verfasserin glaubt BREIDENSTEIN (1998, S.183) mit „Verliebtheit" ein zentrales Thema des Alltags von zehn- bis zwölfjährigen Schulkindern entdeckt zu haben. Er schränkt jedoch ein, dass sich die dieser Überschrift zugeordneten Situationen und Beobachtungen als sehr heterogen erweisen. Als einzige Gemeinsamkeit sieht er den Bezug auf die sehr spezifische soziale Konstellation, nämlich die individualisierte Verbindung mit einer Person des anderen Geschlechts, auf die Gefühle eines Mädchens für einen spezifischen Jungen oder umgekehrt. Eine darüber hinausgehende Bestimmung von Verliebtheit scheitere an dem äußerst schillernden und vielschichtigen Charakter des Diskurses.

BREIDENSTEIN konstatiert, dass Spiele um Verliebtheit in der ethnographischen Forschung zu Kindern dieser Altersgruppe zwar verschiedentlich erwähnt werden, allerdings meist als Vorbereitung und Anbahnung der späteren, dann „richtigen" Aufnahme heterosexueller Paarbeziehungen aufgefasst werden. Er kritisiert, dass diese Perspektive den Blick verstellt auf Besonderheiten und Eigentümlichkeiten, die diese Spiele bei zehn- bis zwölfjährigen aufweisen. BREIDENSTEIN analysiert die Aktivitäten um die Verliebtheit und ihre Bedeutung für die Kultur der Kinder ohne die Einordnung in die Entwicklungsperspektive an Hand verschiedener Formen:

- „ der Unterstellung der Verliebtheit bei anderen,

- dem „Zugeben" eigenen Verliebtseins
- und der Darstellung von Verliebtheit in Paarbeziehungen."

Er hält fest, dass sich alle drei Formen von der vierten bis zur sechsten Klasse gleichzeitig beobachten lassen. In Kapitel IV werde ich darlegen, dass sich genannte Formen bereits ab dem ersten Schuljahr zeigen.

Die Forschungsergebnisse aus verschiedenen schriftlichen anonymen Befragungen des Zentralinstituts für Jugendforschung Leipzig der Jahre 1968 bis 1978 wurden von STARKE (1980) dargestellt. Zu den ersten Beziehungen hält er fest:

> „Viele Jugendliche im Alter von neunzehn Jahren sagen von sich, schon in der 3.,4. Klasse den ersten festen Freund bzw. die erste feste Freundin gehabt zu haben" (STARKE 1980, S. 12).

Aufgrund ihrer vierjährigen Beobachtungen von Grundschulkindern verweisen BECK und SCHOLZ (1995, S. 101) darauf, dass Mädchen ihre Interessen früher und intensiver auf Freundschaft und Liebe richten. Sie betonen im Rückblick auf das erste Schuljahr, dass Liebe, Sexualität und Freundschaftsbeziehungen wichtige Themen sind, die in jedes Unterrichtsthema hineinwirken (ebd. S.77).

Für BREIDENSTEIN (1998, S. 199) liegt die Bedeutung des Verliebtheitsdiskurses für die Kinder in Aktivität und Dynamik des Themas als das „Andere" gegenüber dem „Normalen". Das konstitutive Merkmal des Außeralltäglichen äußere sich in zumindest drei verschiedenen Dimensionen:

- „als Geheimnis im Kontrast zur Öffentlichkeit der Gruppe
- als Spiel und Ritual gegenüber der Selbstverständlichkeit anderer Beziehungen
- als der Bezug zu Kindern anderen Geschlechts im Gegensatz zur „Normalität" des eigenen Geschlechts."

Spiele um Verliebtheit und Paarbildung sind für ihn zentrale Mechanismen, die zwischen den Kindern einer Schulklasse Unterschiede hinsichtlich Ansehen und Status produzieren.

Zum Thema Liebe strahlte Radio Bremen 1981 in einem Bildungs-
programm Interviews mit Kindern aus. MILHOFFER (1995, S.150) stellte
die Antworten, die von Schülern der zweiten, dritten und vierten Grundschulklasse gegeben wurde, in einem Aufsatz zusammen. Deutlich wurde in den Interviews, dass Kinder nicht nur erotische Phantasien haben,
sondern auch Erfahrungen mit entsprechenden Körperkontakten. Für
Jungen und Mädchen ab der dritten Klasse fasst MILHOFFER zusammen, dass Kontakte zum anderen Geschlecht genau beobachtet und
abwertend sexuell interpretiert werden. Als „Überläufertum" würde es vor
allem von Jungen hart sanktioniert. Beide Seiten seien jedoch mit diesem Zustand nicht glücklich. Auch wenn es sich nicht um eine repräsen-
tative Untersuchung handelte, zeigte sich doch, dass die Attraktion des
anderen Geschlechts erheblich ist und dass Zärtlichkeit, Liebe und Sexualität für die Kinder eine wichtige Rolle spielen.

In der sexualpädagogischen Definition ist Sexualität eine für das
menschliche Leben, sein Werden und Wohlbefinden zentrale Lebens-
energie.

> „In vielen Zusammenhängen wird die strukturierende und hand-
> lungsleitende Bedeutung von Sexualität demgegenüber leicht über-
> sehen oder gar geleugnet, so z.B. in den sozialen Interaktionen un-
> ter Kindern und Heranwachsenden in sogenannten geschlechts-
> neutralen Räumen, wie im Kindergarten und in der Schu-
> le"(MILHOFFER 1995, S.12).

Ob dies der Sicherheitsabstand zu einem heiklen, sehr identitätsnahen
Thema ist?[4]

---

[4] Ausgerechnet ein anonymer Anruf war der Ausgangspunkt, der 1998 zur
4wöchigen Schließung der Kindertagesstätte der Freien Schule Marburg führte. Mitarbeiter hatten einen 4jährigen Jungen und ein Mädchen nackt unter einer Decke vorgefunden und beide daraufhin aufgefordert, sich wieder anzuziehen. Anschließend fanden Elterngespräche statt. Dieser harmlose Vorfall
reichte für den Vorwurf Mitarbeiter seien nicht angemessen mit dem sexuellen
Verhalten des Jungen umgegangen. Es fanden Staatsanwaltliche Ermittlungen statt und das Thema ging wochenlang durch die Presse. Obwohl die Kindertagesstätte nach 4 Wochen wieder öffnen konnte und die Ermittlungen gegen die Mitarbeiter eingestellt wurden, zeigt dies Beispiel doch noch einmal
die Brisanz des Themas (Vgl. Pressespiegel zur Schließung der Kindertagesstätte der Freien Schule Marburg).

ARIANS (1993) geht davon aus, dass „Sich-Verabreden, Mit-Einander-Gehen (wenn auch nur für kurze Zeit) und „Sich Heiraten" zu den alltäglichen Verhaltensweisen bei Grundschülern gehört. Da jedoch nicht alle Kinder erfolgreich daran beteiligt sind, versuchen die Außen-vor-Gebliebenen manchmal durch Verspotten ihrem Neid Ausdruck zu geben und vergiften so die Atmosphäre in der Gruppe. Bevor ein Lächeln oder eine zärtliche Berührung als Schwäche ausgelegt wird, werden Zuneigungsbeweise aus Angst vor dem Spott von Mitschülern lieber ganz unterlassen.

Wenn es auch direkt zum Thema Liebe im Grundschulalter keine der Autorin bekannte Untersuchung gibt, so zeigen doch Praxisberichte von Lehrern die Relevanz des Themas. So beschreibt GODLEWSKI anschaulich Erfahrungen mit dem „Lernziel Zärtlichkeit", die sie mit ihrer Klasse gemacht hat. Zwei Vorfälle in der vierten Grundschulklasse, die sie unterrichtete, veranlassten sie dazu in diesem Zusammenhang eine Unterrichtseinheit durchzuführen. Der eine Vorfall bezog sich auf ein Mädchen, das ihr einen „Kummerbrief" schrieb.

> „Dieses Mädchen war todunglücklich und reagierte geradezu hysterisch, weil Lars sie nicht beachtete und sie ihn wohl liebte. Wir kamen in einem persönlichen Gespräch aber noch zu keiner Lösung, da das Mädchen völlig blockiert war" (GODLEWSKI 1995, S.89/90).

Der andere Vorfall bezog sich auf eine Begebenheit in der Pause. GODLEWSKI fand den größten Teil ihrer Schüler hinter der Turnhalle, wo sich Jungen und Mädchen in wildem Getümmel auf dem Boden wälzten und küssten.

Meines Erachtens handelt es sich hier nicht um Einzelfälle. Von Küssen hinter Vorhängen, in Umkleidekabinen oder stillen Ecken erzählten mir Jugendliche im Rückblick auf ihre Grundschulzeit. Sie betonten dabei allerdings, dass sehr darauf geachtet wurde, dass die Erwachsenen von den Vorgängen nichts erfuhren. Das ist leicht möglich, insofern als es in Schulen gängige Praxis ist an der Tür Wachen zu postieren, die recht-

zeitig vor der Ankunft des Lehrers warnen, wenn im Raum etwas stattfindet, das kein Erwachsener mitbekommen soll.

1930 schrieb die Psychoanalytikerin WOLFFHEIM den Aufsatz „Erotisch
gefärbte Freundschaften in der frühen Jugend", in dem sie einleitend
darauf hinweist, dass sie im Kindergarten sich anspinnende erotische
Freundschaften mehrfach beobachtete.

„Das erotische Moment dieser Freundschaften wird naturgemäß
nicht wahrgenommen, da ja im allgemeinen die Neigung besteht,
das nicht zu bemerken, was man nicht zu sehen wünscht"
(WOLFFHEIM 1930, S.32).

Sie ergänzt in einer Fußnote, dass sie in den langen Jahren der pädagogischen Arbeit, die vor ihrer eigenen Analyse lagen, keine derartigen
Freundschaftsbeziehungen näher beobachtet habe.

Auch NÖTZOLD-LINDEN (1994, S.30) weist darauf hin, dass sich in jeder Freundschaft dergestaltige erotische Komponenten finden, dass man
sich zum Beispiel gerne anschaut, sich gefällt, sich „riechen" kann und
gerne berührt.

3.2 Zu den Begriffen Freundschaft und Liebe

Begriff und Verständnis von Freundschaft haben eine lange Geschichte.
In ihrem historischen Abriss arbeitet NÖTZOLD-LINDEN (1994,S.34-55)
Freundschaft als Beziehung unter Männern heraus. Für die Zeit von der
Antike bis zum angehenden Mittelalter beschreibt sie infolge gesell-
schaftlicher Differenzierungs- und Freisetzungsprozesse
- „einen *Formenwandel*, der von der institutionalisierten, sozial vorgegebenen zur partial individualisierten, freiwilligen Freundschaft
  führt
- einen *Inhaltswandel*, der von der instrumentellen, rational-
  praktischen Tatenfreundschaft zur expressiven, gefühlshaft-
  intellektuellen geistigen Freundschaft führt und

- einen *Funktionswandel* von der sozialen Funktionalität zur personalen Funktionalität."

Die Freundschaftsvorstellung, die sich zwischen dem 17. bis zur Mitte
des 19. Jahrhunderts durchgesetzt hat, beschreibt sie als über-
schwänglich, empathisch auf Verstehen und Ergänzen gerichtet. Gerade
diese Vorstellung hat nachhaltigen Einfluss bis in die Gegenwart.

Einstellungen zu Liebe und Freundschaft unterliegen dem gesellschaftlichen Wandel und werden kulturhistorisch geformt und ausge-
deutet. So hat NÖTZOLD-LINDEN (1994) die vielfältige Verwobenheit
des Phänomens Freundschaft mit der jeweiligen kulturellen Epoche beschrieben und LUHMANN (1999), der Liebe als symbolischen Code be-
handelt, stellt den Formenwandel der Liebessemantik dar.

Die BOCHUMER ARBEITSGRUPPE FÜR SOZIALEN KONSTRUKTI-
VISMUS UND WIRKLICHKEITSPRÜFUNG (2000) beschreibt nach
SINGER die historische und kulturgeschichtliche Entwicklung des Begriffs Liebe. Dabei führen sie die Liebe im Mittelalter bis etwa zum 11.
Jahrhundert auf, leiten dann über zur höfischen Liebe des 12. bis 17.
Jahrhunderts und kommen schließlich zur romantischen Liebe des 18.
und 19. Jahrhunderts. Sie gehen davon aus, dass in unserer Zeit die My-
then aus verschiedenen historischen Abläufen frei im Möglichkeitsraum
schweben ohne klar und umrissen zu sein.

> „Die verschiedenen Mythen sind gebrochener und unklarer, vor al-
> lem die Mythen der romantischen Liebe spielen jedoch nach wie
> vor eine sehr große Rolle, in dem sie das beeinflussen, was in un-
> serer Kultur über Liebesbeziehungen erzählt wird" (Vgl. BOCHU-
> MER ARBEITSGRUPPE FÜR SOZIALEN KONSTRUKTIVISMUS
> UND WIRKLICHKEITSPRÜFUNG 2000, S. 7).

Die Begriffe Freundschaft und Liebe sind jedem aus dem Alltags-
verständnis heraus so vertraut, dass vorschnell davon ausgegangen
werden könnte, jeder verstehe dasselbe darunter. Soziologen, Psychologen und Philosophen, die entsprechend ihrem Fachgebiet verschiedene Aspekte betrachten, verwendet allerdings dermaßen unterschiedliche

Definitionen, dass dies laut NÖTZOLD-LINDEN (1994, S.26) zum einen auf den Facettenreichtum des Phänomens Freundschaft verweist und zum anderen auf die Willkür der Definitionsstrategien. Auch für den Begriff Liebe gilt, dass heterogene alltagsweltliche Auffassungen sich in einer Vielzahl wissenschaftlicher Bestimmungen fortsetzen.

PREUSS-LAUSITZ (1998, S.109-123) beschreibt Freundschaften und soziale Beziehungen zu Gleichaltrigen als Kitt für Kinder, die selten mehr als ein Geschwister haben, die nicht sicher sein können, ob und wie lange ihre Eltern zusammenbleiben, die in der urbanen Gesellschaft auch ihre Beziehungen bewusst pflegen und gegebenenfalls neu konstruieren müssen.

Ihre Begriffsbestimmung von Freundschaft leitet BACHMANN (1996) mit den Worten ein:
„Freundschaft ist eine Form der Liebe" (Ebd., S.7).

Sie weist auch darauf hin, dass die Atmosphäre einer Freundschaft prickelnd, hoch affektiv und durchaus auch erotisch gefärbt sein kann (Ebd. S.8).
Für RUBIN (1980) sind Kinderfreundschaften außerfamiliäre Beziehungen, die sich durch ein Gefühl der Zugehörigkeit und Identität auszeichnen. FATKE und VALTIN (1988) bezeichnen in ihrer Begriffsbestimmung die vier Aspekte von Freundschaft als
- „pragmatisch-utilitaristischen Aspekt, in dem der Nutzen des Freundes im Vordergrund steht
- sozialen Aspekt, der den Freund als Schutz vor dem Alleinsein erscheinen lässt
- personalen Aspekt in dem die Intimsphäre innerhalb der Freundschaft und ihre Bedeutung für die Individuation betont wird und
- den emotionalen Aspekt, der immer eine Rolle spielt."

Diese vier Aspekte können in intra- und interindividuell unterschiedlicher Gewichtung auftreten.

Unter Hinweis auf die Arbeiten von TESCH, FATKE und VALTIN, die in ihren Untersuchungen belegten, dass Kinder als besten Freund meist ein gleichgeschlechtliches Kind wählen, schränkt SCHUSTER (1994) den Begriff Freundschaft in seiner Arbeit als enge, dyadische Beziehung zwischen Personen gleichen Geschlechts ein. Er führt noch einen weiteren bemerkenswerten, pragmatischen Grund für diese Einschränkung ein. Eine Befragung über gegengeschlechtliche Freundschaften wird von der Regierung in Unterfranken in Schulen nicht genehmigt.

Freundschaft und Liebe sind immer eingebettet in den weiteren sozialen Rahmen. Im vorangegangenen Kapitel wurden Gesellschaftsprozesse und Rollenanforderungen an das Individuum betrachtet; daneben sind sozio-ökonomische Lebenskontexte, sowie interaktionale und subjektive Komponenten in jeder Freundschaft bedeutsam.

Freundschaft ist keine punktuelle Spontanbegegnung, sondern eine prozessuale Größe im Verlauf einer Zeitspanne. Entwicklung, Verlauf und Dauer stehen in Abhängigkeit von der emotionalen Reife der Kinder, ihrem Gegenwartsbezug, ihrem geistigen Entwicklungsstand und dem Einfluss von Eltern und Lehrern.
Wie fließend die Übergänge von Freundschaft zu Liebe sind, geht aus folgendem Zitat hervor.
„Sullivans Definition interpersonaler Liebe kann in die Elemente Vertrautheit, Ähnlichkeit der Interessen, Gleichwertigkeit und gegenseitige Wertschätzung zerlegt werden. Jedes dieser Elemente wird deutlich erkennbar, wenn Kinder beschreiben, wie ihre Freunde sind und wie sie sich gegenseitig zeigen, daß sie Freunde sind" (YOUNISS 1994, S.34).

Die Verwandtschaft von Freundschaftsverbindung und Liebe klingt auch im lateinischen Wort für Freund an; amicus lässt sich direkt von amare (lieben) ableiten.

Für Erwachsene definiert die Soziologin NÖTZOLD-LINDEN (1994, S.29) Freundschaft als einen dynamischen, multidimensionalen Beziehungsprozess in der Zeit. Meines Erachtens eignet sich diese Definition auch für die Untersuchung kindlicher Freundschaften. Die grafische Darstellung von NÖTZOLD-LINDENS Modell zur Freundschaft und ihren Bestimmungsfaktoren soll deshalb hier eingebunden werden.

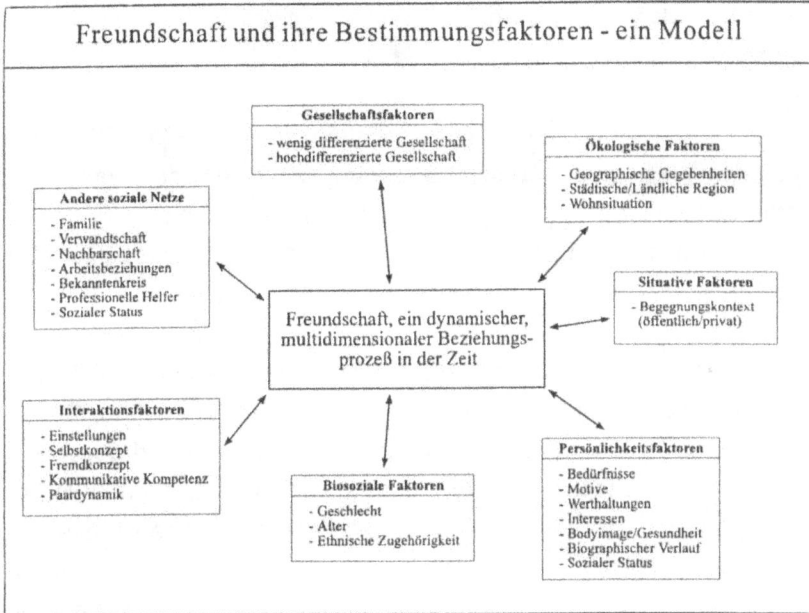

Freundschaft und ihre Bestimmungsfaktoren - ein Modell

Gesellschaftsfaktoren
- wenig differenzierte Gesellschaft
- hochdifferenzierte Gesellschaft

Ökologische Faktoren
- Geographische Gegebenheiten
- Städtische/Ländliche Region
- Wohnsituation

Andere soziale Netze
- Familie
- Verwandtschaft
- Nachbarschaft
- Arbeitsbeziehungen
- Bekanntenkreis
- Professionelle Helfer
- Sozialer Status

Freundschaft, ein dynamischer, multidimensionaler Beziehungsprozeß in der Zeit

Situative Faktoren
- Begegnungskontext (öffentlich/privat)

Interaktionsfaktoren
- Einstellungen
- Selbstkonzept
- Fremdkonzept
- Kommunikative Kompetenz
- Paardynamik

Biosoziale Faktoren
- Geschlecht
- Alter
- Ethnische Zugehörigkeit

Persönlichkeitsfaktoren
- Bedürfnisse
- Motive
- Werthaltungen
- Interessen
- Bodyimage/Gesundheit
- Biographischer Verlauf
- Sozialer Status

Abbildung entnommen aus NÖTZOLD-LINDEN (1994, S.137)

Um die kindliche Vorstellung von Liebe zu verstehen, ist die Untersuchung dessen, was Kinder selbst dazu erzählen, unabdingbar. Weder die von eigenen Erfahrungen geprägten Vorstellungen von Erwachsenen, noch die Definitionen von Philosophen und Psychologen, Medizinern, Theologen oder Biologen sind hier maßgebend, sondern allein die Sicht der befragten Kinder. In diesem Sinne ist Liebe hier das, was das betreffende Kind dafür hält.

3.3 Freundschaft und Liebe als Entwicklungsprozess

Was ein Freund ist und was die Natur der Freundschaft ausmacht, ändert sich im Laufe der Kindheit. Gelten für drei- bis fünfjährige Kinder Freunde als „momentane physische Spielkameraden", so sehen ältere Kinder Freundschaften als „inniges wechselseitiges Teilhabenlassen und Teilnehmen".

Unter dem Stichwort Kinderfreundschaften schreibt BAACKE (1999, S.43) der Weg, eine intensive Beziehung zu einem selbstgewählten Partner aufzunehmen, ist lang. Jüngere Kinder haben noch nicht gelernt, Freundschaft als eine überdauernde Beziehungsstruktur zu begreifen, die von verschiedenen Augenblicksinteressen nicht tangiert wird. Für BAACKE (Ebd.) gilt als unbestritten, dass jüngere Kinder mit Freundschaft eher das Teilen materieller Güter oder Spaß machende Aktivitäten verbinden, während die älteren Kinder eher darauf Wert legen, Gedanken und Gefühle auf der Basis gegenseitigen Respekts und gegenseitiger Zuneigung zu teilen. Dass Freundschaftsfähigkeit eine Erfahrung ist, die ursprünglich von der Familie ausgeht, begründet er damit, dass beliebte Kinder meistens aus Familien stammen, in denen Eltern prosoziales Verhalten fördern und ein freundschaftlich-unterstützendes Familienklima bereithalten. Ich gehe davon aus, dass dies im gleichen Maße für die Liebesfähigkeit gilt.

NÖTZOLD-LINDEN (1994, S.121) hält fest, dass sich Beziehungsbereitschaft entwicklungspsychologisch früh bildet, beginnend mit der Mutter-Kind-Interaktion, über das Spiel mit unbeseelten Objekten, bis sie schließlich auf nicht-familiale Personen ausgedehnt wird. Im Dienste der Regulierung der Persönlichkeit können sich libidinöse und aggressive Impulse in der Auseinandersetzung mit Gleichaltrigen entladen. Als Maßstab und Prüfstein des Selbstkonzeptes wirken Freunde als soziale Reflektoren. Psychoanalytisch gesehen bietet Freundschaft so die Chance Erfahrungen und offene Wünsche aus der früheren Kindheit zu verarbeiten.

In ihrer Untersuchung von achtzig Kindern im Alter von fünf bis zwölf Jahren befragten FATKE/VALTIN (1988) nach gewünschten Persönlichkeitsmerkmalen von Freunden. Danach erwarten Kinder von circa fünf bis sechs Jahren, dass der Freund nett ist, gut spielen kann und in der Nähe wohnt. Ab circa acht Jahren wünschen sie, dass der andere das tut, was man möchte, das heißt der Freund soll verträglich und den eigenen Zielen dienlich sein. Mit circa zwölf Jahren wird erwartet, dass der andere vertrauenswürdig und solidarisch ist und in Notlagen unterstützt.

Nach dem Vorbild von PIAGET hat sich der Amerikaner Robert SELMAN (1984) im Rahmen seiner Untersuchungen zur Entwicklung des sozialen Verstehens intensiv mit kindlichen Freundschaftsvorstellungen beschäftigt und dabei sich allmählich entfaltende psychische Strukturen angenommen. Als Basis für das Verständnis zwischenmenschlicher Beziehungen sieht er die Fähigkeit zur Perspektivenübernahme an. Seiner Theorie zufolge entwickelt sich das Freundschaftsbewusstsein von Kindern im Sinne einer Stufenleiter-Progression, wobei auf jeder dieser Stufen mentale Elemente neu organisiert werden. Freundschaft als „Einweg-Unterstützung", „weil ich ihn mag" oder „weil er mit mir spielt", wird der ersten Stufe zugeordnet, die für Kinder zwischen dem sechsten und achten Lebensjahr kennzeichnend ist. Das Bewusstsein der reziproken Natur von Freundschaft stellt sich auf Stufe zwei ein und ist bei SELMAN charakteristisch für Kinder zwischen dem neunten und zwölften Lebensjahr. Erst auf der dritten Stufe, im späten Kindesalter oder frühem Jugendalter denken Kinder über Fragen von Intimität und Gegenseitigkeit in einer länger andauernden Beziehung nach.

Auch wenn man von einer allgemeinen Progression im Freundschaftsbewusstsein von Kindern ausgeht, so ist doch zu bezweifeln, dass sich die Stufen so deutlich voneinander abheben. Sowohl der, bei den Individuen unterschiedliche Grad der Entwicklung intellektueller Fähigkeiten, als auch die spezifischen sozialen Erfahrungen, die voneinander abweichen, bewirken einen Schwankungsbereich bei den Lebensjahren, der das chronologische Alter als Richtschnur verbietet (Vgl. RUBIN 1981, S.42). RUBIN verweist am Beispiel der Vereinigten Staaten darauf, dass verschiedene soziale Hintergründe zu einigermaßen verschiedenen Freundschaftsbegriffen führen.

In einer empirisch-erziehungswissenschaftlichen Analyse zur „Kultivie-rung der Geschlechtsbeziehungen" zitiert RÖSSNER (1968, S.13) NIETZSCHE:

> „Man muß lieben lernen, gütig sein lernen, und dies von Jugend auf; wenn Erziehung und Zufall uns keine Gelegenheit zur Übung dieser Empfindung geben, so wird unsere Seele trocken und selbst zu einem Verständnis jener zarten Empfindungen liebevoller Men-schen ungeeignet."

RÖSSNER sieht es als Aufgabe der Erziehung, Möglichkeiten zu schaf-fen und Situationen anzubieten um diesen Lernprozess zu aktivieren, sowohl im Allgemeinen als auch in der Beziehung der Geschlechter. Je-des sozial bezogene Verhalten müsse gelernt werden, so auch das Lie-ben. Für RÖSSNER (1968, S.55) vollzieht Verliebtsein eine Reduktion der Welt zugunsten eines Objektes, um dieses zu begreifen. Verliebtsein sieht er als Aufmerksamkeitskonzentration und Bewusstseinkonzentrati-on in der das Bewusstsein des Verliebten vom Verliebtsein besetzt, ja besessen ist.

3.4 Konzepte von Freundschaft und Liebe

Wenn ein Kind äußert „Freunde braucht man, damit man Spaß am Le-ben hat!" (Vgl. Kap. 5.1.1) zeigt es anschaulich, welche zentrale Rolle Freunde im Sozialleben der Kinder spielen. PETILLON (1993) verweist auf die Bedeutung des sozialen Kontextes für die Entwicklung von Freundschaftskonzepten. Wichtige Aspekte stellt er in der hier über-nommenen Grafik dar.

```
┌──────────────────────────────────────────────────────────────────────────┐
│  Soziale Erfahrungen in der Gleichaltrigengruppe der ersten beiden Schuljahre │
│                                                                            │
│   ┌──────────────────┐         ┌──────────────────┐                        │
│   │ Spezifika der    │         │ Spezifika des fa-│                        │
│   │ Schülergruppe    │         │ milialen Umfeldes│                        │
│   └──────────────────┘         └──────────────────┘                        │
│                      ┌─────────────────────┐                               │
│  ┌────────┐          │ gemeinsame Handlungs-│          ┌─────────┐          │
│  │ SCHULE │          │ möglichkeiten von    │          │ FAMILIE │          │
│  └────────┘          │ Freunden             │          └─────────┘          │
│                      └─────────────────────┘                               │
│   ┌──────────────────┐         ┌──────────────────┐                        │
│   │ individuelle Hand-│         │ Entwicklung von  │                        │
│   │ lungschancen (z.B.│         │ Freundschafts-   │                        │
│   │ Status)          │         │ konzepten        │                        │
│   └──────────────────┘         └──────────────────┘                        │
│  Ökologische Determinanten für die Entwicklung von Freundschaftskonzepten  │
└──────────────────────────────────────────────────────────────────────────┘
```

Abbildung entnommen aus PETILLON (1993, S.168)

Es ist davon auszugehende, dass die in der Grafik aufgezeigten Determinanten auch bei der Entwicklung des Liebeskonzeptes eine Rolle spielen.

Im Rekurs auf familiäre Entstehungshintergründe lassen sich nach YOUNG Störungen von Freundschaftsprozessen erklären. Er benennt dabei drei Aspekte:

- „Das Selbstkonzept-Schema als die Art und Weise in der das Individuum sich selbst sieht, zum Beispiel als nicht liebenswert.
- Das Fremdkonzept, als Schema der Wahrnehmung des anderen, zum Beispiel kritisch, manipulativ, desinteressiert.
- Das Beziehungsschema als Vorstellung davon wie Beziehungen „sind", zum Beispiel konkurrent, kontrollierend, Aufmerksamkeit erfordernd" (Vgl. NÖTZOLD-LINDEN 1994, S.128).

Umgekehrt gilt sicher, dass ein positives Beziehungsschema mit entsprechendem Selbst- und Fremdkonzept den Aufbau und die Konstanz von Freundschaft und Liebesbeziehung erleichtert.

In ihrer Untersuchung von persönlichen Beziehungen bei Erwachsenen in Ost/West und im Geschlechtervergleich bestimmen VALTIN/FATKE (1997, S.165) die Funktionen von Freundschaft ihrer Häufigkeit nach als

- „Geselligkeit und Austausch
- Beistand und Unterstützung
- Selbstverwirklichung."

Während es bei den ersten beiden Funktionen eher um Lebensbewältigung im Alltag geht, liegt die Bedeutung der Selbstverwirklichung in der Freundschaft darin, dass in der Beziehung eine Intimsphäre vorhanden ist, die es erlaubt intime Gefühle, Gedanken und Probleme offen zu legen, ohne dass gesellschaftliche Sanktionen oder ein Prestigeverlust befürchtet werden muss.

„Dadurch ist Raum gegeben dafür, daß die Personen einerseits sie selbst sein und ihre persönlichen Besonderheiten dem anderen gegenüber ausdrücken können (Selbst-sein-Können, Darstellung und Stabilisierung ihrer Identität). Andererseits können sie durch den Freund Lernimpulse und Anregung zur Selbsterkenntnis und Weiterentwicklung erhalten. Ein weiterer Aspekt dieser Freundschaftsfunktion ist, daß die Personen durch ihre Freunde ein Gefühl der Sicherheit und des Rückhalts erleben" (ebd. S. 166).

Es ist zu untersuchen inwieweit die genannten Funktionen sich decken mit den Aussagen, die die Kinder zur Bedeutung der Freundschaft treffen.

In einem großen Bogen, den er von der „sehnsüchtigen Liebe" (Mesopotamien) bis in die heutige Zeit spannt, weist KLOTTER (1999) in seinem Buch „Liebesvorstellungen im 20. Jahrhundert" nach, dass die verschiedenen historischen Epochen ihre eigenen Liebeskonzepte hatten. Er benennt die „platonischen Liebesvorstellungen" und die „Anbetungs-Liebe der Minne", die „heidnische Liebe der Renaissance", die „allumfassende und schöne Liebe aus der Frühromantik" und die „düstere romantische Liebe, die die Liebe negativiert und tendenziell eliminiert". Auch wenn die einzelnen Epochen Liebe unterschiedlich konzipierten und sich die Metaphern, mit denen das Liebesgefühl ausgedrückt wird, erheblich verändert haben, sind die Konzepte laut KLOTTER (ebd., S.80) noch ziemlich vertraut. Sie dürften somit auch die Liebeskonzepte der Kinder mit beeinflussen.

Dass es den Forschenden in der Moderne erscheinen müsse, als entzöge sich die Liebe einer theoretischen Einordnung und sei kein lohnendes Thema, stellt KLOTTER schon in seiner Einleitung fest. Dazu sei sie wohl zu zwielichtig, emotional, fragil und unbeständig (ebd., S.7). Zugleich sieht er das Paradox, dass die Menschen sowohl mit Bildern der Liebe als auch von musikalischen Produkten über die Liebe überschüttet werden.

> „Mit unerbittlicher und unausweichlicher Präsenz wirken die Bilder der Liebe und die Lieder über sie gleichsam paranoisch verfolgend. Niemand kann sich ihnen entziehen. Sie gemahnen zudem daran, daß die große Liebe zur ersten Bürgerpflicht geworden ist. Wehe dem, der nicht liebt oder, noch schlimmer, wer nicht lieben kann" (ebd. S.7).

Es ist davon auszugehen, dass Kinder, so wie sie ihrem Alter entsprechend Vorstellungen über das Wesen von Freundschaft erweitern und differenzieren, auch ihre Vorstellung von Liebe ändern und sie zunehmend um neue Komponenten ergänzen.

IV. Untersuchung zu Freundschaft und Liebe zwischen Mädchen und Jungen

4.1 Darstellung des Forschungsfeldes und der Untersuchungsgruppe

In sozialwissenschaftlichen Untersuchungen wird zunehmend auf die Unterschiedlichkeit der Regionen und deren Relevanz für Kinder aufmerksam gemacht (Vgl. LANGE 1996). Da die konkreten lokalen Bedingungen die mittelbaren und unmittelbaren Alltagsverhältnisse und Entwicklungschancen von Kindern charakterisieren und beeinflussen, sollen im Folgenden einige strukturbezogene Daten dargestellt werden. In Anlehnung an den Ansatz der Arbeitsgruppe am DJI, der in der Studie "Was tun Kinder am Nachmittag?"(1992) festgehalten wurde, werden hier zur Charakterisierung der Region unten stehende Gesichtspunkte dargestellt.

- Allgemeine räumlich-geographische Lokalisation
- Bevölkerungsstruktur und Wohnsituation
- Elemente der Wirtschaftsstruktur
- Verkehrssituation, Flächenverteilung
- Schulen und Kindergärten
- Sport- und Kulturangebote für Kinder.

Anschließend folgen Informationen zur Burgwaldschule, sowie weitere Daten zur Untersuchungsgruppe.

4.1.1 Stadt Wetter

Die 1250jährige Stadt Wetter liegt in einem landschaftlich reizvollen Teil des hessischen Berglandes und gehört dem Landkreis Marburg-Biedenkopf an, der 1974 im Zuge der Gebietsreform durch den Zusammenschluss der Landkreise Marburg und Biedenkopf, sowie der ehemals kreisfreien Stadt Marburg gebildet wurde. Marburg-Biedenkopf hat eine Gebietsfläche von insgesamt 1.262,49 qkm; davon werden 45,3 Prozent landwirtschaftlich genutzt und 40,7 Prozent sind Waldfläche.

Auch das Stadtbild von Wetter hat sich im Rahmen der hessischen Gemeindeverwaltungsreform geändert. Im Jahre 1972 schlossen sich der Stadt die bis dahin selbständigen Gemeinden Amönau, Mellnau, Niederwetter, Oberndorf, Oberrosphe, Todenhausen und Unterrosphe freiwillig an. Durch Gesetz wurden 1974 die Orte Treisbach und Warzenbach eingegliedert. Wetter hat eine Fläche von 104 qkm und liegt mit einer Höhenlage von 220 über NN zwischen Wollenberg und Burgwald. In der Selbstdarstellung der Stadt wird neben der Betonung der landschaftlich reizvollen Lage die zentralörtliche Bedeutung herausgestellt, die in der Funktion als Unterzentrum liegt, das zum Mittelzentrum ausgebaut werden soll. Insbesondere für das ländliche Umland besitzt Wetter als zentraler Ort seine besondere Stellung. Die Stadt liegt an der Bundesstraße B252, direkte Bundesbahnverbindungen bestehen nach Marburg, Kassel und Brilon. Linienbusverbindungen führen nach Marburg und Frankenberg. Daneben besteht privater Linienverkehr.

Zum Zeitpunkt der Untersuchung lebten insgesamt 10.031 Einwohner in Wetter. Zwischen 1975 und 2000 hat die Bevölkerung um 1413 Einwohner zugenommen, was einem Zuwachs von 16,4 % entspricht. Bei der Religionszugehörigkeit dominiert zum Stichtag der Volkszählung 1987 mit 83 % die evangelische Kirche. Der Ausländeranteil lag am 30.6.2000 bei insgesamt 4,83 %, wobei der Anteil in der Kernstadt Wetter mit 8,49 % nahezu doppelt so hoch ist.

Auch die Altersstruktur stellt einen prägenden Einflussfaktor auf die konkreten Alltagsinteraktionen dar. In Wetter steht der Anteil der Bevölkerung, der 63 Jahre und älter ist mit 20 %, der mit 16,9 % deutlich kleineren Gruppe der Kinder und Jugendlichen unter 15 Jahren gegenüber. So war im Berichtsjahr 1998 die Sterberate auch höher als die Geburtenrate. Die Einwohnerdichte lag im gleichen Jahr bei 92 Einwohner pro qkm.

Da aktuelle Zahlen nicht vorlagen, beziehen sich die nachfolgenden Daten auf die Volkszählung von 1987. Die erwerbstätigen Bewohner von Wetter sind mit 39,6 % zum größten Teil im produzierenden Gewerbe tätig. Der Anteil der in Land-, Forstwirtschaft und Fischerei beschäftigten fällt mit 7,5 % relativ niedrig aus. Hier ist davon auszugehen, dass sich die Nebenerwerbslandwirtschaft in den Zahlen nicht niederschlägt. Da es in Wetter keine größeren Industriebetriebe gibt, gehört ein hoher Anteil der Erwerbstätigen zu den Pendlern, die teilweise täglich bis nach Frankfurt fahren.

Die einzelnen Ortsteile haben unterschiedliche Größen und die Zahl der Einwohner liegt zwischen 167 und 972. Bei der Wohnform dominieren Einfamilienhäuser und Zweifamilienhäuser, die in der Regel auch einen Garten haben. In den Ortskernen finden sich überwiegend Fachwerkhäuser. Lediglich in der Kernstadt gibt es einen Straßenzug mit sogenannten „Blocks", in denen vielfach Ausländer und Sozialhilfeempfänger leben. 1997 entstand auf dem Gelände der ehemaligen Molkerei ein neuer mehrstöckiger Mietwohnblock, in dem 58 Sozialwohnungen bezogen werden konnten. Hier wohnen überwiegend Aus- und Umsiedler, was die Sozialstruktur der Stadt erheblich geändert hat.

In der Kernstadt Wetter gibt es einen städtischen sowie einen von der Stadt bezuschussten evangelischen Kindergarten. Der evangelische Kindergarten, der sich damals Kleinkinderschule nannte, besteht bereits seit 1896 und wurde seinerzeit von einer Diakonisse geleitet. Weitere kommunale Kindergärten sind in den Stadtteilen Mellnau, Treisbach, Ober- und Unterrosphe vorhanden. Neben der Grundschule gibt es in Wetter eine Gesamtschule mit Förderstufe für die Schüler der Klasse fünf bis zehn. Außerdem befindet sich auf dem gleichen Gelände eine Sonderschule. Gymnasien sind in Marburg und Frankenberg vorhanden.

1995 bauten arbeitslose Jugendliche einen ehemaligen „Bullenstall" zum Kommunikationszentrum für Wetteraner Jugendliche um. Hier sind ein Café, ein Billard- und Werkraum, sowie ein Zimmer für kreative Arbeiten und ein Mädchengruppenraum untergebracht.

Das Kinderleben in Wetter muss je nach Wohnsituation in der Kernstadt oder den Stadtteilen unterschieden werden. Während die Infrastruktur der Kernstadt Einkaufsmöglichkeiten, Jugendclub, Vereine, Stadtbücherei und Hallenbad bietet, entfällt dies weitgehend in den Stadtteilen.

LANGE (1996) geht in seiner Explorativuntersuchung zum Kinderalltag in einer bodenseenahen Gemeinde von einem Nebeneinanderstehen traditionaler und moderner Elemente in der Lebensumwelt der Kinder aus. Die von ihm aufgeführten Konstellationen, die hier leicht abgeändert und gekürzt übernommen werden, gelten sicher auch für den Raum Wetter.
- Das Nebeneinander technisierter und naturnaher Arbeitsvollzüge.
- Das Nebeneinander von in der Landwirtschaft vollerwerbstätiger Frauen, voll- und teilzeiterwerbstätiger Mütter in den verschiedensten Berufen und Müttern, die sich um die Versorgung des Haushaltes und die Erziehung der Kinder kümmern.
- Das Nebeneinander räumlicher Bewegungsfreiheit in den Hofgeländen, der natürlichen Umwelt in Wald und Feldern und der Einschränkung der Bewegungsfreiheit durch Straßenverkehr und gleichzeitigem Angewiesensein auf Transportmittel, etwa für Freizeitinteressen und Schule.
- Das Nebeneinander linear-rationaler Zeiteinteilung und Zeiterfahrung in der Schule und in den Freizeiteinrichtungen und den natürlichen Zeitrhythmen, die den Fütterungs-, Anbau und Erntezeiten entsprechen. Daneben ist die soziale Zeit der Kinder auf dem Dorf einerseits noch in gewisser Weise durch traditionale Elemente geprägt, andererseits gewinnen überregionale Terminierungen – wie beispielsweise Ferienregelungen – an

Bedeutung. Das Nebeneinander der Orientierung an traditionellen Wert- und Orientierungsmustern wie sie sich im kirchlichen Leben sinnfällig dokumentieren sowie deren prinzipielle Relativierung, etwa im Rahmen „neuer" Organisationen und Vereine (Vgl. LANGE 1996, S.43/44).

4.1.2 Burgwaldschule

Die Burgwaldschule ist von mittlerer Größe und besteht aus einem langgestrecktem Zweckbau aus dem Jahr 1956. Zunächst war hier eine landwirtschaftliche Berufsschule untergebracht. Nach einer grundlegenden Sanierung und der Fertigstellung eines Anbaus bezog die Sonderschule das Gebäude. Erst als der Sonderschulzweig auf das Gelände der Gesamtschule umgezogen war, konnte die Grundschule 1984 aus sehr beengten Verhältnissen heraus, das Gebäude beziehen. Ein weiterer eingeschossiger Anbau wurde Ende der achtziger Jahre fertiggestellt.

Zum 1.8.1986 kamen die Grundschulen Oberrosphe und drei Jahre später Mellnau als Außenstellen verwaltungstechnisch an die Grundschule. 1994 erhielt die Schule den Namen Burgwaldschule. Seit 1996 steht ihr eine eigene Turnhalle zur Verfügung.

Aus pragmatischen Gründen wurden die beiden Außenstellen in der Untersuchung nicht berücksichtigt. Bedingt durch diese beiden Außenstellen, die die Schüler aus Mellnau und Oberrosphe beschulen, besuchen nur Buskinder aus Niederwetter, Todenhausen und Unterrosphe die Stammschule, sowie alle Kinder, die in der Kernstadt Wetter wohnen.

Aufnahme der Burgwaldschule

Die Gesamtschülerzahl der Burgwaldschule betrug zum Zeitpunkt der Untersuchung 354, davon gingen 270 in die Stammschule. In der Erhebungsphase war die Burgwaldschule dreizügig und wurde von zwölf Klassen der Jahrgangsstufe 1 bis 4 besucht. Zusätzlich gibt es an der Stammschule eine Vorklasse und die „Betreuung". Der Anteil an Kindern, die in einem anderen Land geboren sind betrug 16%. Das Kollegium der Burgwaldschule setzte sich zum Zeitpunkt der Untersuchung aus 20 Lehrerinnen und zwei Lehrern sowie der Schulleiterin zusammen.

4.1.3 Betreuung der Burgwaldschule

Die Gruppe der in der „Betreuung" angemeldeten Schüler besteht aus 25 Kindern der ersten und zweiten Klasse. Die Kinder können die „Betreuung" in der Zeit von 7.30 Uhr bis 13 Uhr, also vor dem Unterricht, nach dem Unterricht oder bei Stundenausfall besuchen.

Ziel ist neben der Gewissheit zuverlässiger Öffnungszeiten die Förderung der ganzheitlichen Entwicklung der Kinder durch pädagogisch sinnvolle Angebote. Ein Schwerpunkt liegt in der Förderung der sozialen Kompetenzen der Kinder.

Die Freiwilligkeit bei der Wahrnehmung unterschiedlicher Beschäftigungsangebote ermöglicht den Ausgleich für die Belastungen des Schulvormittags. Das Betreuungsangebot stellt also keine Ausdehnung des Unterrichts dar. Durch die zeitliche und örtliche Einbindung in den Schulalltag werden jedoch Erfolge und Misserfolge im Unterricht, Bewegungsdrang oder Ruhebedürfnis nach einem anstrengenden Schulvormittag von den Kindern unmittelbar in das Betreuungsangebot hineingetragen.

Um möglichst vielen Bedürfnissen der Kinder gerecht zu werden, sind im Betreuungsraum unterschiedliche Spielzonen eingerichtet worden, die mittels Regalen voneinander getrennt sind. Die Kinder finden neben der Bau-, Lego- und Puppenecke eine große Anzahl von Büchern, Puzzles und Gesellschaftsspielen vor. Des weiteren gibt es einen Bereich, in dem die Kinder Tischfußball spielen können oder die Möglichkeit haben sich zu verkleiden.

Angemeldete Kinder können an den durch die Betreuungskraft gelenkten Angeboten teilnehmen oder mit anderen Kindern die für selbstgesteuertes Spielen geeigneten Materialien nutzen – oder einfach nur zuschauen. Das Nebeneinander der verschiedenen Aktivitäten – freiwillig und je nach Bedürfnislage – entspricht dabei dem Konzept.

Gemeinsames Spiel von Jungen und Mädchen findet in der Betreuung regelmäßig statt. An Gruppentischen wird gemeinsam gemalt, die Verkleidungsecke wird gleichzeitig von Jungen und Mädchen genutzt und an Regelspielen beteiligen sich beide Geschlechter. Gemeinsam spielen sie auch Tischfußball. Dagegen bleiben die Jungen im Regelfall bei Fußballspielen auf dem Pausengelände unter sich. Auch die Puppenecke wird in

erster Linie von Mädchen genutzt, wobei die Jungen das Spiel häufig ab-
fällig kommentieren. Die Auswertung der hierzu festgehaltenen Ausnahmen werden im nächsten Kapitel unter den Beobachtungsergebnissen
aufgeführt.

In der Schule werden die täglichen Abläufe durch die verantwortlichen
Erwachsenen vorgeschrieben. In der Betreuung dagegen ist das Setting
weniger reglementiert und die Kinder können innerhalb des institutionellen Rahmens in freiem Spiel sowohl ihre Spielpartner selbst aussuchen
als auch ihre Aktivitäten frei wählen.

4.1.4 Untersuchungsteilnehmer

In Kapitel 4.2 wird die anteilige Aufschlüsselung der Untersuchungsgruppe nach Geschlecht und Jahrgangsstufe dargestellt, im folgenden
sollen Aussagen zur Sozialstruktur der Befragungsteilnehmer getroffen
werden.

Von den 97 befragten Kindern leben 18 Kinder als Einzelkinder, dies
entspricht einem Anteil von 17 Prozent. 6 der Kinder haben geschiedene
Eltern und leben seit der Scheidung bei der Mutter. 5 Kinder leben seit
ihrer Geburt mit einer alleinerziehenden Mutter zusammen. Ebenso erwähnen 5 Kinder Stief- und Halbgeschwister.

Aus anderen Ländern (Albanien, Türkei, Russland) kommen 9 der befragten Kinder, wobei die meisten aus Russland zugezogen sind. Ebenfalls 9 Kinder sind im Laufe ihrer Schulzeit zugezogen, drei von ihnen
haben bereits mehrere Umzüge hinter sich.

Bei einem Jungen ist die Mutter vor zwei Jahren verstorben, er lebt nun bei seiner Tante, bei einem Mädchen starb der Vater ein Jahr vor der Befragung. 9 der befragten Kinder haben einen arbeitslosen Vater, ein Kind erwähnte, dass die Mutter arbeitssuchend gemeldet ist. 74 Mütter stehen in einem Arbeitsverhältnis, dies entspricht 77%.

Die Sozialstruktur der befragten Gruppe deckt sich weitgehend mit den Daten, die für die gesamte Schule erfasst sind und dürfte Beleg sein für die unterschiedlichen Vorerfahrungen, die Kinder mit in die Schule bringen, sowohl was unterschiedliche Familienkonstellationen betrifft als auch unterschiedliche ethische und religiöse Hintergründe.

4.2 Darstellung der Untersuchung und methodisches Vorgehen

Die angewandten Methoden stehen in direktem Zusammenhang zur Untersuchungsfrage. Die neue Kindheitsforschung zeichnet sich durch eine Subjektorientierung aus, die an der Weltsicht der Kinder selbst ansetzt. Sie schließt sich damit einer Sozialisationstheorie an, in der Kinder nicht mehr nur noch als Produkte ihrer Anlagen und Umwelteinflüsse erscheinen, sondern als aktive Gestalterinnen und Gestalter ihres Lebens. Für die Kindheitsforschung ist die Verwendung einer Vielzahl unterschiedlicher Methodenzugänge, die oftmals miteinander kombiniert werden, typisch. Auch hier wurde die Untersuchungsfrage mittels Methodentriangulationen erforscht. Durch offen teilnehmende Beobachtung, schriftliche Schülerarbeiten sowie Befragungen von Kindern wurden Erkenntnisse über die gegengeschlechtlichen Beziehungen gewonnen. Die Auswertung fand nach qualifizierenden und eine quantifizierenden Kriterien statt.

Aktiv teilnehmende Beobachtung

Die aktive Partizipation im Beobachtungsfeld war aufgrund der Doppelrolle als Betreuerin und Forscherin vorgegeben und konnte sich nicht auf passive Teilnahme beschränken. FRIEDRICHS (1980, S.288) definiert die teilnehmende Beobachtung als geplante Wahrnehmung des Verhaltens von Personen in ihrer natürlichen Umgebung durch einen Beobachter, der an den Interaktionen teilnimmt und von den anderen Personen als Teil ihres Handlungsfeldes angesehen wird. Die Haltung des teilnehmenden Beobachters in der Schule beschreiben KRAPPMANN und OSWALD (1995) als „Unsichtbar durch Sichtbarkeit". Gerade derjenige Beobachter, der versuche sich möglichst unauffällig und unsichtbar zu verhalten, löse, insofern seine Identität ungeklärt bleibt, Irritationen aus.

Durch meine Tätigkeit in der Betreuung war ich den Kindern bereits vertraut, so dass keine Irritation durch eine fremde Personen auftrat und Interaktionen direkt im komplexen Handlungsfeld beobachtet werden konnten. Im Gegensatz zu Forschern, die ihre Beobachtungen im Feld direkt schriftlich fixieren, habe ich in Abwesenheit der Kinder Gedächtnisprotokolle verfasst. Dies erklärt sich durch die bereits angesprochene Doppelrolle, die durch meine Anstellung als Betreuerin an der Burgwaldschule gegeben ist.

Nachdem in der Anfangsphase des Beobachtungszeitraumes täglich Gedächtnisprotokolle erstellt wurden, stellte sich schnell heraus, dass neben dem immensen Arbeitsaufwand auf diese Weise ein riesiges Datenpaket zusammengetragen wurde. Da ich durch meine Vorerfahrungen bereits wusste, dass sich Gespräche zum Thema Verliebtheit regelmäßig beim wöchentlichen gemeinsamen Essen entspinnen, wurden die Aufzeichnungen künftig nur noch Mittwochs vorgenommen. Noch am gleichen Tag wurden die im Zeitraum von 7.30 Uhr bis 8.00 Uhr und von 11.25 Uhr bis 12.25 Uhr gemachten Beobachtungen schriftlich festgehalten. So lagen dann 39 Gedächtnisprotokolle vor, die inhaltsanaly-

tisch ausgewertet werden konnten. Zusätzlich zu den strukturierten Beobachtungen, die besonders die Aspekte Kennen lernen, gemeinsame
Unternehmungen und die Reaktionen der anderen festhielten, wurden
auch unstrukturierte Beobachtungen notiert, um die Offenheit für soziale
Prozesse zu wahren und einen „Tunnelblick" zu vermeiden.

Bei den Beobachtungsprotokollen konnte es sich nicht um minutiöse
Aufzeichnungen aller Einzelheiten handeln, sondern es wurden bewusst
die Szenen festgehalten, die für das Thema der Arbeit relevant schienen.
SCHOLZ/ BECK (2000, S.150) stellen fest, dass es immer eine größere
Menge an Reizen gibt als wahrgenommen werden können:

> „Jede Wahrnehmung einer Wahrnehmung basiert auf Aufmerk-
> samkeiten. Aus dem Hintergrundrauschen einer Umgebung filtert
> die Wahrnehmung bestimmte Momente heraus. Die Art und Weise
> der Filterung ist nicht zufällig, sondern ist in der Person, ihrer Bio-
> graphie, ihren Denk- und Wahrnehmungsmustern begründet."

So folgern sie, dass der Akt der Wahrnehmung nicht als Reizaufnahme
zu verstehen ist, sondern als Suche im Kontext vorhandener Bilder.

> „Wahrnehmung ist kein passiver, sondern ein aktiver Vorgang. Im
> Sinne eines kulturellen Konstruktivismus läßt sich von einer kultu-
> rellen Prägung von Wahrnehmungsmustern sprechen. Hören und
> Sehen sind aktive und keine passiven Vorgänge" (Ebd., S.
> 150/151).

In diesem Sinne ist das über die Beobachtung gewonnene Datenmaterial
meine geronnene Wahrnehmung, die zugleich die eigene Interpretation
spiegelt und sich somit dem Vorwurf aussetzen muss, dass andere Forscher andere Szenen gesehen und möglicherweise anders interpretiert
hätten. Die Beobachtungen betreffen jedoch nur das manifeste Verhalten, ohne dass die inneren Gedanken und Gefühle miterfasst werden
können. Die Einstellungen der Kinder wurden über die Befragung erhoben.

Befragung

Qualitativen Interviewtechniken in der Kindheitsforschung begegnen Skeptiker mit dem Zweifel an der Kompetenz der Kinder ihre eigene Sicht auf die Dinge darzustellen, verständlich zu argumentieren und nicht etwa die Sicht von Bezugspersonen wiederzugeben. Befunde der neueren Kindheitsforschung weisen allerdings darauf hin, dass Kinder in Bereichen, die für die wichtig sind, sehr differenzierte Vorstellungen entwickeln und diese anderen auch mitteilen können. So hat auch PETILLON (1993) in seiner Untersuchung zum Sozialleben des Schulanfängers sechs- bis achtjährige Kinder befragt, die durchaus in der Lage waren über ihre Lebensumstände Auskunft zu geben.

Die klassischen Gütekriterien Objektivität, Reliabilität und Validität erweisen sich bei standardisierten Befragungen von Kindern zum einen durch die Heterogenität in der Entwicklung von Kindern problematisch und zum anderen ist die Vergleichbarkeit der erhobenen Daten nur bedingt gegeben, da sich die Kinder oft in kurzen Zeitabschnitten verändern (Vgl. HEINTZEL 2000, S.28). Eine weitere Komponente, die bei Kinderbefragungen zu berücksichtigen ist, liegt darin, dass Kinder dazu neigen Antworten zu geben, die ihren persönlichen Wünschen entsprechen oder die sie als sozial erwünscht interpretieren. Letzterem wurde in der vorliegenden Untersuchung damit begegnet, dass die Kinder zunächst gefragt wurden, ob sie eine Idee haben, was wir hier machen wollen. So konnten in jedem Fall die bestehenden Vorerwartungen mit erfasst werden.

Mit Möglichkeiten und Grenzen der Befragung von Kindern beschäftigen sich auch KRÄNZ-NAGL und WILK (2000, S.59-75). Ihr Hinweis auf die Bedeutung des Faktors der „sozialen und personalen Wünschbarkeit" gilt besonders für Bereiche, die für Kinder von zentraler persönlicher Bedeutung sind. Antwortverzerrungen können sowohl in der Beziehung zwischen Befragten und Interviewern entstehen, als auch in Bezug auf die Fragestellung. Je mehr die „Wahre" Antwort abweicht von dem, was als sozial erwünscht gesehen wird, um so stärker wird die Verzerrung sein. Aber auch die personale Wünschbarkeit gilt als wichtige Dimension. Hier spielen Lebensbereiche, die für Kinder einen sehr hohen Wert besitzen und in entsprechendem Ausmaß emotional belegt sind eine große Rolle. Das, was Kinder sich persönlich wünschen, verzerrt die Antwort um so mehr, als die Wahrnehmung der eigenen Situation von der angenommenen Idealsituation abweicht.

Kernstück der vorliegenden Untersuchung ist die Erhebung der subjektiven Sichtweise der Kinder mittels einer Befragung zum Thema Freundschaft und Liebe. Die Entscheidung zugunsten eines Leitfadeninterviews, als teilstandarterisierter Form der Befragung, wurde getroffen, um sicherzustellen, dass alle relevanten Themenbereiche angesprochen werden und gleichzeitig Spielräume bei der Gestaltung des Interviews offen bleiben.

In einem zunächst durchgeführten Pretest wurde die angemessene und kindgemäße Fragestellung überprüft. Anschließend wurden mittels eines grob strukturierten Leitfadens in weitestgehend offener Gesprächsführung 97 Interviews mit Kindern durchgeführt. Schlüsselfragen entsprachen wieder den drei vorgenannten Aspekten. Um ein möglichst aussagekräftiges Bild zu erhalten, wurden vorab einige Grobindikatoren festgelegt, die in der Erhebung berücksichtigt werden sollten.
- Kinder aus allen vier Grundschulklassen
- eine ausgewogene Mischung aus den jeweiligen Jahrgangsklassen
- ein ausgewogenes Verhältnis von Mädchen und Jungen.
Aufgrund dieser Kriterien ergab sich folgendes Bild der Befragten. Es wurden 53 Mädchen und 44 Jungen in Einzelgesprächen interviewt, davon zwischen 19 und 27 Kinder der ersten bis einschließlich der vierten Klasse.

Innerhalb dieser Grenzen wurde die Auswahl der beteiligten Kinder durch die Lehrer getroffen. Als weitere einschränkende Vorgabe wurde darum gebeten, dass Kinder genannt werden, die in der Befragungssituation nicht überfordert wären. Das heißt sie sollten zum einen die deutsche Sprache beherrschen und zum anderen nicht zu schüchtern und zurückhaltend sein. Dass in einem Teilsample mehr Mädchen als Jungen vertreten sind, ließ sich aufgrund einiger ungünstigen Umstände (Rücklaufquote der Elterngenehmigungen, längere Erkrankung einer Lehrerin, Klassenfahrt) nicht vermeiden; dies spielt jedoch nur eine untergeordnete Rolle.

Abbildungen : Aufschlüsselung der Untersuchungsteilnehmer nach Geschlecht

Geschlecht

		Anzahl	Prozent	Gültige Prozente	Kumulierte Prozente
Gültig	weiblich	53	54,6	54,6	54,6
	männlich	44	45,4	45,4	100,0
	Gesamt	97	100,0	100,0	

Geschlecht

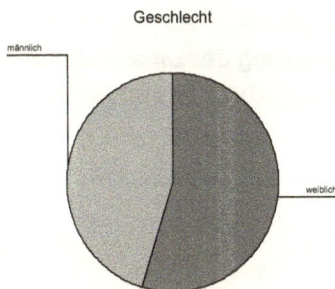

Abbildungen: Aufschlüsselung der Untersuchungsteilnehmer nach
Schulklassen

Klasse

		Anzahl	Prozent	Gültige Prozente	Kumulierte Prozente
Gültig	1.Klasse	25	25,8	25,8	25,8
	2.Klasse	27	27,8	27,8	53,6
	3.Klasse	19	19,6	19,6	73,2
	4.Klasse	26	26,8	26,8	100,0
	Gesamt	97	100,0	100,0	

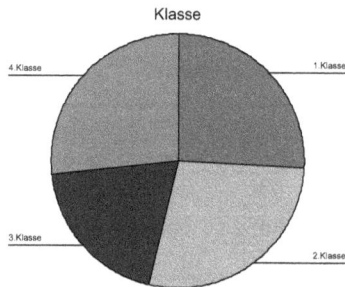

Klasse

Abbildung: Aufschlüsselung der Untersuchungsteilnehmer nach Alter

Alter

		Anzahl	Prozent	Gültige Prozente	Kumulierte Prozente
Gültig	6Jahre	5	5,2	5,2	5,2
	7Jahre	20	20,6	20,6	25,8
	8Jahre	31	32,0	32,0	57,7
	9Jahre	13	13,4	13,4	71,1
	10Jahre	20	20,6	20,6	91,8
	11Jahre	5	5,2	5,2	96,9
	12Jahre	3	3,1	3,1	100,0
	Gesamt	97	100,0	100,0	

Die Gespräche wurden auf Kassetten aufgezeichnet und anschließend transkribiert. In Absprache mit den Lehrern fanden die Interviews während des Unterrichts statt. Die Gespräche wurden entweder im Betreuungsraum oder im Besprechungszimmer der Schule geführt.

Die empirische Studie wurde im Zeitraum 2000 bis 2001 an der Burgwaldschule in Wetter durchgeführt. Die Auswahl der Schule erfolgte aus pragmatischen Überlegungen. Da ich seit 10 Jahren an dieser Schule arbeite, konnte eine Fülle von Detailwissen in der Erhebung mitberücksichtigt und systematisch analysiert werden. Darüber hinaus war der Zugang zu den Kindern, die befragt werden sollten, eher gewährleistet als es einem schulfremden Forscher möglich gewesen wäre. Zudem bestehen gute Kontakte zu den Lehrern, die das Projekt entsprechend unterstützten.

Im Anschluss an die einleitenden Bemerkungen zur Vorgehensweise, in denen besonders die Wahrung der Anonymität und die Freiwilligkeit bei der Beantwortung der Fragen hervorgehoben wurden, füllte die Verfasserin einen familienbiographischen Datenbogen mit folgendem Inhalt aus.

- Angaben zum ausgeübten Beruf der Eltern
- Familienkonstellation
- Anzahl der im Haus lebenden Geschwister
- Position des Kindes in der Geschwisterreihe
- Geburtsort und Alter des Kindes

Daneben wurde festgehalten welche Klasse das befragte Kind besuchte. Die hier erhobenen Zusatzinformationen wurden in Kapitel 4.1.4 bei der Darstellung der Untersuchungsteilnehmer in anonymisierter Form mit aufgeführt.

Die Befragung dauerte je nach Erzählfreude des Kindes zwischen 5 und 15 Minuten. Wenige Kinder kamen über einsilbige Antworten nicht hinaus, die meisten berichteten aber gerne und freimütig. Es erwiesen sich zum Teil auch schwierige Befragungen als sehr aussagekräftig. Kindern, die besonderes Interesse an den Aufnahmegeräten zeigten, wurde erklärt, dass die Aufzeichnungen als Gedächtnisstütze dienen, da die Interviewerin sich ansonsten nicht alles merken könne. Um eine entspannte Atmosphäre zu sichern, wurden mit einigen Kindern kurze „Probeaufnahmen" gemacht, damit sie sich ihre Stimme erst einmal auf Kassette anhören konnten.

Direkt im Anschluss an die Befragung wurden Zusatzinformationen notiert, die aus dem gewonnenen akustischen Material nicht hervorgehen. Teilweise wurden die Erfahrungen, die besonderen Nöte oder Hoffnungen in den Interviews eher darüber deutlich, _wie_ etwas gesagt wurde, als darüber, _was_ gesagt wurde. Festgehalten wurde eine aussagefähige Mimik zu besonderen Fragen, zurückgehaltene Tränen, Bemerkungen beim Betreten oder Verlassen des Raumes, beziehungsweise bei noch ausgeschaltetem Aufnahmegerät. Dazu wurde der Eindruck notiert, den das Kind auf die Verfasserin machte (lebhaft, offen, zurückhaltend etc.). Darüber hinaus wurde der Gesprächsverlauf immer dann beschrieben, wenn er an bestimmten Punkten ins Stocken kam, der Eindruck entstand, dass das Kind blockiert ist oder zunehmend lockerer wurde.

Es versteht sich von selbst, dass die Intimsphäre der Kinder gewahrt werden musste. Sexuelle Gefühle, erotische Erlebnisse und die seelischen Begleiterscheinungen des Verliebt-Seins sind für Kinder nur schwer in Worte zu fassen.

Über die Befragung hinaus, wurden Gespräche in der Betreuungsgruppe geführt. Um den Kindern das Formulieren ihrer Gefühle zu erleichtern und sie nicht direkt zu befragen, wurden in einer Brückenfunktion Bücher benutzt. Es gibt eine Reihe von einfühlsam geschriebenen Bilderbüchern und Erzählungen für Kinder zum Thema Liebe, Freundschaft und Zärtlichkeit. Besonders in der Betreuung bot es sich an, entsprechende Bücher vorzulesen und in der vertrauten Situation mit den Kindern in ein gemeinsames Gespräch zu kommen. Um den unbefangenen Austausch zu erleichtern, wurden hierfür neben den gemischtgeschlechtlichen Runden im kleineren Kreis auch Stunden durchgeführt, in denen Mädchen und Jungen getrennt wurden. Die so entstandenen Gespräche wurden in Gedächtnisprotokollen festgehalten. Eine Aufzeichnung auf Tonträger wurde hier bewusst vermieden, um eine möglichst ungezwungene Atmosphäre zu schaffen.

Im Rahmen einer Sachunterricht-Einheit zum Thema „Freundschaft und Liebe" entstanden schriftliche Schülerarbeiten eines vierten Schuljahres. In der vorliegenden Untersuchung konnten zwanzig Texte ausgewertet werden, in denen die Kinder sich entweder mit ihrer eigenen Verliebtheit befassten oder die Unterschiede zwischen Freundschaft und Liebe erarbeiteten.

Als Vergleichsbasis wurden zusätzlich elf Erwachsene befragt, die ihre Verliebtheit in der Retrospektive schilderten. Durch seine wohl bekannteste Liebesgeschichte für Kinder „Ben liebt Anna"[5] ist der Autor PETER HÄRTLING sozusagen zum Fachmann und Ansprechpartner in kindlichen „Liebesdingen" geworden. Ein Interview mit ihm gehört zu den Erwachsenenbefragungen und ist ein weiterer Baustein dieser Untersuchung.

4.2.1 Ausgangssituation

Die Untersuchung wurde an einer Grundschule im Kreis Marburg-Biedenkopf durchgeführt. Die Schule wird von circa zweihundertsiebzig Kindern besucht. Beobachtungen wurden zum einen auf dem Pausenhof

---

[5] Inwieweit sich auch die Verlage in ihren Verkaufsstrategien auf eine Verfrühung der Jugendphase einstellen, lässt sich auch daran ablesen, dass Härtlings „Ben liebt Anna" in der Auflage von 1986 mit der Altersempfehlung „ab 9 Jahre" versehen wurde, die Auflage von 1997 dagegen für Kinder „ab 8 Jahren" empfohlen wird.

gemacht und konzentriert im Raum der „Betreuung", die von 25 Kindern des ersten und zweiten Schuljahres besucht wird. Die teilnehmende Beobachtung wurde über die Dauer von einem Jahr durchgeführt. Über meine Tätigkeit als Betreuerin an der Schule, ergab sich eine problematische Doppelrolle, die in Kapitel 4.2.3. reflektiert wird. Auf Seiten der Kinder bestanden bestimmte Interaktionserwartungen, auf Seiten der Beobachterin stellte sich der Konflikt zwischen Distanz und der gleichzeitigen Anforderung nach Teilnahme. Vorteile lagen meines Erachtens darin, dass die gewöhnliche Betreuungssituation nicht verändert wurde und Interaktionen nicht durch einen fremden Beobachter gestört oder durch ihn erst erzeugt wurden. Eine bereits bestehende gute und offene Beziehung zu den Kindern dürfte auch für die Befragungen von Vorteil gewesen sein.

Da die gleichzeitige Beobachtung aller Kinder der Schule durch eine Einzelperson nicht geleistet werden konnte, waren Lehrer als Informanten über sich anbahnende oder bestehende Beziehungen beteiligt. In enger Zusammenarbeit, die sich auch über die eigene Tätigkeit an der Schule ergab, wurden Eindrücke ausgetauscht und Beobachtungen überprüft.

Zum Schutz der Kinder ist bei wissenschaftlichen Untersuchungen im hessischen Schulbereich ein langwieriges Genehmigungsverfahren einzuhalten, das durch den Erlass vom 27. Februar 1997 folgendermaßen geregelt ist. Neben der präzisen Beschreibung des Projekts ist in einem Antrag an das Kultusministerium das Einverständnis der Schulkonferenz vorzulegen. Sicherzustellen ist, dass die Untersuchung nicht zu unzumutbaren Belastungen für Schule, Schülerinnen und Schüler sowie Lehrerinnen und Lehrer führt. Die Genehmigung des Antrags wird im Einvernehmen mit dem Hessischen Datenschutzbeauftragten abhängig gemacht von der Erfüllung der nachstehenden Auflagen.

- Die Anonymität der Befragten muss gewahrt sein.
- Eingriffe in die Intimsphäre des untersuchten Personenkreises sind auszuschließen.

- Die Freiwilligkeit der Beteiligung muss garantiert sein.
- Bei Befragungen Minderjähriger muss die Einwilligung der Er-
  ziehungsberechtigten vorliegen.

Für die vorliegende Untersuchung wurde dementsprechend die Einwilligung der Gesamtkonferenz und der Schulkonferenz eingeholt und dem
Ministerium über ein Schreiben der Schulleitung vorgelegt. Nach Genehmigung durch das Kultusministerium wurde unmittelbar nach den Os-
terferien an alle Schüler ein Anschreiben verteilt, in dem die Eltern um ihr
Einverständnis zur Befragung gebeten wurden. Bei einem Rücklauf von
64,44 Prozent erteilten 81 Prozent der Eltern hierzu die Genehmigung.
Die Durchsicht der abgegebenen Erklärungen ergab, dass das Einverständnis der Eltern in einigen Klassengruppen gehäuft verweigert wurde.
Dazu drängt sich folgende Vermutung auf: Wetter ist eine kleine Stadt
ländlichen Charakters, in der sich Informationen aber auch Gerüchte
schnell verbreiten und in verschiedenen Kreisen und Gruppierungen unterschiedlich aufgenommen, aufgebauscht und interpretiert werden. So
entstand bei einigen Eltern wohl der fälschliche und verkürzte Eindruck
es handele sich um eine „Sex-Arbeit". Auf mein Angebot, mich bei Fragen zur Untersuchung anzurufen, ging jedoch nur eine griechische Mutter ein.

Statistik zum Elternanschreiben

Ausgeteilt	zurück erhalten	Erlaubnis erteilt	Erlaubnis abgelehnt
270	174	141	33
100%	64,4%	81%	19%

Kinder reagierten auf die erste allgemeine Ankündigung des Vorhabens
sehr unterschiedlich. Provoziert wurden ihre Reaktionen vermutlich zum
einen durch Gespräche mit den Eltern, zum anderen durch die Einstel-

lung der Lehrer. Larissa erklärte beispielsweise:" Ich mache nur mit, wenn du mir keine Spritze gibst". Es ist zu vermuten, dass allein die Information, dass es sich bei der Untersuchung um eine Doktorarbeit handele, die kindliche Phantasie anregt. Kinder setzen „Doktor" und „Arzt" häufig und selbstverständlich gleich und ein Arzt setzt nun mal auch Spritzen. Auch im dem Gang des Schulgebäudes rannten mir zwei Mädchen entgegen und fragten freudig erregt: "Frau Leidinger, wann untersuchst du uns denn?" Eine andere Reaktion kam von Patrick. Er meinte: „Ich mache mit, ich weiß bestimmt alles!" Hier steht wohl eindeutig die Bejahung und Herausforderung einer Prüfungssituation im Vordergrund, in der er auch eine gute Leistung erbringen möchte. Auch Nico kam sehr schnell auf mich zu und meinte: „Ich will, dass du mich heute fragst". Lars, der das mitgehört hatte entgegnete sofort: „Oh, ja, zwanzig Fragen; am besten über die Bundesliga, da weiß ich alles". Hier zeigt sich, dass Kinder in Anlehnung an ihre Schulerfahrungen davon ausgehen, dass sie im Interview fehlerfreie Antworten geben müssen. So wurde allen einleitend noch einmal versichert, dass sie in diesem Gespräch nichts falsches sagen können.

An Rückfragen gegenüber den Lehrern kamen von Seiten der Kinder: „Kommen wir dann ins Fernsehen oder in die Zeitung?"

Lediglich in einem Fall wurde ich gebeten vor der ganzen Klasse noch einmal Stellung zu dem Vorhaben zu nehmen und allen Schülern den Zweck der Untersuchung zu erklären. In allen anderen Fällen wurde die Befragung dadurch eingeleitet, dass der Sinn des Vorhabens kurz erläutert und die Freiwilligkeit der Teilnahme angesprochen wurde. Zusätzlich wurde allen Kindern noch einmal versichert, dass sie die Beantwortung bestimmter Fragen auch ablehnen könnten.

Das Thema wurde von den befragten Kindern bereitwillig aufgenommen und einige äußerten, dass sie froh seien „mal mit jemand darüber sprechen zu können". Ärgerlich reagierte nur ein Mädchen auf die Frage, ob sie verliebt sei oder es schon einmal war: „ Überhaupt nicht, möchte ich nicht sagen. Das ist sehr blöd."

Da die Datenerhebung im Rahmen dieses Projektes mit der Methode des Selbstauskunftsverfahrens erfolgte, beruhen die Antworten auf subjektiven Einschätzungen.

4.2.2 Das Interview, Herleitung der Fragen

Wie bereits ausgeführt, liegen zur Fragestellung des zweiten Teils des Interviews keine vergleichbaren Studien vor. So konnte auch nicht auf erprobte Verfahren zurückgegriffen werden. Lediglich im ersten Teil, zum allgemeinen Freundschaftsverständnis, konnten   Fragestellungen aus anderen Untersuchungen übernommen werden. Als Voraussetzung zur Herstellung einer lockeren Gesprächsatmosphäre sollten die Eingangsfragen allen Kindern die Möglichkeit bieten frei zu erzählen. In einem Pretest bestätigte sich, dass die Schüler auf die erste Frage: „Du hast doch bestimmt einen Freund oder mehrere?" ohne Zögern positiv reagierten. Wenn in den Augen der Kinder der normative Standpunkt gilt „jeder braucht einen Freund" so kann man sich kaum eingestehen, keinen Freund zu haben. Deshalb wurde vorgenannte Suggestivfrage gewählt, auf die erwartungsgemäß jedes Kind mit „ja" antwortete. Ob es sich dabei jedoch um eine Wunschvorstellung oder die Realität handelt, blieb offen. Im Sinne einer Erleichterung der Auswertung, wurde nach der ersten Frage, bei der die Kinder mehrere Freunde aufzählten, im weiteren Teil des Interviews konkret nach der besten Freundin beziehungsweise dem besten Freund gefragt.

Weitere Gesichtspunkte zum Freundschaftskonzept der Kinder wurden in den Fragen nach Beginn und Bedeutung der Freundschaft berücksichtigt. Die Wunschvorstellung von dem „idealen" Freund wurde mit der

Frage erhoben: „Wie soll ein Kind sein, mit dem du gerne spielen und befreundet sein willst?"

Ansichten der Kinder über das Ende einer Freundschaft sollten ebenso in die Befragung einmünden, wie die Ermittlung der eigenen Einschätzung des Vertrauens, das in ihren Beziehungen herrscht. Einstellungen und Aussagen über das eigene Verhalten dem anderen Geschlecht gegenüber wurden mit den Fragen: „Wie findest du eigentlich Mädchen/ Jungen?" und „ Spielst du gerne mit ihnen?", sowie der Frage: " Wärst du gerne selber ein Junge/ Mädchen?" erhoben.

Im zweiten Teil der Befragung, der über das allgemeine Freundschaftskonzept hinaus, den Bereich der „ersten Liebesbeziehungen" erforschen sollte, wurden konkretere Fragen darüber gestellt, was die Attraktivität des tatsächlichen aber auch des Wunschpartners ausmacht, worin eventuelle gemeinsame Aktivitäten bestehen, ob und mit wem über die eigene Verliebtheit gesprochen werden kann und wie der Umgang mit den Reaktionen der Umwelt aussieht. Die Frage: „Kannst du das noch genauer beschreiben, wie das ist, wenn man verliebt ist?" ließ den Raum eigene Empfindungen auszudrücken.

Problematisch am „Verliebtsein" als Gegenstand wissenschaftlicher Forschung ist die Intimität dieses Erlebnisbereiches. Ablaufende Prozesse sind so subtil, dass sie insbesondere von Kindern kaum adäquat ausgedrückt werden können. Eine Gratwanderung bestand insofern darin den Kindern verbale Hilfestellung zu geben, ohne dabei Antwortmöglichkeiten vorzugeben und sie zu beeinflussen.

Bereits im Pretest wurde deutlich, dass sich die ursprünglich beabsichtigte direkte Frage nach den Körperkontakten aus unterschiedlichen Gründen verbot. Zum einen sollte die Intimsphäre der Kinder unbedingt gewahrt werden, zum anderen schien bei einigen Kindern die Scheu hier besonders groß. Um nicht zu riskieren, dass sich die Kinder innerlich zurückzogen, wurde in diesem Bereich im Regelfall lediglich auf das eingegangen, was die Kinder zur Sprache brachten. Die Ausnahme bilden vier Befragungen, in denen die Atmosphäre besonders offen und vertrauensvoll war, so dass hier unbefangen nachgefragt werden konnte. Die vier Kinder berichteten dann auch von Küssen oder Umarmungen.

Die Interviewteile zum Verständnis von Freundschaft und Liebe zeigen einen gewissen Überschneidungsbereich. Da, wo Freunde in Liebesangelegenheiten unterstützen, den Postillon d´amour spielen, indem sie Liebesbriefe übermitteln, gemeinsame Strategien entwickeln oder einfach zum Gespräch bereit sind, decken sich die Komplexe.

4.2.3 Zur eigenen Rolle im Forschungsprozess

Wissenschaftliche Beobachtungen unterliegen leicht folgenden Fehlerquellen. Neben dem Halo-Effekt, der auf die unzulässige Generalisierung von beobachteten Einzelaspekten verweist, ist hier das Phänomen der sozialen Erwünschtheit zu nennen. Sich dieser Gefahren bewusst zu sein und die eigene Rolle ständig zu reflektieren, gehört zu einem regelgeleiteten Forschungs- und Auswertungsprozess. Um den Vorwurf der Beliebigkeit zu entkräften, ist es erforderlich das bereits gefilterte Datenmaterial systematisch zu bearbeiten um Sinnstrukturen zu rekonstruieren.

HEINTZEL (2000,S.26) betont, dass Kindheitsforschung seitens der Forschenden die Fähigkeit zur empathischen Verbalisierung der Bedürfnisse und Gefühle von Kindern verlangt. Diese Fähigkeit schreibt sie jedoch eher KindertherapeutInnen und PraxisforscherInnen zu. Dazu kommt laut HEINTZEL, dass UntersucherInnen oft keine Übung darin haben, Situationen zu schaffen, die Kinder zu schriftlichen oder mündlichen Erzählungen anregen.

PRENGEL (2000, S.310/311) konstatiert, dass Praxisforschung im weiten Spektrum der Forschungsansätze zum Phänomen Kindheit eine Ausnahme bildet, da sie nicht aus der Außenperspektive von Wissenschaftlern, sondern der Innenperspektive von in Praxisfeldern professionell tätigen Pädagogen durchgeführt wird. Auch wenn sie ausschließt, dass Praxisforschung der wissenschaftlichen Forschung vergleichbar auf theoriegeleiteten Fragestellungen, wissenschaftlichen Erkenntnisständen und methodologischem Repertoire beruhen könnte, sieht sie die besonderen Erkenntnismöglichkeiten der Praxisforschung darin, dass Praktiker viel Zeit kontinuierlich mit Kindern verbringen und umfassend Gelegenheit haben, die Perspektive von Kindern kennen zu lernen (Ebd. S.318/319). Hier wurde nun aus der Praxis heraus der Spagat versucht, Erkenntnisse, die durch langjährige Erfahrungen gewonnen wurden, gemeinsam mit aktuell erhobenen Daten wissenschaftlich aufzuarbeiten.

Die Tätigkeit als Leiterin der Betreuung beinhaltet die Übernahme der Verantwortung für die angemeldeten Kinder und damit auch die Einhaltung der Aufsichtspflicht. In Anwesenheit der Kinder ist es nicht möglich sich aus dem Gruppengeschehen herauszuhalten. Dennoch ist eine professionelle Distanz einzuhalten. Nach SCHILLING (1995, S.38) gehört es zum Rollenverständnis eines Sozialpädagogen, dass er sowohl Beziehungen eingeht als auch Distanz wahrt. Für ihn sind Empathie und Rollendistanz zwei Seiten einer Medaille. So würde der Sozialpädagoge ja gerade deshalb um Rat gefragt, weil er zu den Problemen einer Person Distanz hat und aus dieser heraus raten kann.

In meiner Doppelrolle als Forscherin und Leiterin der Betreuung, die permanent in das Gruppengeschehen involviert ist, war es unabdingbar, mir dessen bewusst zu sein, dass Pädagogen durch die eigenen Reaktionen immer auch als Verstärker fungieren. Ehrliche Reflexion gehört in diesem Zusammenhang zum Forschungsprozess.

Im Gegensatz zur Rolle der Lehrer, die über den Rahmenplan verpflichtet sind innerhalb eines bestimmten Zeitraumes vorgegebene Inhalte zu vermitteln und Leistungen zu bewerten, hat der Sozialpädagoge in der Betreuung die Zielvorgabe, teilnehmende Kinder auch in der Entwicklung ihrer motorischen, musischen und kreativen Fähigkeiten sowie ihrer sozialen Kompetenz zu fördern. Steht in der Schule die kognitiv-rationale Dimension im Vordergrund, so herrscht in der Betreuung eine Atmosphäre, in der Kinder sich vertrauensvoll auch mit ihren Beziehungsproblemen an die Pädagogen wenden. Das bedeutet soziale und emotionale Bedürfnisse – für die im Schulalltag kaum Zeit bleibt – ernst zu nehmen und bei der Entfaltung der Persönlichkeit Hilfestellung zu geben.

4.2.4 Auswertungsmethode

Gemäß dem methodischen Ansatz dieser Arbeit, in der qualitative und quantifizierende Techniken miteinander verbunden wurden, erfolgte die Auswertung in mehreren Schritten. Nach der wörtlichen Transkription der Aufzeichnungen wurde das Textmaterial systematisch in Kategorien zusammengefasst, verschlüsselt und mit Hilfe des Programmsystems SPSS (Version 10) der statistischen Datenanalyse unterzogen.

Im Sinne der Untersuchung unwichtige Details, wie „mmh´s" oder „öh´s", wurden bei der Transkription nicht berücksichtigt. Festgehalten wurden allerdings sichtbare Emotionen, die neben sehr zurückhaltenden sprachlichen Äußerungen erkennbar wurden. Wenn beispielsweise ein 7jähriger Junge von einer Zurückweisung berichtet und auf meine Nachfrage wie das für ihn war lapidar – aber mit Tränen in den Augen – sagt: „Das war schlecht für mich", so wurden über diese Tränen ein Vermerk gemacht.

In einem weiteren Schritt fand eine Bestandsaufnahme der in den Befragungen erhobenen verschiedenen Aspekte zum Thema Freundschaft und Liebe auf der Basis interpretativer Beschreibungen statt. Dabei wurde versucht, mittels vergleichender Analyse übergeordnete Kategorien zu entwickeln und gemeinsame Muster herauszukristallisieren, ohne dabei Einzelvarianten und individuelle Verhaltensweisen aus dem Auge zu verlieren. Interpretative Textanalysen werden jeweils durch statistische Auswertungen ergänzt.

Ein Vergleich der Antworten erlaubte es teilweise Übereinstimmung und Abweichungen in der Wahrnehmung von Freundschaftsbeziehungen festzustellen. Dies gelang jedoch nicht bei allen Kindern, da oft Freunde benannt wurden, die ihrerseits nicht befragt werden konnten.

Die Namen der Kinder wurden nicht nur aus Datenschutzgründen geändert, sondern auch, weil ihnen vor der Befragung Anonymität zugesichert wurde.

V. Untersuchungsergebnisse

In den einzelnen Kapiteln werden zunächst die dem jeweiligen Aspekt zugeordneten Antworten aus der Befragung aufgeführt. Um in der Zusammenfassung eine Vergleichsbasis zu haben, erfolgt die Auswertung zunächst getrennt für Jungen und Mädchen. Die den Antworten nachgestellten Tabellen und Grafiken geben Auskunft über die Häufigkeit, mit der bestimmte Aussagen getroffen wurden. Im Anschluss daran werden die in diesem Zusammenhang gemachten Beobachtungen dargestellt, die zum besseren Verständnis in Abhebung kursiv gedruckt sind.

Die Deutungen der Beobachtungen sind in hohem Maße kontextsenitiv. Insbesondere an kleinen Gesten, an Mimik und Tonfall wird die Ernsthaftigkeit, die manchmal gerade verborgen bleiben soll, deutlich. Auch bei der Interpretation einzelner Kinderäußerungen, die oft in einem Kontext stehen, der dem Außenstehenden unbekannt ist, kann es schnell zu Fehlinterpretationen und Missverständnissen kommen. Bei der Auswertung war also besondere Zurückhaltung geboten.

Die nach den Äußerungen der Kinder in Klammern stehenden Kürzel erläutern das Geschlecht, (B für Jungen, M für Mädchen) und die Personenkennzahl, sowie Jahrgangsstufe und Alter. In der Aufführung kurzer Gesprächssequenzen steht „I" für Interviewer. Die letzte Zeile in den Tabellen gibt Auskunft über die spezifische Gruppe (53 valid cases bei Mädchen, 44 valid cases bei Jungen und 97 valid cases für die Gesamtgruppe).

Der Authentizität zuliebe wurde die kindliche Diktion weitgehend beibehalten.

Wie bereits in Kapitel 4.2.1 erläutert, löste die Ankündigung einer Befragung bei den Kindern verschiedene Erwartungen aus, was wiederum zu unterschiedlichen Reaktionen führte. Um zunächst abzuklären, welche Vorinformationen die Kinder in die für sie ungewohnte Situation mitbrachten wurden eingangs alle nach ihren Vorstellungen zur Befragung gefragt. Auf die Frage: „Hast du eine Idee, was wir jetzt hier machen wollen?" äußerten sich die Kinder folgendermaßen.

- „Fragen stellen über Jungen und Mädchen." (B15;4.Kl.,10J.)
- „Fragen über Sexualkunde." (B10;4.Kl.,10J.)
- „Ja, so über Mädchen fragen, wie ich mich mit denen verstehe." (B16;4.Kl.,10J.)
- „Mich abfragen." (B41;3.Kl.,9J.)

Auf die Frage hin, ob er weiß, was wir jetzt hier machen wollen, betrachtet Timm den Kassettenrecorder und mutmaßt:
- „Da kommt Musik?" (B35;1.Kl.,7J.)

5.1 Ergebnisse der Beobachtungen und Befragungen zum Freundschaftsverständnis

5.1.1 Einstellungen der Mädchen

Um in der Fragestellung in Bezug auf das andere Geschlecht nichts vorzugeben, wurden Mädchen eingangs gefragt: „Du hast doch bestimmt eine Freundin oder mehrere?" Jungen dagegen wurde die Frage gestellt: „Du hast doch bestimmt einen Freund oder mehrere?" 30,2 % der Mädchen zählten in Beantwortung der Frage auch Jungen auf.

Der Beginn einer Freundschaft wird von den Mädchen nur vage beschrieben, wobei sich die Antworten in der Regel auf den Ort des kennen Lernens beziehen, nämlich Nachbarschaft, Kindergarten oder Schule. Hier bestätigt sich, auch die Bedeutung der Schule für die Freundschaftsbeziehungen. Die meisten Mädchen geben an ihren Freund oder ihre Freundin in der Schule kennen gelernt zu haben. Konkret wird der Freundschaftsbeginn erlebt, wenn einer der Beteiligten die direkte Frage stellt „wollen wir Freunde sein?". Darüber hinaus erwähnte ein Mädchen, dass man sich zunächst mit Blicken taxiert „anstarrt", anschließend die räumliche Entfernung überwindet und sich dabei im wahrsten Sine des Wortes näher kommt. Eine andere Strategie ist laut Tanja das „reden, reden, reden".

- „Die Karina hat mich einfach mal angerufen, ob ich mal zu ihr kommen will und daraus ist gute Freundschaft geworden." (M1;4.Kl.,10J)
- „Wir sind immer zusammen nach Hause gelaufen." (M3;4.Kl.,11J.)
- „Reden und reden und reden. Ich hab nur bei jedem geredet und dann waren wir Freunde." (M26;1.Kl.,7J.)
- „Also im ersten Schuljahr, da habe ich sie zum ersten Mal gesehen. Da sprechen wir uns erst mal ein bisschen durch, wie alt sie ist und so. Und dann frage ich halt, ob wir Freunde sein könnten." (M30; 3.Kl.,9J.)
- „Die Miriam ist als neu dahin gezogen, da haben wir uns irgendwie gesehen und da hab ich mit der Fangen gespielt. Und dann waren wir einkaufen und da haben wir uns erst angestarrt. Und dann hat meine große Schwester gesagt: „Holt euch doch mal einen Ball". Und dann haben wir zusammen Ball gespielt." (M42;1.Kl.,7J.)

Zur Frage: „Weißt du noch wie ihr euch kennen gelernt habt?" (Mehrfachantworten waren möglich)

durch die Nachbarschaft	7
Eltern sind befreundet	4
in der Schule	27
im Kindergarten	15
weiß nicht mehr	2
----- -----	
0 missing cases; 53 valid cases	

Innerhalb des Beobachtungszeitraumes wurden unterschiedliche Strategien protokolliert über die Kinder mit anderen Kindern in Kontakt treten. In einer Zusammenstellung werden sie im Folgenden vorgestellt.

- *Helena kommt in den Betreuungsraum, schaut sich um, wartet etwas ab und geht schließlich auf Nadja zu und fragt: „Wollen wir zusammen mit den Barbies spielen?" Die antwortet: „Aber nur, wenn ich die Reiterbarbie haben kann." Helena ist einverstanden und beide gehen zum Puppenhaus. (Beide Kinder sind im ersten Schuljahr.)*

- *Fünf Minuten später kommt Jan[6], legt seine Pokémon-Sammelmappe demonstrativ auf den Tisch und fängt an zu blättern. Interessiert nähern sich Lars und Nico und fragen, ob sie auch mal schauen können. Kurze Zeit später sind alle in ein Gespräch über Pokémon, ihre eigenen Karten und noch gesuchte Sammelobjekte vertieft. (Die drei Kinder besuchen das zweite Schuljahr.)*

- *Am Nebentisch spielen Sarah, Verena und Svenja „Skip-Bo"[7]. Maike stellt sich dazu und fragt, ob sie mitspielen kann. Alle sind einverstanden, wollen aber erst noch die angefangene Runde beenden. (Die drei Mädchen gehen in die zweite Klasse.)*

- *Eva-Maria betritt den Raum orientiert sich kurz und geht zur Playmobil-Kiste. Sie beginnt alleine eine Landschaft aufzubauen. Später kommt Janek dazu, holt sich auch ein paar Figuren aus der Kiste und baut mit. Nachdem sie eine Weile nebeneinander her gespielt haben, gibt Eva-Maria einige Anweisungen zum künftigen Spielverlauf und sie spielen gemeinsam weiter. (Eva-Maria und Janek sind im ersten Schuljahr.)*

---

[6] In der Betreuung gibt es keine verbindlichen Anfangszeiten, so dass die Kinder nach und nach kommen.
[7] Bei Skip-Bo handelt es sich um ein bei den Kindern sehr beliebtes Kartenspiel.

- *Larissa holt sich Kreide, stellt sich an die Tafel und ruft laut: „Ich bin die Lehrerin." Patrick, Till, Elisabeth und Anna stellen daraufhin Stühle in eine Reihe, schauen erwartungsvoll an die Tafel und heben den Arm, als Larissa fragt, was drei mal sieben ist. (Es handelt sich um Kinder aus dem ersten und zweiten Schuljahr.)*

Diese kurzen Sequenzen zeigen verschiedene Möglichkeiten der Kontaktaufnahme, die sich regelmäßig beobachten lassen. Häufig findet die Kontaktanbahnung über konkrete Spielvorschläge statt. Teilweise gesellen sich die kontaktsuchenden Kinder auch zu einer bereits spielenden Gruppe und fragen direkt, ob sie mitspielen dürfen. Eine andere Variante, die in Zusammenhang mit Rollenspielen in der Verkleidungsecke häufig beobachtet wurde, ist der nonverbale Zutritt, bei dem sich Kinder ohne weiteren Kommentar auch verkleideten und einfach mitspielten.

Manchen Kindern fällt die Kontaktaufnahme besonders schwer. Sie wirken verunsichert und zurückhaltend, haben aber nach meinen Beobachtungen in der Betreuung zum Teil eine eigene Strategie entwickelt auf sich aufmerksam zu machen, indem sie von zu Hause aus etwas mitbringen, das das Interesse der anderen weckt, sei es eine Barbie-Puppe, Kuscheltiere, Pokémon-Alben, Diddel-Blöcke oder einen Gameboy. Sie brauchen so nicht mehr auf andere zuzugehen, sondern erreichen im Regelfall, dass diese kommen, weil sie gerne mitspielen wollen.

Ein eher riskantes Verfahren wählte Larissa, indem sie sich selbst lautstark als Lehrerin definierte. Der Erfolg dieser Selbstdefinition ist davon abhängig, dass die anderen sie in dieser Rolle akzeptieren und mitspielen. Interaktionen werden in der gemeinsamen Verhandlung ko-konstruiert.

Auf die Frage: „Warum ist X dein Freund?" antwortete die Mehrzahl der Kinder damit, dass der Andere nett beziehungsweise lieb ist und dass man sich gut verstehe. Dieses „Sich-Verstehen" beinhaltet vor allem ge-

meinsame Interessen und eine gewisse Harmonie des Umgangs miteinander.

Mit 14 Nennungen folgt dann bereits die Antwort: „Das sind die Einzigen,
die mit mir spielen." Hier wird die Angst davor, alleine dazustehen und in
der Gruppe isoliert zu sein besonders deutlich. Es ist davon auszugehen,
dass es sich bei den Beziehungen teilweise um reine Notgemeinschaften
handelt. RUBIN (1981, S.17) beschreibt in diesem Zusammenhang ein
Beispiel von BRONFENBRENNER, in dem ein achtjähriges Mädchen
gefragt wird, was es machen würde, wenn es gar keine Freundinnen hätte. Ihre Antwort: „Dann würde ich mich lieber umbringen.... Ich würde sogar mit King Kong Freundschaft schließen".

Zur Frage: „Warum sind das deine Freunde?" (Mehrfachantworten waren
möglich)

sind ehrlich	5
weiß ich nicht	7
weil ich mich mit denen gut verstehe	30
sind die einzigen, die mit mir spielen	7
wohnt in der Nähe	4
ist lieb, nett	13
------- ----- -----	
0 missing cases; 53 valid cases	

Auch in der Beantwortung der Frage, warum es wichtig ist Freunde zu haben, beziehen sich viele Mädchen auf Gefühle der Einsamkeit und auf die Angst davor alleine zu sein. Erst an zweiter Stelle erwähnen sie die Funktion des Freundes als Spielkamerad und an dritter Stelle den Wert der gegenseitigen Hilfe und Unterstützung.

- „Damit man nicht so traurig ist und nicht so allein jeden Tag in der Schule." (M8; 1.Kl.,7J.)
- „Dass man nicht alleine ist." (M22; 3.Kl., 8J.)
- „Weil, sonst ist einem vielleicht langweilig." (M23; 1.Kl.,6J.)
- „Sonst ist man immer allein und alles." (M19; 4.Kl., 10J.)
- „Weil man Freunde braucht, weil man sonst so alleine ist und die braucht man auch zum Leben." (M30;3.Kl.,9J.)

Zur Frage: „Was glaubst du warum es wichtig ist, dass man Freunde hat?" Mehrfachantworten waren möglich)

mit Freunden kann man über Probleme reden	7
damit man jemanden zum Spielen hat	10
weil es sonst langweilig ist	6
damit man jemanden hat, der einem hilft	13
damit man nicht einsam und allein ist	24
weiß nicht, egal	4
dass man Freude am Leben hat	4

------- ----- -----

0 missing cases; 53 valid cases

Allgemein wird eine wesentliche Voraussetzung für eine gute Freundschaft darin gesehen, dass man sich Geheimnisse anvertrauen und auf den anderen verlassen kann. Dem entsprechend gab es auf die Frage, wie ein Kind sein soll, mit dem man gerne spielen und befreundet sein möchte, diese Antworten.

- „Ich muss ihr vertrauen können und ihr Geheimnisse sagen können." (M1;4.Kl., 10J)
- „Soll halt keine Geheimnisse verraten und sich nicht über einen lustig machen, wenn man mal irgend etwas Peinliches macht und halt auch ehrlich sein." (M37; 4.Kl.,10J.)

Zur Frage: Wie soll ein Kind sein mit dem du gerne spielen und befreundet sein willst?

darf nicht so oft meckern	4
muss Zeit haben	9
muss ihm/ihr vertrauen können	6
ehrlich	2
lieb, nett	21
weiß nicht, egal	8
nicht so langweilig	4
0 missing cases; 44 valid cases	

Fragt man konkret nach den Erwartungen an eine bestimmte, beste Freundin, wird deutlich, dass die Mädchen sich wünschen, alles miteinander zu machen, ohne ausgelacht und abgewertet zu werden. Freundschaft bedeutet dann die Anerkennung der Person ohne Einschränkung, eine Beziehung, in der sie sich so geben können, wie sie sind. Anna erläutert ihre Erwartungen an einen Freund oder eine Freundin:

- „Hilfsbereit und nett und dass es auch das Verständnis hat und mit dem man gut reden kann und das nicht alles weitererzählt." (M14; 4.Kl., 10J)

Isabelle meint:

- „Also einfach ganz normal und nett sein und nicht böse und zickig und so. Es sollte auch gerne turnen, weil ich auch gerne turne." (M45;2.Kl.,8J.)

Als Begründung für ihre Freundschaft mit bestimmten Mädchen erklärt Karlotta:

- „Na die sind ehrlich und sagen auch nicht gleich: „Du bist doof", wenn man mal was gemacht hat, was die vielleicht nicht so mögen." (M15; 4.Kl.,10J.)

Auch aus der Antwort von Jana kann man heraushören, dass Freunde einen akzeptieren sollen, ohne zu viel zu kritisieren.
- „Die sollen net so oft meckern." (M22; 3.Kl.8J.)

Eine Erwartung an Freunde ist auch die gegenseitige Unterstützung.

- „Die sind immer nett zu mir und wenn mich einer ärgert sagen sie „Hör auf", deswegen." (M33; 2.Kl.,8J.)

Dass sich Freundinnen auch in Liebesangelegenheiten helfen, geht aus dieser kurzen Gesprächssequenz hervor.

Kassandra weiß nicht, ob Patrick sie auch so gerne mag, weil sie ihn bisher nicht gefragt hat.

- „Ich trau mich nicht. Das macht höchstens die Elisabeth und ich frag dann [für sie][8] den Johann."

I: „Ach ihr macht das gegenseitig füreinander?"

- „Ja." (M32; 2.Kl.,8J.)

Im Allgemeinen herrscht zwischen befreundeten Kindern großes Vertrauen. Die Mädchen fühlen sich verpflichtet Geheimnisse zu wahren und das erwartete Vertrauen auch selber nicht zu enttäuschen.

Zur Frage: „Vertraust du deinem Lieblingsfreund?"

Frage 6

GESCHL: 1,00   weiblich

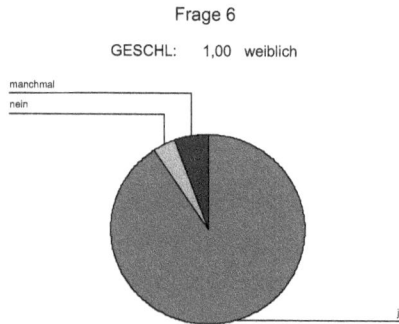

Die meisten Mädchen können sich vorstellen, dass ihre Freundschaften eines Tages enden. Entsprechend der Erwartung, unter Freunden müsse Vertrauen herrschen und Geheimnisse dürften nicht ausgeplaudert werden, kann die Verletzung dieser Norm zum Ende von Freundschaften führen. Aber auch Streit wird als Konfliktpunkt häufig zur Sprache gebracht.

---

[8] Einfügung in Klammern erfolgte zum besseren Verständnis durch die Verfasserin.

- „Wenn der andere etwas (Spielsachen) nicht abgeben will." (M1;4.Kl., 10J)
- „Wenn wir uns streiten. Wenn wir einen anderen Freund haben und uns nicht mehr füreinander interessieren." (M42;1.Kl.,7J.)
- „Die Elisabeth und ich, wir hatten einen ganz großen Streit und da hab ich sie zu meinem Geburtstag eingeladen und sie ist nicht gekommen, dann war unsere Freundschaft auch endgültig vorbei und wir haben uns nie wieder getroffen." (M44;2.Kl.,8J.)
- „Wenn einer was weitersagt." (M53;3.Kl.,9J.)

Mit dem kommenden Schulwechsel setzen sich die Mädchen insbesondere im vierten Schuljahr auseinander. Im Zusammenhang mit dem Übergang an die weiterführenden Schulen fürchten sie das Ende von Freundschaften.

- „Bei der Paula eigentlich nicht, bei den anderen – ich denke mal - ‚dass es da so einen Bruch gibt, wenn ich jetzt auf die andere Schule gehe." (M4,4Kl;10J)

Zur Frage: „Kannst du dir vorstellen, dass deine Freundschaft zu Ende geht?

Frage 7

GESCHL: 1,00   weiblich

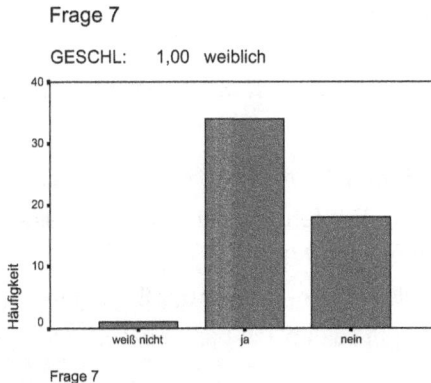

Frage 7

Zur Frage, wie sie die Jungen finden, gibt es unterschiedliche Meinungen. Auf der einen Seite haben sie auch im Unterricht einen gewissen Unterhaltungswert, sie werden als witzig und ideenreich beschrieben, auf der anderen Seite „nerven" sie aber, stören im Unterricht und haben Interessen, die die Mädchen nicht teilen. Häufig wird deshalb in den Antworten differenziert zwischen den „Blöden Jungen", die die Mädchen ärgern und den Ausnahmen, die als besonders nett gelten und mit denen man gut spielen kann.

- „Ganz nett, also ich finds gut, dass es die gibt, denn ohne die wärs irgendwie blöd. Ich spiel auch immer in den Pausen mit denen. Fangen. Oder manchmal lade ich auch einen ein oder gehe zu dem und dann spielen wir oder gehen in die Stadt oder erzählen uns was." (M 14; 4.Kl.,10J.)

Zur Frage: "Wie findest du eigentlich die Jungen?

		Anzahl	Prozent	Gültige Prozente	Kumulierte Prozente
Gültig	nett	17	32,1	32,1	32,1
	es geht	16	30,2	30,2	62,3
	manche gut/ manche blöd	7	13,2	13,2	75,5
	blöd	13	24,5	24,5	100,0
	Gesamt	53	100,0	100,0	

- „Die Jungs finde ich ganz gut. Mit dem Stefan verabrede ich mich fast jeden Tag. Wir fahren Fahrrad und spielen auf dem Dach rum – dem Kinderdach." (M27; 2.Kl,(J.)
- „Leo ist ein bisschen nett, aber der Basti ganz." (M46; 2.Kl.,9J.)
Kristina findet Jungen „eigentlich nicht so gut" und spielt auch nicht gerne mit ihnen.

- „Mit denen kann man irgendwie nicht spielen. Die spielen gern mit Autos und son Scheiß." (M19; 4.Kl.,10J.)

Zur Frage: Spielst du gerne mit Jungen?

		Anzahl	Prozent	Gültige Prozente	Kumulierte Prozente
Gültig	ja	31	58,5	58,5	58,5
	nein	10	18,9	18,9	77,4
	kommt darauf an	12	22,6	22,6	100,0
	Gesamt	53	100,0	100,0	

Die Aktivitäten, die mit dem Jungen stattfinden, mit dem man befreundet ist, scheinen sich nicht von den Unternehmungen zu unterscheiden, die man mit befreundeten Mädchen betreibt. Je nach beiderseitigem Interesse wird ein breites Spektrum an gemeinsamem Spiel und Sport beschrieben.

- „Er ist halt mein Nachbar, wir gehen ja auch zusammen in die Schule und ich seh ihn halt oft. Meistens sitzen wir am Computer, ja auch Zirkus spielen, auf der Schaukel, wir spielen ganz verrückte Dinge manchmal." (M4; 4.Kl.,10J)

Wiebke erzählt
- „Entweder wir spielen Fangen oder wir tollen in unserem Garten rum oder auf dem Klettergerüst." (M44;2.Kl.,8J.)

Zur Frage: Was spielst du gerne mit den Jungen? (Mehrfachnennungen waren möglich)

		Anzahl	Prozent	Gültige Prozente	Kumulierte Prozente
Gültig	Fangen	32	60,4	78,0	78,0
	Ball	5	9,4	12,2	90,2
	Fahrradfahren	3	5,7	7,3	97,6
	Computer	1	1,9	2,4	100,0
	Gesamt	41	77,4	100,0	
Fehlend	System	12	22,6		
Gesamt		53	100,0		

*Aus einer Spielsituation heraus, wartet ein Mädchen darauf „abgeführt"
zu werden. Sie sitzt auf der Holzbank und strahlt den entgegenkommen-
den Jungen an. Lachend macht sie sich schwer, so dass er ganz um sie
herumgreifen muss und der Versuch, sie abzuführen, eher wie eine Umarmung anmutet. Aus dem Gesichtsausdruck der beiden lässt sich ablesen, dass beide die Situation genießen.*

Dass Fangen zu den besonders beliebten Pausenhofspielen gehört, wird
auch durch andere Untersuchungen belegt. (Vgl. KAUKE 1995, S.56)

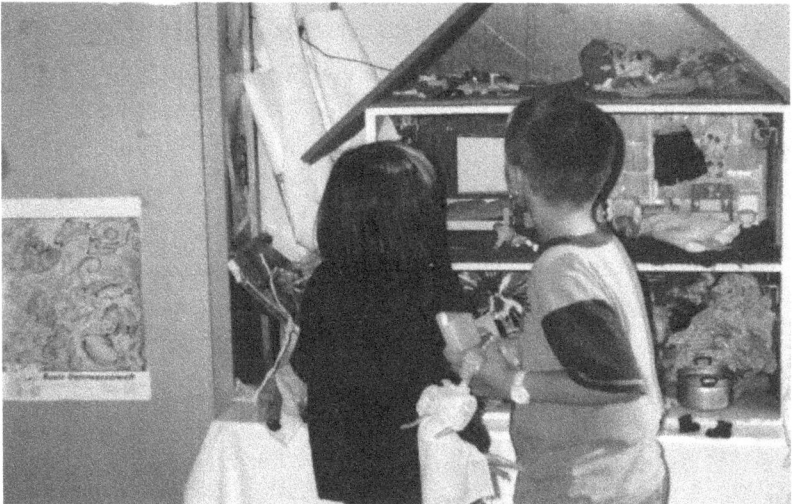

In der Betreuung spielen Jungen und Mädchen selbstverständlich und
viel miteinander. Es ist allerdings eher selten, dass sie gemeinsam mit
dem Puppenhaus spielen.

*Elisabeth (7J., 2.Kl.), Sarah (7J., 2.Kl.) und Patrick (7J., 2.Kl.) gehen zu-
sammen in die Verkleidungsecke; zwei weitere Mädchen (Makeba und
Lea) sind an der Tafel beschäftigt.*
*Patrick zieht seine Schuhe aus und krempelt die Hosenbeine hoch. Sa-
rah hat sich bereits hohe Schuhe und ein Kleid angezogen, Elisabeth hat
sich für einen weiten Rock entschieden und ist gerade dabei sich ein*

Oberteil anzuziehen. Sarah beginnt Patrick zu beraten. „Nimm den Rock, nimm den!" Anschließend holt sie ein weiteres paar Stöckelschuhe und reicht sie Patrick. „Die kannst du anziehen." Anstandslos nimmt Patrick die hingehaltenen Sachen und zieht sie an. Dann laufen sie beide laut klappernd und lachend durch den Raum.

Eine ungewöhnliche Begründung dafür, manchmal lieber ein Junge zu sein, liefert Nora:
- „Die habens dann leichter mit dem Verlieben." (M13; 4.Kl.,10J.)

Eher diffus ist der Wunsch bei Anna:

- „Manchmal, aber ich weiß nicht warum." (M14; 4.Kl.,10J.)

Ohne weitere Begründung beantworten Sarah, Lisa und Wiebke die Frage:

- „Manchmal, aber net oft." (M31;2.Kl.,8J.)
- „Manchmal." (M39;1.Kl.,7J.)
- „Ja." (M42;2.Kl.,7J.)

Zur Frage: „Wärst du gerne selber ein Junge?"

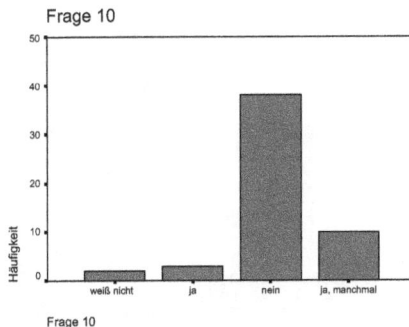

Frage 10

Frage 10

Im auffallend häufig genannten Wunsch der Kinder nach Gesundheit drückt sich bei Nachfragen auch das Bedürfnis aus fit und attraktiv zu sein. Dies impliziert bei Mädchen die Angst davor zu „fett" zu sein und nicht dem Schönheitsideal zu entsprechen.

Beim Mittagessen beschließt Jessica (1.Kl.) nichts zu essen, um so dünn zu werden, wie Angelina. Daraufhin meint Elisabeth (2.Kl.): Ja, ich bin auch zu fett. (Beide haben eine ganz normale Figur, sind aber nicht ganz so zierlich, wie Angelina.)

In den 39 Beobachtungsprotokollen finden sich sieben Hinweise auf die Auseinandersetzung mit dem eigenen Körperbild und den entsprechenden Wunschvorstellungen.

5.1.2 Einstellungen der Jungen

Wie bei den Mädchen wurde auch bei den Jungen in der Eingangsfrage nach Freund oder Freundin, die jeweils eigene sprachliche Form gewählt. Auf die Frage: „Du hast doch bestimmt einen Freund oder mehrere?" nannten 29,5 % der Jungen auch Mädchen.

Das Freundschaftsverständnis impliziert auch bestimmte Verhaltensanforderungen an sich selbst. Nicht nur das andere Kind soll bestimmte Erwartungen erfüllen, sondern man muss auch selbst einiges tun. Patrick beschreibt den Beginn seiner Freundschaft:

-   „Weil ich nett zu denen war und so wird man Freunde. Und weil ich nicht rumgemeckert hab: "Oh, du bist ja blöd oder so"." (B4;1.Kl.,7J.)

Der gängige Beginn einer Freundschaft ist bei jüngeren Kindern die direkte Frage: „Wollen wir Freunde sein?"

Die meisten Antworten der Kinder beziehen sich nicht auf konkrete Situationen, die erinnert werden, sondern nur auf den Ort des kennen Lernens in der Schule, in der Klasse, im Kindergarten oder in der Nachbarschaft. Nur in wenigen Aussagen, wurden konkretere Anlässe geschildert.

-   „Wo ich in die Klasse kam, da hat er mit mir geredet und da wurden wir Freunde." (B11;4.Kl.,10J.)
-   „Also ich und der Fabi, wir verstehen uns immer so gut beim Sport und da ist halt unsere Freundschaft entstanden." (B20;1.Kl.,7J.)
-   „Der kam mal nach Cappel zu meinem Geburtstag, da haben wir den kennen gelernt. Die haben da eine Playstation und da hab ich gespielt, die haben nämlich zwei. Und dann hat er mich gefragt, ob wir Freunde sein wollen." (B35;1.Kl.,7J.)

In Beobachtungen wird deutlich, dass die Kinder in ihren Bemühungen sich näher zu kommen immer wieder versuchen Gemeinsamkeiten herzustellen. Egal, ob sie beim Karten spielen erfreut feststellen, dass beide ein Karo auf der Hand halten oder ob sie die gleiche Zahl würfeln, es reicht, um sich momentan verbunden zu fühlen.

Wie bei den Mädchen antworten auch die Jungen nicht sehr differenziert auf die Frage: „Warum sind das denn deine Freunde?" Die meisten betonen, dass sie sich mit dem Freund gut verstünden, worunter auf Nachfragen ähnliche Interessen genannt werden. Auch bei den Jungen scheint es häufig „Notgemeinschaften" zu geben, wie sich aus der Antwort „sind die einzigen, die mit mir spielen" schließen lässt.

Zur Frage: „Warum sind das deine Freunde?" (Mehrfachantworten waren möglich)

sind ehrlich	2
weiß ich nicht	4
weil ich mich mit denen gut verstehe	16
hat besondere Spielsachen	3
Eltern sind befreundet	1
sind die einzigen, die mit mir spielen	7
wohnt in der Nähe	6
ist lieb, nett	7

------- ----- -----

0 missing cases; 44 valid cases

Nahezu poetisch muten manche Begründungen für die Bedeutung von Freundschaft an.

- „Freunde sind wichtig, damit man füreinander da ist." (B4;1.Kl.,7J.)
- „Mit denen kann man spielen und so. Dann steht man nicht alleine rum." (B15;4.Kl.,10J.)

Auf die Frage, wozu man Freunde braucht, gab es folgende Antworten

- „Damit man auch miteinander reden kann und wenn man krank ist, dass man dann die Hausaufgaben kriegt. Damit man sich auch manchmal treffen kann und spielen kann." (B1;4.Kl.,10J.)
- „Weil, wenn man ganz alleine ist, dann ist man halt ganz allein und wenn man in die Pause geht, jeder ärgert ihn, das ist dann doof." (B12;4.Kl.,10J.)
- „Sonst, wenn man keinen hat, ist es langweilig." (B13;1.Kl.,7J.)
- „Weil man sonst einsam ist." (B18;3.Kl.,9J.)

In vielen Antworten auf die Frage: „Warum ist es wichtig, dass man Freunde hat?" werden Einsamkeitsgefühle der Kinder deutlich.

- „Weil ich sonst immer alleine bin." (B33;2.Kl.,8J.)
- „Dass man nicht einsam ist und allein da rumsteht." (B42;3.Kl.,9J.)
- „Weil man sich sonst immer so alleine fühlt." (B40;2.Kl.,8J.)

Aber auch der Spaß, den man miteinander haben möchte und die gemeinsamen Unternehmungen werden erwähnt
- „Na, dass die einander helfen und Spaß haben." (B2;4.Kl.,10J.)
- „Damit man spielen kann." (B3;2.Kl.,8J.)

116

Zur Frage: „Was glaubst du warum es wichtig ist, dass man Freunde hat?" (Mehrfachantworten waren möglich)

mit Freunden kann man über Probleme reden   3
damit man jemanden zum Spielen hat   16
weil es sonst langweilig ist   4
damit man jemanden hat, der einem hilft   7
damit man nicht einsam und allein ist   17
weiß nicht, egal   4

------   ----- -----

0 missing cases; 44 valid cases

Es scheint als gelte unter Freunden die Norm aufeinander einzugehen und um der Gemeinsamkeit willen die Wünsche des anderen zu akzeptieren. Ist dies nicht der Fall, wird direkt an die Freundschaft appelliert, wie das folgende Beispiel zeigt.
Janis ist mit Mario in der Bauecke und sie beraten darüber, was sie machen wollen. Als Mario mehrere Spielvorschläge verwirft sagt Janis mit gekränktem Unterton „Ich wollte eigentlich, dass wir Freunde sind spielen" worauf Mario versichert „Sind wir auch".

Noch häufiger als die Mädchen beantworten die Jungen die Frage „Weißt du noch, wie ihr Freunde geworden seid, du und der...?" mit der Nennung des Ortes, an dem sie sich zuerst gesehen haben. Bestimmte Strategien, um jemand kennen zu lernen, werden hier nicht erwähnt.

Zur Frage: „Weißt du noch wie ihr Freunde geworden seid du und der...?" (Mehrfachantworten waren möglich)

durch die Nachbarschaft	4
Eltern sind befreundet	5
in der Schule	21
im Kindergarten	14
------- ----- -----	
0 missing cases; 44 valid cases	

Die Begründung dafür sich bestimmte Kinder als Freunde auszusuchen, liegt auch in der gegenseitigen Unterstützung, die man erwarten kann.
- „Die tun auch viel für mich." (B26;2.Kl.,8J.)
- „Wenn wir was bereden, halten die auch immer zusammen." (B10;4.Kl.,10J.)
- „Da wird man nicht so beschimpft und wird nicht allein sein." (B43;3.Kl.,9J.)

Der ideale Freund – das Kind mit dem sie befreundet sein wollen – muss in erster Linie „nett und lieb" sein.
- „Das soll auch die Themen interessant finden, die ich auch meistens gut finde." (B32;4.Kl.,10J.)
- „Ein bisschen schlau, so wie ich." (B25;2.Kl.,8J.)
- „Das soll Fußball spielen." (B14;1.Kl.,7J.)

<u>Zur Frage</u>: Wie soll ein Kind sein mit dem du gerne spielen und befreundet sein willst?

darf nicht so oft meckern	7
muss Zeit haben	3
hilfsbereit	3
muss ihm/ihr vertrauen können	6
ehrlich	9
lieb, nett	24
weiß nicht, egal	12
nicht so langweilig	4

0 missing cases; 53 valid cases

Besonders praktisch ist es, wenn Freunde in der direkten Nachbarschaft wohnen. Timm bemängelt deshalb:
- „Schade, dass der immer mit mir streitet, der fast neben mir wohnt, wo ich dann gleich hingehen kann." (B35;1.Kl.,7J.)

Nur selten erwähnen die befragten Kinder die Spielsachen, die ein Kind haben soll, mit dem man befreundet sein möchte. Nur Moritz wird hier konkret:
- „Es soll ein Fahrrad haben und einen Computer und Lego-Sachen und Playmobil. Und einen Hasen oder Katze oder Hund." (B39;2.Kl.,8J.)

Ein Freund soll vor allem auch verfügbar sein und Zeit haben, damit bei gleichen Interessen Zeit bleibt für gemeinsame Aktivitäten.

- „Der soll immer Zeit haben und immer da sein, wenn ich mal Zeit hab. Und dass er länger draußen bleiben darf und dass ich mal bei dem übernachten kann und er auch bei mir." (B16;4.Kl.,10J)

Besonders konkret wird der Wunsch, dass man mit dem Freund Spaß haben möchte und er die eigenen Interessen teilen soll, von Henrik ausgedrückt.

- „Er soll mit mir Fußball spielen, weil das ist meine Lieblingssportart. Er soll eine Wasserschlacht mit mir machen, wenn es ganz heiß ist und einfach mit mir spielen und Fahrrad fahren." (B20;1.Kl.,7J.)

Frank kommt um 7.45 in die Betreuung und steht etwas zögernd an einem Tisch, an dem die anderen Skip-Bo spielen. Als die Tür wieder aufgeht und Mario hereinkommt, strahlt er. Mario geht auf ihn zu und drückt ihn kurz. Irritiert weicht Frank zurück, schüttelt sich kurz und sagt: "Du bist aber kalt". Nach einem Moment des Zögerns geht er dann aber seinerseits auf Mario zu und umarmt ihn auch noch einmal, bevor sie beschließen gemeinsam Tischfußball zu spielen.

Nachdem er ihn zunächst automatisch „abgeschüttelt" hat, versetzt sich Frank offensichtlich in Marios Gefühle dabei und bestätigt mit der Umarmung noch einmal ihre Freundschaft. OSWALD (1994, S.10) konstatiert, dass Gleichaltrige Emotionen wecken und Kinder warme Zuneigung zum Freund oder zur Freundin empfänden. Sie strebten nach Anerkennung und würden unter Ablehnung leiden. Dies wird in den vorliegenden Untersuchungsergebnissen nachdrücklich bestätigt. So zeigen die Kinder besonders in den ersten Tagen des ersten Schuljahres die Freude an ihren neuen Freunden sehr deutlich.

Freunde und Freundschaftschancen zu haben, sagt etwas aus, über den eigenen Status in der Klasse. Dass die Freundschaft nicht nur für einen selbst eine Bedeutung hat, sondern auch eine Botschaft nach außen ist, wird in der Aussage von Henrik deutlich:

- „[Freunde sind wichtig], damit man jemand hat, der einem hilft. Und die anderen finden das auch gut, wenn man jemanden hat." (B20;1.Kl.,7J.)

Wie wichtig das gegenseitige Vertrauen in den Beziehung ist, zeigt folgende Abbildung.

Zur Frage: „Vertraust du deinem Lieblingsfreund?"

Frage 6

GESCHL: 2,00   männlich

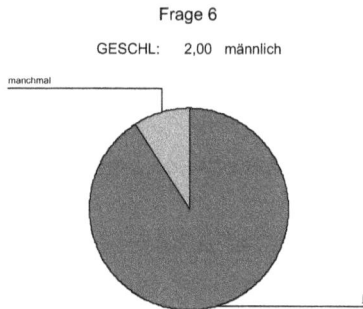

Von einem Vertrauensbruch berichtet Michael.

- „Ja, nur manchmal nicht, wenn er mit seinem anderen Freund zusammen ist, dann ärgern die mich immer ein bisschen."

Offensichtlich bestehen gute Voraussetzungen für eine Freundschaftsbeziehung, wenn die Mütter oder die Eltern befreundet sind.

Auf die Frage, warum Marek der beste Freund sei, antwortete Merlin: „Weil meine Mutter seine Mutter auch gut kennt und so was." (B29;4.Kl.,10J.)

Auch die meisten Jungen stellen sich darauf ein, dass ihre Freundschaften enden können.

Zur Frage: „Könntest du dir vorstellen, dass deine Freundschaft zu Ende geht?"

Frage 7

GESCHL: 2,00   männlich

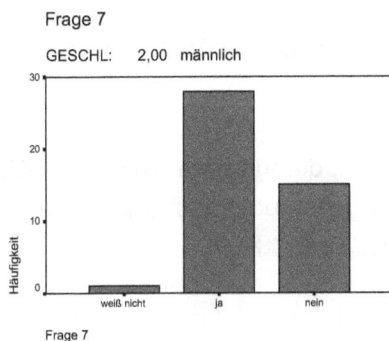

Frage 7

In Bezug auf die Übergänge werden die möglichen Trennungen explizit erwähnt, sowohl im Zusammenhang mit dem Wechsel vom Kindergarten in die Schule, als auch nach dem Übertritt aus der Grundschule auf die weiterführende Schule.

- „Ja also im Kindergarten hatte ich auch Freunde, die waren alle ein Jahr jünger, dann bin ich in die Schule gekommen, dann hatte ich von denen keine Freunde mehr." (B30;4.Kl.,10J.)
- „Wenn ich auf eine andere Schule gehe, dann sehe ich ihn (den Freund) ja nicht mehr." (B42;3.Kl.,9J.)

- „Weil ich geh dann in Frankenberg auf das Gymnasium und wenn niemand da hingeht, dann verlier ich die Freunde." (B42;3.Kl.,9J.)

Insbesondere im 4. Schuljahr , wenn die Kinder sich mit dem Gedanken an den kommenden Schulwechsel beschäftigen, wird auch über den weiteren Verlauf von Freundschaften nachgedacht. Die Aussicht auf den Besuch unterschiedlicher weiterführender Schulen weckt die Befürchtungen, dass Freunde sich nicht mehr so oft sehen können und sich somit vielleicht entfremden.

Aber auch Streit und aggressives Verhalten des Freundes kann zum Bruch führen:

- „Wie bei Merlon, der tritt mich einfach so. Wenn wir zusammen in die Schule gehen oder nach Hause gehen, dann schubst er mich dauernd." (B35;1.Kl.,7J.)

Die Antworten der Kinder sind geprägt von ihrer persönlichen Geschichte. Swen, dessen Mutter vor zwei Jahren gestorben ist, antwortet auf die Frage nach seinen Vorstellungen vom Ende einer Freundschaft:
- „Wenn einer von uns stirbt oder ganz lange ins Krankenhaus muss." (B40;2.Kl.,8J.)

Auch Leos Antwort auf die Frage, warum man Freunde braucht, steht wohl im Zusammenhang mit der Krebserkrankung seiner Tante.
- „Wenn man mal krank ist, oder die Mutter ist tot und dann will dich keiner haben, dann können Freunde helfen." (B41;3.Kl.,9J.)

Alle befragten türkischen Jungen äußerten, dass es peinlich sei mit Mädchen zu spielen. Hierzu bietet MACCOBY (2000) eine Erklärung. Sie

123

schreibt, dass Jungen in Gesellschaften, in denen Männer einen wesentlich höheren Status haben als Frauen, besonders großen Wert darauf legen, sich von Frauen abzusondern. Es ist zu vermuten, dass Jungen auch gleichaltrige Mädchen konsequenter meiden.

Ansonsten variieren die Antworten auf die Frage, wie sie eigentlich die Mädchen fänden von „Scheiße, weil die immer so zickig sind" über „mittelmäßig" bis zu „auch schön".
- „Gut. Manchmal bauen wir ne Burg mit Steinen, manchmal spielen wir Fangen." (B6;1.Kl.,7J.)
- „Blöd." (B8;1.Kl.,7J.)
- „Also mich nerven sie nicht. Ich vertrag mich mit denen gut und mich können sie auch gut leiden." (B10;4.Kl.,10J.)
- „Eigentlich gut; ein bisschen." (B21;3.Kl.,9J.)

Zur Frage: „Wie findest du eigentlich die Mädchen?"

		Anzahl	Prozent	Gültige Prozente	Kumulierte Prozente
Gültig	nett	9	20,5	20,5	20,5
	es geht	12	27,3	27,3	47,7
	manche gut/ manche blöd	10	22,7	22,7	70,5
	blöd	13	29,5	29,5	100,0
	Gesamt	44	100,0	100,0	

An Fasching wurde in der Betreuung in zwei Räumen gefeiert. Im Hauptraum fand das reguläre Programm statt, der kleine Nebenraum war auf Wunsch der Kinder in eine Disco umfunktioniert worden. Abgedunkelte Fenster und eine Lava-Lampe sorgten für rotes schummriges Licht. Obwohl sich die Mehrheit der Gruppe in der Disco aufhielt, tanzten nur we-

nige Mädchen und wirkten dabei etwas unbeholfen. Auch die Jungen machten einen zwar sehr interessierten aber auch zögerlichen Eindruck. Es entstand eine eigentümliche teilweise spannungsgeladene Atmosphäre in der jeder auf etwas "Besonders" zu warten schien. Erst als die Jungen sich entschieden hatten, sich als Discjockeys abzuwechseln und sich alle um den Kassettenrecorder versammelt hatten, schienen sie ihre Sicherheit wiederzugewinnen und die Mädchen fingen an zu zweit und zu dritt verschiedene Tanzschritte auszuprobieren. Auch wenn sich kein gemeinsames Tanzen zwischen Jungen und Mädchen ergeben hat, so war doch die ganze Zeit über ein deutliches Aufeinander-bezogen-sein, das sich auch in ständigen Blickkontakten ausdrückte, zu spüren.

In den nächsten Wochen wurde der Raum als "Fitness-Studio" genutzt, in dem sich Jungen und Mädchen aufhielten und unter Musikbegleitung entweder Tanzschritte miteinander einübten (Mädchen) oder artistische Kunststücke probten (Jungen). Das „Gedränge" in dem relativ kleinen Raum rührt sicher aus dem Wunsch nach Nähe, es scheint aber noch keine erprobten Strategien zu geben, ihn in einem direkten Miteinander zu verwirklichen.

Larissa und Patrick L. spielen in der Bauecke, wobei sie viel kichern und miteinander flüstern. Beide strahlen sich fortwährend an, es ist allerdings nicht zu verstehen worüber sie reden. Die Situation endet damit, dass Patrick zu einer Betreuerin geht und sie fragt, wann man heiraten kann.

Auch bei den Jungen werden pauschalisierte Aussagen über das andere Geschlecht häufig differenziert und relativiert, indem man bestimmte Kinder ausnimmt. Die Mädchen sind blöd, aber mit der Katja kann man gut spielen, die macht alles mit.

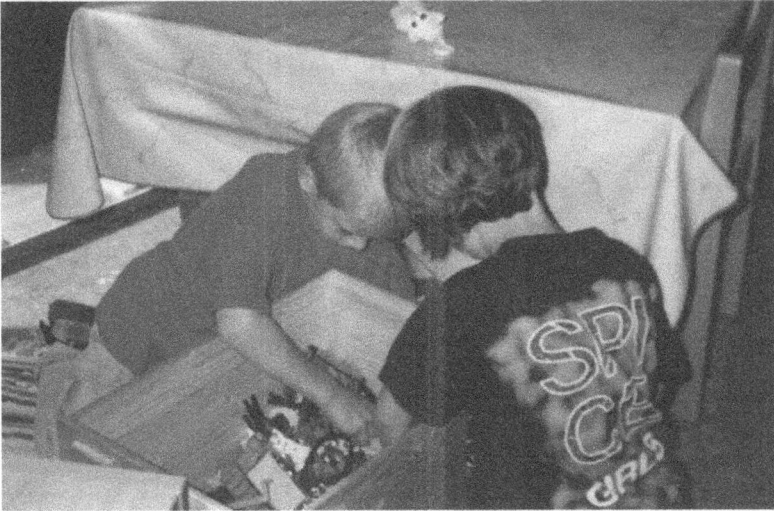

Mit dem eigenen Geschlecht sind die meisten Kinder einverstanden und reagieren sehr entrüstet auf die Frage: „Wärst du gerne selber ein Mädchen?" Die wenigen Jungen, die gelegentlich selber gerne ein Mädchen wären, begründen
dies mit den Vorteilen, die diese haben.

- „Kommen beim Zahnarzt vor uns dran." (B20;1.Kl.,7J.)
- „Dann wäre ich schlauer in der Schule und so." (B25;2.Kl.,8J.)

Nur ein Junge meinte:
- „Mir ist es eigentlich egal, ob ich ein Junge oder Mädchen wär."
  (B30;4.Kl.,10J.)

Zur Frage: „Wärst du gerne selber ein Mädchen?"

Frage 10

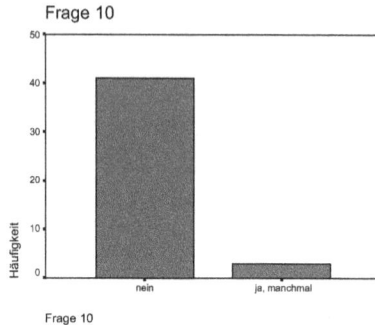

Frage 10

Zwischen Freundschaft und Liebe unterscheiden die befragten Kinder sehr genau. Auch wenn sie nicht verliebt sind, berichten sie doch von Freundschaftsbeziehungen zum anderen Geschlecht.

Mit Freundinnen, in die man nicht verliebt ist, finden folgende Aktivitäten statt.

- „Puzzle spielen, malen." (B3;2.Kl.,8J.)
- „Ich spiel gern mit der Sarah. Wir machen Wasserschlachten und so." (B9;1.Kl.,6J.)
- „Zwei Mädchen aus meiner Klasse spielen mit Fußball und eine geht auch mit zum Training. Na ja, ich komme mit Mädchen eigentlich gut zurecht." (B12;4.Kl.,10J.)
- „Manchmal isst sie mit uns, weil seine Mama arbeitet. Morgens holt sie mich ab, mit einer Freundin." (B24;2.Kl.,8J.)

<u>Zu den Fragen</u>: „Spielst du gern mit Mädchen?" Wenn ja „Was spielst du gern mit Mädchen?"

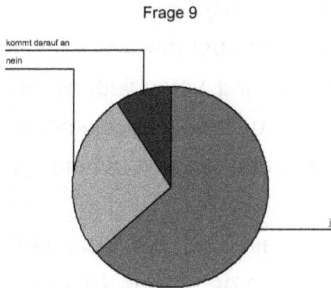

Frage 9

kommt darauf an
nein

ja

Zusatzfrage

		Anzahl	Prozent	Gültige Prozente	Kumulierte Prozente
Gültig	Fangen	20	45,5	60,6	60,6
	Verstecken	11	25,0	33,3	93,9
	Ball	2	4,5	6,1	100,0
	Gesamt	33	75,0	100,0	
Fehlend	System	11	25,0		
Gesamt		44	100,0		

Elisabeth (7J., 2. Kl.), Patrick (7J.,2.Kl.), Sarah (7J.,2.Kl.) und Swantje (7J.,2.Kl.) sowie zwei Betreuerinnen sitzen am Tisch in der Betreuung. Die Kinder essen und unterhalten sich dabei fröhlich und lautstark. Elisabeth sitzt breitbeinig auf dem Stuhl und tatscht ihrem Sitznachbarn Patrick mehrmals auf den Unterarm, um seine Aufmerksamkeit zu erregen. Schließlich ruft sie: "Patrick, Patrick, guck mal der Pups kommt aus der Garage." Patrick grinst sie breit an und Elisabeth lacht zurück. Anschließend zwickt sie ihn mehrmals in den Arm und ruft: „zwick, zwick, zwick, zwick". Da sie jedes mal etwas fester zudrückt, zieht Patrick irgendwann den Arm zurück.

Die anderen Mädchen, die das Ganze verfolgt hatten, wollen sich nun auch beteiligen und jede von ihnen stupst oder zwickt ihn noch einmal, allerdings freundschaftlich lachend und behutsam. Patrick lässt sich alles gefallen, bis er schließlich die Situation beendet, indem er zur Spüle geht, um seinen leeren Teller abzuspülen.

Patrick gehört zu den „Stars", die bei den Mädchen sehr beliebt sind. In den Beobachtungsprotokollen sind verschiedene Situationen festgehalten, in denen er von Mädchen umlagert ist, die seine Nähe suchen. Patrick wirkt selbstbewusst, offen und reagiert unbefangen und gelassen.

Gestiegenes Körperbewusstsein und die Verinnerlichung von Schönheitsidealen äußern sich auch in den Wünschen der Kinder. Neben dem allgemeinen Wunsch nach Gesundheit, der bei vielen Kindern auf der Skala ganz oben steht, konkretisiert der 7jährige Jannik: „ dass ich keine Zahnspange zu tragen brauche". (B5;1.Kl.,7J.)

Dominik (2.Kl.) kommt auf mich zu und erzählt, dass er heute nur eine Banane und einen Apfel dabei hat. Als ich nachfrage, berichtet er, dass seine Mutter findet er sei zu dick und nun wolle die ganze Familie eine Diät machen. (Meines Erachtens ist Dominik keineswegs zu dick).

Die Schnittmenge der Phänomene Freundschaft und Liebe findet sich unter anderem in der emotionalen Unterstützung, die Freunde leisten. Im folgenden Beispiel wird dies deutlich.

Die erste Klasse wartet auf dem Schulaußengelände auf ihren Lehrer, da sie Sport haben und gemeinsam die Straße zur Turnhalle überqueren müssen. Die Zeit nutzen Timo, Till und Peer um durch das Fenster die vierte Klasse zu beobachten. „Da sitzt die Jennifer" kommentiert Till. „Bist du in die verknallt?" fragt Peer. Till bekommt einen roten Kopf und nickt. „Ich finde die auch schön" meint daraufhin Timo.

In der Episode findet sich die Einigkeit unter Freunden, ein kurzer Moment der Peinlichkeit, der sich in Tills rotem Kopf manifestiert, und das Verständnis dafür sowie eine Bestätigung durch den Freund.

5.2 Ergebnisse der Befragungen und Beobachtungen zum Verständnis von Liebe bei Mädchen

56,6 % der befragten Mädchen gaben an, zur Zeit verliebt zu sein und 3,8 % erklärten früher einmal verliebt gewesen zu sein. Von den insgesamt 60,4 % sind dem gemäß 93,75 % aktuell verliebt und 6,25 % der Mädchen waren es zu einem früheren Zeitpunkt.

Offen geben die Mädchen darüber Auskunft, ob sie zu Zeit verliebt sind oder es früher einmal waren.
- „Ja einmal im Kindergarten war ich in den Patrick und einmal in der Schule war ich in den Moritz." (M33;2.Kl.,8J.)
- „Ja, jetzt. Ich finde den Leo süß. Alle finden das in meiner Klasse." (M46;2.Kl.,9J.)
- „Ich bin jetzt, in den Daniel." (M47; 2.Kl.,8J.)
- „Nur in einen der ist nicht mehr in der Grundschule. Der ist dreizehn. Da gehen ich und meine Freundin auch immer hin und spielen mit dem. Patrick." (M50;3.Kl.,9J.)
- „Ich bin verliebt in den Erik." (M53;3.Kl.,9J.)

Zur Frage: „Warst du eigentlich auch schon mal verliebt oder bist du es jetzt?"

		Anzahl	Prozent	Gültige Prozente	Kumulierte Prozente
Gültig	ja jetzt	30	56,6	56,6	56,6
	nein	21	39,6	39,6	96,2
	ja früher	2	3,8	3,8	100,0
	Gesamt	53	100,0	100,0	

Frage 1a

GESCHL: 1,00 weiblich

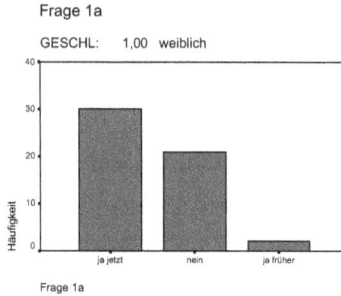

Frage 1a

Aber nicht nur im Zusammenhang mit der eigenen Person, sondern auch bei Kuppelversuchen, die Lehrer, Referendare, Praktikanten oder auch alleinerziehende Eltern betreffen, zeigen Kinder ihr Interesse rund um die Liebe.

Elisabeth leidet unter der kürzlich erfolgten Trennung ihrer Eltern. Der Lehrer beobachtet in diesem Zusammenhang auch eine neue Form der Auseinandersetzung mit ihm.

Eines Tages fragt sie ihn, wie er ihre nun alleinerziehende Mutter findet. Als er ausweichend antwortet, fragt sie konkret: „ Bist du in meine Mutter verliebt?"

5.1.3 Darstellungen zur Kontaktaufnahme

Wie sie den Jungen, in den sie verliebt ist, kennen gelernt   hat, beschreibt Wiebke:

- „Also wir waren mal in der Klasse, da hat er mir manchmal seine Milchschnitte gegeben und in Religion, da war ich mal neben ihm und da hat er mich auf seinen Geburtstag eingeladen und das hab ich nächstes Mal auch vor." (M44;2.Kl.,8J.)

131

Isabelle erzählt:

- „Weil ich mich mit keinem treffen konnte, bin ich mal mit meinem Bruder öfters zu seinen Freunden gegangen. Da haben wir gespielt zusammen." (M45;2.Kl.8J.)

Lea meint:

- „Der war hier in der Grundschule, da habe ich und die Hannah ihn gesehen und fanden ihn ganz süß. Dann haben wir uns beide halt verliebt. Und dann haben wir ihn mal gefragt, ob er mit uns spielt. Und dann hat er „Ja" gesagt. Und dann haben wir immer mehr zusammen gespielt. Na ja." (M49; 3.Kl.,9J.)

Jenny berichtet:

- „Ich war bei der Yasemin, das ist meine Klassenkameradin und da ist der manchmal. Ich hab den gesehen und da war ich sofort verliebt." (M53;3.Kl.,9J.)

Auf dem Pausengelände genügt es in den allermeisten Fällen sich lockend aufzubauen und provozierend zu rufen: „Du kriegst mich nicht, du kriegst mich nicht!", um zu erreichen, dass ein wildes Wettrennen beginnt. Lediglich in zwei Einzelfällen, bei denen das Kind ganz besonders unbeliebt war, wurde beobachtet, dass diese Äußerung mit einem Achselzucken abgetan wurde.

Zur Frage: „Kannst du dich noch daran erinnern wie du ihn kennen gelernt hast?"

		Anzahl	Prozent	Gültige Prozente	Kumulierte Prozente
Gültig	ja, in der Schule	8	15,1	25,0	25,0
	ja bei Freunden	6	11,3	18,8	43,8
	ja, in der Klasse	10	18,9	31,3	75,0
	ja, über Geschwister	3	5,7	9,4	84,4
	im Kindergarten	4	7,5	12,5	96,9
	über befreundete Eltern	1	1,9	3,1	100,0
	Gesamt	32	60,4	100,0	
Fehlend	System	21	39,6		
Gesamt		53	100,0		

Frage 2a

GESCHL: 1,00 weiblich

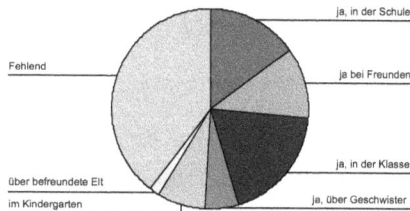

5.2.2 Beschreibungen des Verliebtseins

Es ist 12.30 Uhr und die Kinder werden nach und nach aus der Betreuung abgeholt. Svenja (6J., 1Kl.) verabschiedet sich von mir und erzählt: „Ich habe Durchfall und Bauchweh". Dann setzt sie mit kleiner Verzöge-

rung nach: *"Liebeskummer".* Die Mutter, die sie abholt, nickt und sagt verständnisvoll: *„ganz schlimm".* Ich frage nach, in wen sie denn verliebt ist. Sie antwortet: *„In Nico".* Als ich frage, ob der sie nicht so mag, antwortet sie: *„Doch!"* Im Herausgehen sagt sie noch: *„Aber erzähl´s nicht weiter",* was ich dann auch verspreche.

Soll das eigene Verliebtsein auf der einen Seite ein gut gehütetes Geheimnis bleiben, besteht doch auf der anderen Seite der Wunsch über die Gefühle zu sprechen und sich darüber zu vergewissern, dass sie verständnisvoll aufgenommen werden.

Wie es ist verliebt zu sein:

- „Komisch. Ich denke viel an Christian und freue mich, wenn ich ihn sehe." (M8; 1.Kl.,7J.)
- „Man muss dauernd an ihn denken und ich kann ab und zu auch nicht so gut einschlafen, weil ich dauernd an ihn denken muss und ich will dann auch öfters bei dem sein und ein bisschen bei dem spielen, alles." (M10; 4.Kl.,10J.)
- „Halt nur, wenn man ständig miteinander spielt, wenn die alles zusammen machen und so." (M15; 4.Kl.,10J.)
- „Irgendwie ist es wenn man alles an dem anderen gut findet und wenn, dann ist das halt so, als wenn auf einmal ein großer Knall ist und man das dann merkt. Aber ich kann das nicht gut beschreiben." (M14; 4.Kl., 10J.)
- „Na, man denkt halt abends an den und hat irgendwie so ein komisches Gefühl im Bauch. Man muss den anderen das erzählen. Und dann muss man als zu dem hingucken." (M37;4.Kl.,10J.)
- „Ist ein bisschen peinlich. Manchmal kann ich auch nicht schlafen." (M40;1.Kl.,7J.)
- „Dass das Herz halt ganz doll klopft." (M49;3.Kl.,9J.)
- „Da wird einem, wenn man dem begegnet so schwummerig und da kriegt man richtig Herzklopfen." (M51;3.Kl.,10J.)

- „Manchmal kann ich nicht einschlafen und ich denke an ihn."
(M53;3.Kl.,9J.)

Befragungen und Beobachtungen belegen, dass in manchen Kindern die Vorstellung verwurzelt zu sein scheint, dass es „peinlich" ist sich zu verlieben und dass „man so etwas nicht macht". Erleben Kinder dennoch entsprechende Gefühle oder aufregende Interaktionen mit dem anderen Geschlecht, sind sie verunsichert und irritiert ob der widerstreitenden eigenen Impulse. Diese Diskrepanz wird im folgenden Beispiel deutlich:
Im Gang des Schulgebäudes kommt Sabrina (2. Schuljahr) strahlend und aufgeregt auf mich zu und sagt: „Frau Leidinger, der Michael hat mich geküsst." Als ich sie frage, wie es war, antwortet sie: „doof", strahlt aber weiterhin über das ganze Gesicht.
Es scheint ein bisschen wie die Fahrt in einer Achterbahn zu sein, bei der viele lustvoll erschauern, schreien, betonen wie schlimm es war, um anschließend gleich noch ein mal zu fahren.

Zum Verliebtsein gehört auch der Wunsch möglichst viele Informationen zu sammeln. Telefonnummern werden aus der Klassenliste abgeschrieben und es wird genau beobachtet, was der andere gerne isst, trinkt und wie er sich in welcher Situation verhält.
Anstelle einer Begrüßung läuft Angi morgens triumphierend auf Fabi zu und sagt: „Ich weiß jetzt auch, wo du wohnst, wir sind gestern da vorbei gefahren."
In den Beobachtungsprotokollen findet sich Angi als Protagonistin, die sehr verliebt ist und das Thema regelmäßig zur Sprache bringt. Hier ist sicher von einer Aufmerksamkeitsverengung im Sinne RÖSSNERs (Vgl. Kapitel 3.3 der Arbeit) zu sprechen. *Über Wochen hinweg kommt Angi morgens in die Betreuung und fragt als erstes: „Wo ist der Fabi?"* Obwohl Angi zu ihren Gefühlen steht und Fabi offensichtlich – teilweise bedrängend – umwirbt , bleiben ihr Zweifel an der „Richtigkeit" und Angemessenheit ihrer Empfindungen und der Wunsch sich zu vergewissern.

Nach einer rüden Abfuhr kommt sie auf mich zu und fragt leise und et-
was zweifelnd: "Es ist doch nicht schlimm, wenn ich in den Fabi bin?".

<u>Zur Frage</u>: „Kannst du das noch genauer beschreiben, wie das ist, wenn
man verliebt ist?" (Mehrfachantworten waren möglich)

ein peinliches Gefühl	1
ein schönes Gefühl	4
man muss immer hinschauen	1
wenn man alles an ihm gut findet	6
man will bei ihm sein	2
bin ganz aufgeregt, wenn ich ihn sehe	3
habe Kribbeln im Bauch	7
bekomme Herzklopfen, wenn ich ihn sehe	3
kann manchmal nicht einschlafen	6
ich denke viel an ihn/sie	14
weiß nicht	7
möchte immer über ihn reden	2
freue mich, wenn ich ihn sehe	3
als wenn auf einmal ein großer Knall ist	1

------- ----- -----
20 missing cases; 33 valid cases

Was ihnen besonders an den Jungen gefällt, in die sie verliebt sind beschreiben die Mädchen:

- „Also der ist ganz lieb und spielt auch mit, das find ich halt gut."
  (M2; 4.Kl.10J.)
- „Also, wenn der so schön aussieht." (M12; 1.Kl., 7J.)

- „Der Charakter, er ist nett." (M5; 4.Kl.,10J.)
- „Der ist nett und witzig und ärgert mich nicht so." (M10; 4.Kl.,10J.)
- „Ich find ihn eigentlich einfach süß." (M13; 4.Kl.,10J.)
- „Die blonden Haare und die blauen Augen." (M17; 4.Kl., 11J.)
- „Weil er blonde Haare hat. Er sieht richtig süß aus." (M 16; 4.Kl.,11J.)
- „Dass der Fabi mit mir immer so viele Witze macht." (M23; 1.Kl., 6J.)
- „Dass er witzig ist." (M24; 2.Kl., 8J.)
- „Weil der Moritz früher immer nett war und zum David, wenn er mich geärgert hat, gesagt hat „Lass doch die Patricia in Ruhe!" oder so. Und den Patrick fand ich einfach schnuckelig." (M33; 2.Kl., 8J)
- „Macht viel Spaß und sieht gut aus." (M37;4.Kl.,10J.)
- „Der ist manchmal lieb und so. Und manchmal, wenn man was sagt, geht er sofort los." (M39;1.Kl.,7J.)
- „Die Haare und der riecht so gut." (M40;1.Kl.,7J.)
- „Also der ist ein bisschen wild, man kann gut spielen mit ihm. Außerdem kann er gut Geschichten erzählen." (M44;2.Kl.,8J.)
- „Das Gesicht." (M45;2.Kl.,8J.)
- „Der ist auch lieb." (M47;2.Kl.,8J.)
- „Eigentlich dass er einen guten Charakter hat und dass er ein gutes Herz hat." (M49;3.Kl.,9J.)
- „Wenn der lacht, das sieht so cool aus. Es ist schön, wenn der lacht." (M53;3.Kl.,9J.)

Zur Frage „Was gefällt dir denn so besonders an ihm?" (Mehrfachantworten waren möglich)

ist hilfsbereit	3
ist gut in der Schule	3
ist witzig	8
ist nett, lieb	11
Aussehen	10
weiß nicht	2
------- ----- -----	
23 missing cases; 30 valid cases	

5.2.3 Liebesbriefe

Liebesbriefe sind das gegebene Mittel, sich zu offenbaren, ohne direkt
aufeinander zuzugehen. Auch hier finden sich jedoch unterschiedliche
Muster. Briefe werden nicht nur geschrieben, um ein erstes „Geständnis"
zu machen, sondern auch, um andere zu ärgern, der Lächerlichkeit
preiszugeben oder einfach auf sich aufmerksam zu machen. Einen Liebesbrief zu erhalten, löst dementsprechend vielfältige Reaktionen aus.
Neben der Freude, „erwählt" worden zu sein, die aufgrund gegenseitigen
Interesses entsteht, kann der Empfänger auch peinlich berührt sein,
wenn zu dem Adressaten kein guter Kontakt besteht. Auch der Kontext,
in dem die Übergabe erfolgt, ist entscheidend je nachdem, ob der Empfänger zum Beispiel beim Lesen die gespannte Aufmerksamkeit einer
größeren Gruppe erlebt, oder der Brief eher heimlich überreicht wird,
möglicherweise auch erst zu Hause im Ranzen gefunden wird.

Zum Thema Liebesbriefe fällt Lea ein:

- „Meine Freundin hat schon etliche bekommen. Da steht: „Ich liebe dich, liebst du mich auch? Treffen wir uns?" und dann schreibt die immer zurück und dann treffen wir uns da und dann will sie immer, dass wir da hinkommen." (M4; 4.Kl.,10 J.)

Sarah meint:

- „Die Kassandra schreibt oft Liebesbriefe an jemanden." (M31; 2.Kl.,8J.)

Kassandra selbst erzählt zum Thema:

- „Der David macht immer aus solchen Briefen Flieger und schickt sie dann los. Ich hab mal einen geschrieben, hab mir einen Briefumschlag gemacht und als wir dann bei Patrick vorbeikamen, da hatte der gerade einen Korb dabei und da hab ich gesagt „Hier für dich!"."
  I: „Weißt du noch was da drin stand?"
- „Nicht mehr genau. Ich hatte geschrieben, wenn du mich auch magst, dann soll er einen Brief zurückschreiben." (M32; 2.Kl.,8J.)

Patricia erzählt von einem Liebesbrief, den sie bekommen hat:

- „Ja von Sven, der hat mir mal einen Brief geschrieben. Zwei, sogar mit einer Kassette dabei, da stand drin, dass er mich mag und ob ich mal zu ihm komme." (M33;2.Kl.8J.)

Lea berichtet:

- „Der Dominik hat geschrieben „Liebe Lea, ich wollte dir nur sagen, dass ich dich lieb hab", und dann hat er halt einen anderen Namen drunter geschrieben aber das erkennt man halt auch an der Schrift, weil er ne ganz krickelige Schrift hat." (M49; 3.Kl.,9J.)

Karlotta erzählt:

- „Da stand drin: „Liebst du mich und willst du mich küssen". Und da war da so ein ganzes und ein zerbrochenes Herz und man sollte ankreuzen welches richtig ist." (M15; 4.Kl.,10J.)

Sie findet Liebesbriefe „bescheuert":

- „Ich finde, wenn man verliebt ist, dann muss man das nicht durch einen Brief zeigen, der wird das irgendwie sowieso schon merken." (M15; 4.Kl., 10 J.)

Im ersten Schuljahr sind die Kinder noch nicht in der Lage Liebesbriefe zu schreiben. Angi hat es sich jedoch für die Zukunft fest vorgenommen:
- „Das schreib ich aber bald mal, wenn ich schreiben kann."
I: „Willst du an den Fabian schreiben?"
- „Ja unbedingt." (M23; 1.Kl. 6J.)

Auch Lisa meint:

- „Das ist bei meinem Bruder in der Klasse so, wir fangen ja gerade erst an mit dem Schreiben." (M39;1.Kl.,7J.)

In der Betreuung sitzen Nina, Lena, Elisabeth und Sarah gemeinsam am Tisch und stecken geheimnisvoll die Köpfe zusammen. Sie kichern und flüstern und schicken alle anderen, die schnell aufmerksam geworden sind mit der Bemerkung: „Haut ab!" wieder fort. Offensichtlich malen und schreiben sie gemeinsam etwas. Zwei Mal höre ich den Namen „Lukas". Kurz vor der Pause sind sie fertig und gehen in eine andere Ecke. Das „Produkt" lassen sie auf dem Tisch liegen.

Interessiert kommen Felix, Tom und Christian, die das Ganze neben ihrem Kartentausch aus der Entfernung beobachtet hatten. Gemeinsam lesen sie den von den Mädchen verfassten „Liebesbrief" und grölen daraufhin:" Ha, ha, der Lukas!" Dann ertönt der Gong und im Herausgehen knüllt Felix den Brief noch zusammen und wirft ihn in den Papierkorb. Nach der Pause kommt niemand mehr auf das Geschehen zurück.

Lukas ist bei den Mädchen sehr beliebt, hatte zu dem Zeitpunkt aber noch Unterricht. Ingrid ist eher eine Außenseiterin, die von den anderen zuweilen auch geärgert wird. In dieser Episode konnten sich die Mädchen indirekt mit ihrem Schwarm beschäftigen und gleichzeitig ein weniger beliebtes Kind ärgern.

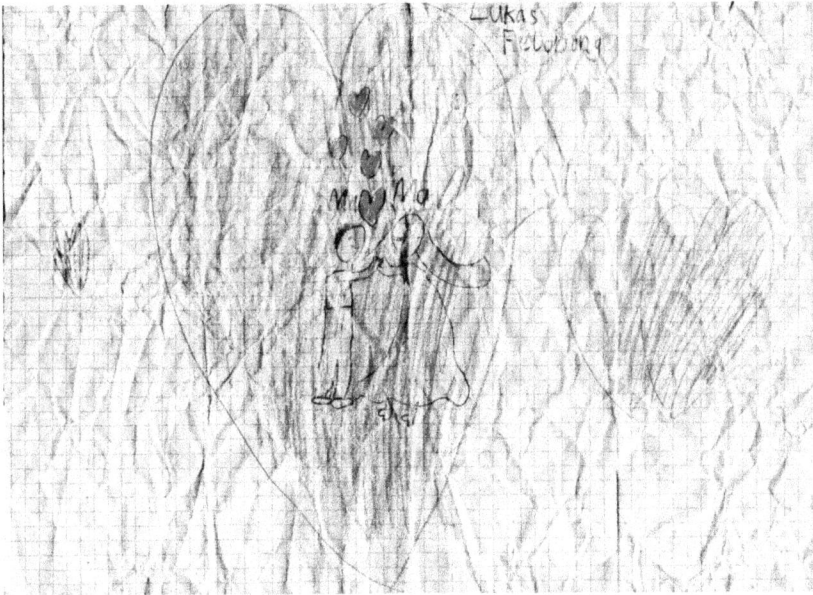

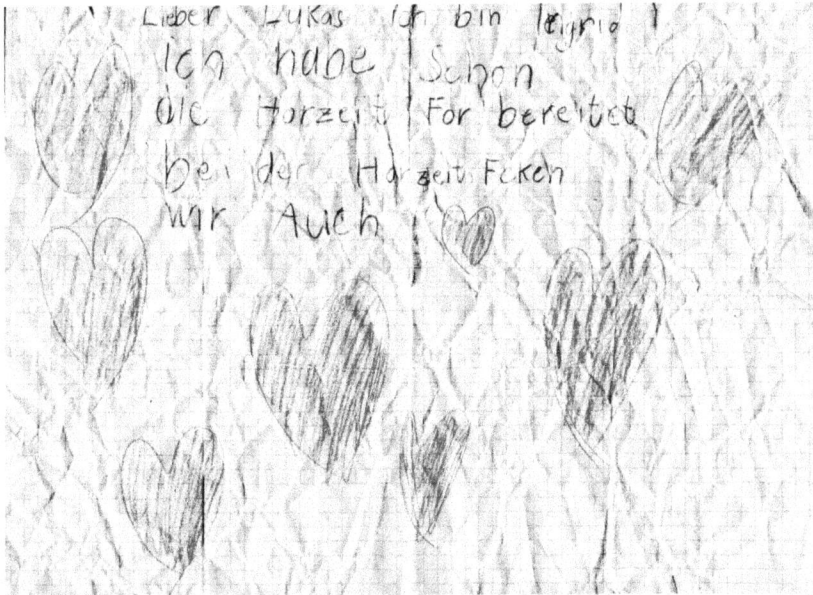

Hier handelt es sich um einen „Liebesbrief", der von einer Gruppe Mädchen geschrieben wurden, die Ingrid damit ärgern wollten.

Elisabeth hat auch schon „ein oder zwei" Liebesbriefe an Johann geschrieben, in den sie sehr verliebt war. Als er mit Verzögerung reagierte,
hatten sich ihre Gefühle bereits wieder abgeschwächt. Als sie einen Liebesbrief von ihm bekam, war sie „nur noch son bisschen" in Johann verliebt. Sie erzählt:
- „Also zum Schluss stand da: „Bist du in mich? Ja oder Nein
kreuze an." Da hab ich „mittel" geschrieben." (M6, 2.Kl., 8J.)

Über eine besonders enttäuschende Erfahrung mit ihrem Liebesbrief berichtet Nora in folgender Gesprächssequenz:

- „Einmal hab ich ihm geschrieben, aber das war mit Filzstift und
dann hat er es unters Wasser gehalten und dann war alles ab-
gelaufen."
I: „Kannst du dich noch erinnern, was du geschrieben hast?"
- „Ja, „Hi Werner, liebst du mich? Ich liebe dich. Kreuze an „Ja"
oder „Nein". Deine Nora."
I: „Konnte er das dann gar nicht mehr lesen?"
- „Doch schon, ich habe ja ganz sauber geschrieben, aber vielleicht, weil er Angst hatte oder sich nicht getraut hat. Da hat er
es unter Wasser gehalten und da war alles weg und dann hat er
es in den Müll geschmissen." (M13; 4.Kl.,10J.)

Von einer ähnlichen Reaktion berichtet Vanessa:

- „Die Lea und die Sarah haben an den Tim einen Liebesbrief geschrieben."
I: „Was hat der Tim dann gemacht?"
- „Der hat ihn zerrissen und dann weggeschmissen. Da waren die
natürlich geschockt." (M51;3.Kl.,10J.)

Zum Thema Liebesbriefe fällt Isabelle ein:
- „Ich hab ja meine eigenen aber die behalt ich natürlich. Ich trau
mich nämlich nicht."

I: „Du hast Liebesbriefe geschrieben?"

- „Ja, wie ich den Wayne finde."

I: „Wenn du weißt, dass der Wayne dich auch so mag, wieso hast du sie ihm dann nicht gegeben?"

- „Na ja, er kennt die Briefe."

I: „Ach so, er hat sie gelesen und du hast sie dann behalten."

- „Ja." (M45;2.Kl.,(J.)

Zur Frage: „Schreibt ihr euch in eurer Klasse auch manchmal Liebesbriefe?"

		Anzahl	Prozent	Gültige Prozente	Kumulierte Prozente
Gültig	weiß nicht	1	1,9	1,9	1,9
	ja	21	39,6	40,4	42,3
	nein	30	56,6	57,7	100,0
	Gesamt	52	98,1	100,0	
Fehlend	System	1	1,9		
Gesamt		53	100,0		

Frage 12a

GESCHL: 1,00 weiblich

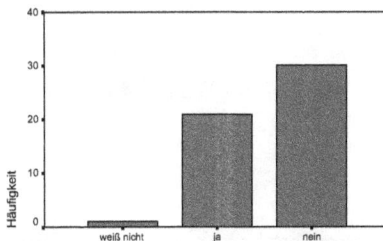

Frage 12a

Sabrina kommt und erzähl, sie habe einen Liebesbrief erhalten. Nun weiß sie nicht, was sie zurückschreiben soll und fragt um Rat. Der Junge gehe in die Parallelklasse und habe sie beim Singen die ganze Zeit angeschaut. Sie mag ihn aber nicht so gerne und beschließt deshalb zurückzuschreiben, dass er ihr keine Briefe mehr zustecken solle.

Die Ernsthaftigkeit ihrer Überlegungen zeigt, dass ihr zum einen bewusst ist, dass der Junge eine ehrliche Antwort verdient, zum anderen aber auch das Wissen darum, wie verletzend ihre Ablehnung für ihn sein muss. So wird auch hier deutlich, dass durch die Auseinandersetzung mit dem Thema Liebe in hohem Maße interpersonale Sensitivität geübt und gelernt wird.

Dass nicht noch mehr Liebesbriefe in der Schule geschrieben werden, liegt wohl zum einen daran, dass das Schreiben in der ersten Klasse erst gelernt werden muss und zum anderen daran, dass es seitens der Lehrer zum Teil verboten wird.

5.2.4 Darstellungen der gemeinsamen Unternehmungen

Zu den gemeinsamen Aktivitäten erzählt Anna:

- „Wir sind ja oft bei denen und dann sind wir auch am See, wenn es schön ist und wir fahren in den Herbstferien mit denen nach Spanien. Das wird bestimmt ganz schön da." (M14; 4.Kl.,10J.)

Nora berichtet:

- „Auf der Klassenfahrt haben wir halt immer zusammen getanzt und Disco gemacht." (M13; 4.Kl., 10J.)

145

- „Ich hab ihn schon gefragt, ob er mal zu mir kommen kann, aber er hat mir keine Antwort gegeben." (M13; 4.Kl.,10J.)

Patricia erzählt:

- „Meistens bin ich zu ihm gegangen und dann sind wir auch zusammen nach Hause gelaufen. Und in den Pausen haben wir – nicht so oft – aber ein bisschen gespielt." (M33; 2.Kl.,8J.)

Janines Antwort auf die Frage nach den gemeinsamen Aktivitäten:

- „Wir gehen auf den Spielplatz zusammen. Wir fahren Fahrrad ganz gerne. Wir spielen zusammen Tennis, Fußball, Handball, mehr eigentlich nicht." (M27; 2.Kl.,8J.)

Lisa meint:

- „Beim Sport machen wir immer mit dem Rollbrett, einer zieht und der andere wird gezogen. Manchmal gehe ich zu ihm." (M39; 1.Kl.,7J.)

Isabelle erzählt:

- „Ja zum Beispiel als auf dem Markt Fest war, da sind wir mal ein bisschen gebummelt auf dem Markt." (M45;2.Kl.,8J.)

Da das Gespräch mit Isabelle in besonders guter und vertrauensvoller Atmosphäre geführt wurde, konnte hier auch die Frage gestellt werden, ob sie sich auch schon einmal umarmt oder geküsst hätten. Isabelle antwortete:
- „Ja, geküsst." (M45;2.Kl.,8J.)

Auch bei Lea schien die Frage nicht zu indiskret:
- „Wir haben uns umarmt aber nicht geküsst." (M49;3.Kl.,9J.)

146

Eine sichere Möglichkeit zur Herstellung von Körperkontakt ist es, Utensilien von demjenigen wegzunehmen, an dem man interessiert ist. Wenn man den Gegenstand – je nach Größe – auf dem Rücken oder in der Hand versteckt, entsteht mit großer Wahrscheinlichkeit ein Gerangel um das entsprechende Stück.

Larissa nimmt lachend den Radiergummi von Jan und entfernt sich damit ein paar Meter. Nachdem das: "Gib ihn zurück!" von Jan nichts fruchtet, springt er auf und läuft auf Larissa zu. Diese hält die Hand hoch, worauf Jan nach dem Arm greift und versucht an den Radiergummi zu kommen. Geschickt dreht sich Larissa und versteckt die Hand mit dem Radiergummi vor dem Bauch, so dass sich Jan dann von hinten anklammert, um Larissa daran zu hindern, den Radiergummi aus seiner Reichweite zu entfernen, indem sie ihn wegwirft. Beide zeigen durch ihr Lachen ihre Freude an dem gemeinsamen „Ringen".

Beim gemeinsamen Ringen und bei Spaßkämpfen ist Körperkontakt legitimiert und wird sichtbar genossen.

Svenja berichtet über die gemeinsamen Aktivitäten:

- „Wenn ich ihn sehe, dann spielen wir."
I: „Aber der wohnt doch in Goßfelden?"
- „Ja, wenn der mal in Wetter ist oder ich bei ihm."
I: „Ihr verabredet euch richtig?"
- „Ja, dann spielen wir „Mensch ärgere dich nicht" oder Verste-
  cken oder gucken Fernsehen. Wir haben uns auch schon ge-
  küsst." (M40; 1.Kl.,7J.)

Auch bei Lisa können Verabredungen nur über die Eltern realisiert werden.

- „Wir spielen meistens. Ich komme mal zu dem und der kommt
  mal zu mir."
I: „Ach, der wohnt auch in Unterrosphe?"
- „Nein in Niederwetter."
I: „Und wie macht ihr das dann? Fahren euch die Eltern?"
- Ja. (M47; 2.Kl.,8 J.)

Häufig beziehen sich gemeinsame Aktivitäten nur auf die Schule:

- „Ja wir spielen in der Schule Fangen, da fängt er mich immer."
  (M16; 4.Kl.,11J.)
- „Er rennt immer hinter mir her." (M16;4.Kl.,11J.)
- „Wir treffen uns auch manchmal. Manchmal hier vor der Tür und
  manchmal hinten am Spielplatz [der Schule]." (M36;2.Kl.,8J.)

Spontane Verabredungen werden auch erschwert, wenn die Beteiligten
nicht in der Nähe wohnen. Auf die Frage, ob sie mit dem Jungen, in den
sie verliebt ist, auch manchmal etwas unternimmt, antwortet Makeba:

- „Ja, der war schon auf meinem Geburtstag und ich auf seinem, sonst sehen wir uns nur in der Schule und in der Klasse. Der wohnt in Wetter und ich in Oberrosphe." (M24; 2.Kl.,8J.)

Zu den Fragen: „ Macht ihr auch manchmal etwas zusammen? Wenn ja, was?"

		Anzahl	Prozent	Gültige Prozente	Kumulierte Prozente
Gültig	ja	26	49,1	81,3	81,3
	nein	6	11,3	18,8	100,0
	Gesamt	32	60,4	100,0	
Fehlend	System	21	39,6		
Gesamt		53	100,0		

Frage 5a

GESCHL: 1,00 weiblich

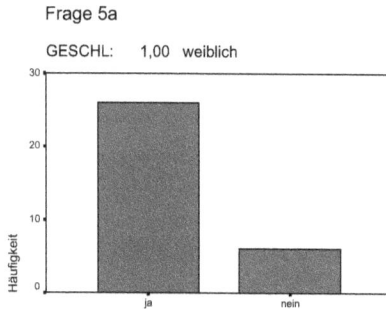

Frage 5a

		Anzahl	Prozent	Gültige Prozente	Kumulierte Prozente
Gültig	spielen	21	39,6	80,8	80,8
	miteinander reden	1	1,9	3,8	84,6
	spazieren gehen	3	5,7	11,5	96,2
	Geburtstag feiern	1	1,9	3,8	100,0
	Gesamt	26	49,1	100,0	
Fehlend	System	27	50,9		
Gesamt		53	100,0		

5.2.5 Darstellungen in Bezug auf Reaktionen anderer Kinder und Erwachsener

Ihre Reaktionen auf Herzchen, die mit ihrem und einem weiteren Namen an die Tafel gemalt werden, schildert Svenja:
- „Die ärgern mich öfter damit. Aber ich reagier da eigentlich nicht mehr so allergisch wie früher, da bin ich immer aggressiv geworden und hab die dann auch gejagt, das war dann aber auch eher wieder Spaß. Manchmal hab ich dann auch angefangen zu heulen. Aber heute ist das nicht mehr so." (M10; 4.Kl.,10J.)

Auch Sarah berichtet, dass „manchmal" Herzchen gemalt werden:

- „Manchmal, wenn die Jungs das wissen, dann schreiben sie: „Sarah plus Niklas!""
I: „Was meinst du warum die das machen?"
- „Vielleicht sind die neidisch." (M36;2.Kl.,8J.)

Zur Frage: „Werden bei euch auch manchmal Herzchen an die Tafel gemalt mit den Namen von einem Jungen und einem Mädchen?"

		Anzahl	Prozent	Gültige Prozente	Kumulierte Prozente
Gültig	ja	28	52,8	52,8	52,8
	nein	25	47,2	47,2	100,0
	Gesamt	53	100,0	100,0	

150

Frage 11a

GESCHL: 1,00 weiblich

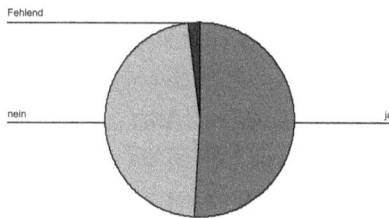

Im Gegensatz zu den Jungen, die davon eher peinlich berührt zu sein scheinen, stehen die Mädchen auch insofern zu ihren Gefühlen, als sie öfters Herzen an die Tafel des Betreuungsraumes malen und diese sowohl mit ihrem eigenen Namen versehen als auch mit dem des Jungen, der ihnen besonders gefällt. In einem Fall erwies sich Angi als besonders hartnäckig. Obwohl der betroffene Junge dreimal seinen Namen wegwischte, schrieb sie ihn immer wieder hin, bis sie schließlich doch aufgab und achselzuckend meinte: „Ich weiß ja, dass er mich liebt."

Auf Tafeln, Wänden und Malunterlagen finden sich Herzchen, oder Amors Pfeil.

Reaktionen auf das Wissen darum, dass Mitschüler verliebt sind, hängen ab von der jeweiligen Beziehung. Freundinnen unterstützen sich gegenseitig, Kinder die man weniger mag, werden oft damit aufgezogen. Häufig wird auch der Status des Verliebtseins anerkannt und bestätigt, stattdessen aber die Wahl in Frage gestellt.

- „Also manchmal sagen die: „Was, in den bist du? Der ist doch voll blöd." Weil der manchmal echt so blöd ist, dass ich ihm am liebsten den Kopf abreißen würde, weil der echt so blöd war. Und manchmal ist er auch ganz witzig." (M14; 4.Kl.,10J.)

Svenja berichtet, dass die anderen Kinder in ihrer Klasse wissen, dass sie verliebt ist:

I: „Hast du das erzählt?"
- „Nein, der Fabian. Ich habs dem Fabi erzählt und dann gesagt: „Erzähls du weiter, das trau ich mich nicht so.""
I: „Wie haben die anderen darauf reagiert?"
- „Die sagen: „Toll. Ich würd auch gern mal verliebt sein."" (M40;1.Kl.,7J.)

Zur Frage: „ Wissen die anderen Kinder, dass du verliebt bist?"

		Anzahl	Prozent	Gültige Prozente	Kumulierte Prozente
Gültig	ja	22	41,5	71,0	71,0
	nein	9	17,0	29,0	100,0
	Gesamt	31	58,5	100,0	
Fehlend	System	22	41,5		
Gesamt		53	100,0		

Frage 7a

GESCHL: 1,00 weiblich

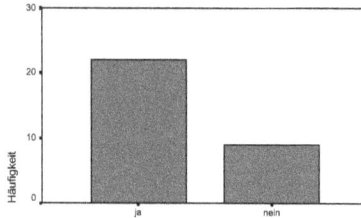

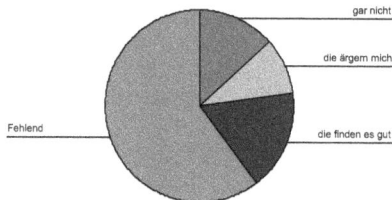

Häufigkeit

ja   nein

Frage 7a

Zur Frage: „Wie reagieren die darauf?"

		Anzahl	Prozent	Gültige Prozente	Kumulierte Prozente
Gültig	gar nicht	7	13,2	33,3	33,3
	die ärgern mich	5	9,4	23,8	57,1
	die finden es gut	9	17,0	42,9	100,0
	Gesamt	21	39,6	100,0	
Fehlend	System	32	60,4		
Gesamt		53	100,0		

Frage 8a

GESCHL: 1,00 weiblich

gar nicht

die ärgern mich

Fehlend

die finden es gut

Innerhalb der 39 Beobachtungsprotokolle finden sich 23 Aufzeichnungen zum Thema „Wer in wen ist". Hier ein Beispiel dazu.

Sieben Kinder aus dem ersten und zweiten Schuljahr sitzen am Tisch und malen, wobei sich wieder ein Gespräch über das „Verliebtsein" ent-

spinnt. *Romina sagt: „Ich bin in den Fabi verliebt.", worauf Angelina er-*
widert „Nein ich!". Anschließend wird Jan gefragt, in wen er verliebt ist.
Er grinst und meint: "Sag ich nicht". Elisabeth gibt zu auch verliebt zu
sein, ohne zu sagen, in wen. Als nächstes wird David bezichtigt in Angie
verliebt zu sein, streitet es aber ab. „Ich bin verliebt, aber nicht in Angie."
Schließlich flüstert er seinem Freund Jan den Namen des Mädchens ins
Ohr, nachdem er ihm zuvor das Versprechen abgenommen hat, das Ge-
heimnis für sich zu behalten. Als ich daraufhin sage: "Oh, ich würde es
auch gerne wissen", zieht er mich in eine Ecke des Raumes und flüstert
mir „Vivian" ins Ohr.

Die Mädchen wissen selber, dass sie ihr Verliebtsein nur schwer verbergen können, auch wenn sie mit niemandem darüber sprechen.

- „Die merken das. Die merken, dass ich mit dem spiel und dann
  merken die das." (M24; 2.Kl.,8J.)

Dass Selina in David verliebt ist, weiß Sarah:

- „Weil sie ihn immer anguckt." (M31; 2.Kl.,(J.)

Auch Lena mutmaßt, dass die anderen wissen, dass sie verliebt ist:

- „Die können sich das wahrscheinlich denken, aber die wissen
  nicht, in wen."

Auf die Frage wieso sich die anderen das denken könnten, meint sie:

- „Na, ja. Eigentlich ist jeder aus der Klasse verliebt."
  (M37;4.Kl.,10J.)

Während ihrer in der Betreuung stattfindenden Geburtstagsfeier enthüllt
Nadine – ein Mädchen, das erst vor 4 Monaten in der Betreuung ange-

*meldet wurde und der es teilweise noch schwer fällt Anschluss zu finden
-, dass sie einen Freund hat und verliebt ist. Mit leuchtenden Augen reagieren die anderen Kinder auf das Geständnis, das für alle spannend
und aufregend zu sein scheint und vor allem die Neugier anstachelt.
Jungen wie Mädchen wollen wissen, wie der Freund heißt, wie alt er ist
und wo er wohnt. Nadine genießt die Aufmerksamkeit sichtlich, beantwortet alle Fragen und schweigt schließlich mit einem bedeutungs-
schwangeren und vielsagendem Lächeln.*

Diese Episode ist in dreierlei Hinsicht aussagefähig. Erstens zeigt sie,
dass Kinder relativ sicher sein können über ein "Liebesgeständnis" mindestens vorrübergehend ungeteilte Aufmerksamkeit zu erhalten. Zwei-
tens hat Nadine mitgeteilt, dass es da jemand gibt, der sie für liebenswert hält, was wiederum eine Botschaft auch für andere ist. Drittens hat
sie sich innerhalb der Gruppe denjenigen zugeordnet, die in "Liebesdingen" erfahren sind und mitreden können. Sie hat sich somit einen gewissen Status erworben. Die Inszenierung hat ihr entsprechend Anerkennung und Bestätigung verschafft, was möglicherweise wieder einen
Nachzieheffekt mit sich bringt.

Auf die Frage, ob andere Kinder in der Klasse verliebt sind, erwidert Larissa:

- „Der Benedikt liebt mich und der Christian die Lisa."

Woher sie das wisse, erklärt sie damit, dass die Lisa es ihr gesagt habe
und

- „der mich immer so anguckt." (M7; 1.Kl. 7J.)

Die meisten Mädchen sind davon überzeugt, dass andere Kinder in ihrer
Klasse verliebt sind.
- „Ja schon viele." (M26; 1.Kl.,7J.)
- „Ganz viele." (M48; 3.Kl.,8J.)

Um bestimmte Jungen, die den Mädchen besonders gut gefallen, gibt es regelrechte Konkurrenzkämpfe. Auf die Frage, ob die anderen Kinder in der Klasse auch verliebt wären, antwortet Bianca:

- „Ja, fast alle in den Leo." (M43;2.Kl.,8J.)

Das bestätigt sich auch durch die Angaben der Mitschülerinnen. Auch in anderen Klassen gibt es besonders begehrte Jungen.

- „Die ganzen Mädchen sind in den Tim." (M51;3.Kl.,10J.)

BREIDENSTEIN (1998, S.195) bezieht sich auf SIMON, EDER und E-VANS (1992), wenn er festhält, dass die Norm, man solle keine „romantischen" Gefühle für einen Jungen haben, der bereits besetzt ist, noch nicht gelte, solange es noch keine realisierten Paarbeziehungen in der Gruppe gebe. Er spitzt dies noch einmal zu, indem er davon ausgeht, dass das gemeinsame Interesse an demselben Jungen in einer Phase, in der vor allem die Mädchen anfangen, einander ihr jeweiliges Verliebtsein zuzugeben, nicht nur unproblematisch ist, sondern geradezu selbstverständlich. Dies bestätigt sich in den oben angeführten Aussagen der Mädchen.

Zur Frage: „ Wie ist das denn bei den anderen Kindern in der Klasse? Sind die auch verliebt? Was glaubst du?"

		Anzahl	Prozent	Gültige Prozente	Kumulierte Prozente
Gültig	weiß nicht	8	15,1	15,4	15,4
	ja	43	81,1	82,7	98,1
	nein	1	1,9	1,9	100,0
	Gesamt	52	98,1	100,0	
Fehlend	System	1	1,9		
Gesamt		53	100,0		

Frage 10a

GESCHL: 1,00 weiblich

Fehlend

nein

weiß nicht

ja

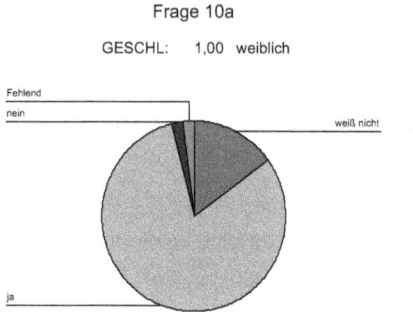

Mit 82,7% liegt die Anzahl der Mädchen, die davon ausgehen, dass Klassenkameraden verliebt sind, sehr hoch. Hier muss von einer normierenden Wirkung ausgegangen werden. Gleichzeitig ist die Wahrscheinlichkeit groß, dass einige Kinder lediglich vorgeben verliebt zu sein, um sich Handlungsspielräume offen zu halten.

In der akuten Phase des Verliebtseins, scheint es sicherer zu sein, die Gefühle nicht zuzugeben und erst einmal abzuwarten. Das zeigt Kristinas Antwort auf die Frage danach, ob die anderen in der Klasse auch verliebt sind:

- „Ich weiß es. Die sagen zwar „Ich bin nicht in den" aber die tun irgendwie so und dann sagen sie später "Ach ich war doch in den", das weiß ich." (M 19; 4.Kl., 10J.)

Auch den Mädchen fällt es schwer, mit den Jungen, in die sie verliebt sind, über ihre Gefühle zu sprechen. Romina erzählt dazu:

- „Einmal sind wir aus der Betreuung gekommen und da hat er mich gefragt: „In wen bist du denn?" und da hab ich gesagt: „In keinen!". Ich hab mich nicht getraut das zu sagen." (M12; 1.Kl.,7J.)

Auch für Anna ist es schwierig, sich eine Rückmeldung zu holen:

- „Also das habe ich mich noch nicht getraut." (M14; 4.Kl.,10J.)

Abgesehen von ihren Eltern hat Romina nur einer Freundin erzählt, dass
sie verliebt ist:
- „Es weiß höchstens die Jessi, weil die da auch in den Jan verknallt war. Aber wir haben es nicht weitererzählt. Wir haben da
noch einen Liebesbrief geschrieben, wo die Jessi bei mir übernachtet hat. An Fabi und Jan. Ein Herz, da stand mein Name
drauf, dann haben wir noch ein Bild gemalt. Aber dann ist uns
eingefallen, dann machen wir lieber ein Herz und rot anmalen,
dann sagen wir gar nichts und schreiben keinen Namen hin.
Dann müssten die ausdenken, was das ist. Dann mussten wir
das auch noch in den Schulranzen stecken." (M12; 1.Kl.,7J)

Auch Anna hat mit ihrer besten Freundin über ihre Gefühle gesprochen:

- „Mit der Karlotta habe ich mich mal darüber unterhalten, als ich
bei der übernachtet habe, da haben wir darüber geredet." (M14;
4.Kl.,10J.)

Anna hat den anderen Kindern nichts davon gesagt, als sie verliebt war

- „Nein, die haben überhaupt nichts gewusst. Das habe ich nur
meiner Oma erzählt und meiner Mama." (M30;3.Kl.,9J.)

Die Psychoanalytikerin Nelly Wolffheim führt in ihrem Aufsatz „Erotisch
gefärbte Freundschaften in der frühen Jugend" (1930, S.32-44) aus,
dass die Eltern – die meist, ohne es sich einzugestehen, die erotische
Grundlage solcher Beziehungen herausfühlen - sich mit Neckereien und

Witzeleien, kurz mit Hilfe eines Nichternstnehmens, gegen die ihnen un-
liebsamen Erkenntnisse zu wehren pflegen. In einigen der Kinderäußerungen wird deutlich, dass dies teilweise auch heute noch der Fall ist.

Die Reaktionen der Eltern sind unterschiedlich:

- „Meine Mutter freut sich dann mit mir." (M14; 4.Kl.,10J.)
- „Die sagen: "Bist du dafür nicht noch zu klein?"" (M16;
  4.Kl.,11J.)
- „Die sagen, dass das schön ist." (M24; 2.Kl.,8J.)
- „Die waren sprachlos. Die haben überhaupt nichts gesagt."
  (M30; 3.Kl.,9J.)
- „Die haben gesagt, dass es schön wär, dass ich einen Jungen
  gefunden habe." (M33; 2.Kl.,8J.)
- „Meine Eltern kriegen das nur immer irgendwie raus, aber nie in
  wen. Aber die sagen nichts besonderes; eigentlich lassen sie
  mich in Ruh." (M37;4.Kl.,10J.)
- „Manchmal lachen sie. Und der Wayne wurde ganz sauer, als er
  mal seinen Eltern gesagt hat, dass er verliebt ist. Da haben die
  gesagt, er würde auf rosa Wölkchen schweben. Da wurde er
  ganz sauer hat er mir erzählt." (M45; 2.Kl.,8J.)
- „Die finden den auch gut." (M47;2.Kl.,8J.)
- „Meine Mutter hat den schon gesehen, aber die hat gesagt, die
  findet den net schön."

Svenja hat auch mit ihren Eltern gesprochen:

- „Die ham gesagt, wenn der Henning mich nicht sieht, dann
  kommt er nicht in der Schule weiter."
- I: „Was heißt das?"
- „Der hat sich so an mich gewöhnt."
- I: „Ach so, der braucht dich richtig?"
- „Ja." (M40; 1.Kl.,7J.)

Oksana erklärt, warum sie ihren Eltern nicht sagt, dass sie verliebt ist:

- „Mein Vater ärgert mich dann extra." (M17; 4.Kl.,11J.)

Häufig werden aber vor den Eltern die großen Geschwister eingeweiht:

- „Mit meiner Schwester schon, die ist ja auch verliebt und dann sagt sie: „Ich werde dir helfen" und alles." (M17; 4.Kl.,11J.)

<u>Zu den Fragen</u>: „Wissen deine Eltern, dass du verliebt bist?" Und „Wie haben sie reagiert?"

		Anzahl	Prozent	Gültige Prozente	Kumulierte Prozente
Gültig	ja	19	35,8	59,4	59,4
	nein	13	24,5	40,6	100,0
	Gesamt	32	60,4	100,0	
Fehlend	System	21	39,6		
Gesamt		53	100,0		

Frage 14a

GESCHL: 1,00 weiblich

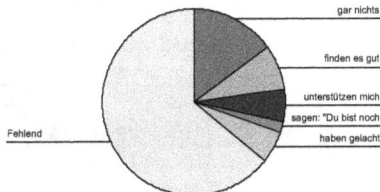

Sarah hat außer mit ihren Eltern auch mit der Oma gesprochen:

160

- „Ja, ich habs auch schon mal der Großmutter erzählt. Die hat gesagt: „Du spinnst!"."
I: „Wieso das denn?"
- „Ei, die hat gesagt: „Das macht man doch net". Also zum Beispiel letztes Mal da haben wir ja schon mal im Kindergarten ein bisschen geknutscht und dann hab ich das der Oma gesagt und dann hat sie gesagt: „Das macht man doch net!"."
I: „Und geknutscht heißt geküsst?"
- „Ja."
I: „War´s schön?"
- „Ja; ich hab beinah ne Gänsehaut gekriegt." (M36;2.Kl.,8J.)

An diesem Beispiel werden zusätzlich unterschiedliche Moralvorstellungen der Generationen deutlich.

Eher selten werden die Lehrerinnen oder Lehrer informiert. Lediglich Svenja, Isabelle und Vanessa erklären, dass sie es ihrer Lehrerin erzählt haben:

- „Die hat gesagt: "Schön"." (M40; 1.Kl.,7J.)
- „Ja, ich habs ihr erzählt. Die hat es auch mir erzählt, also in wen sie früher verliebt war. In so einen Jürgen." (M45;2.Kl.,8J.)
- „Ja die weiß es. Die hat gesagt: „Ach" und hat sich auf den Kopf gehauen." (M53;3.Kl.,9J.)

Zur Frage: „Weiß dein Lehrer/Lehrerin davon?"

		Anzahl	Prozent	Gültige Prozente	Kumulierte Prozente
Gültig	weiß nicht	1	1,9	3,1	3,1
	ja	4	7,5	12,5	15,6
	nein	27	50,9	84,4	100,0
	Gesamt	32	60,4	100,0	
Fehlend	System	21	39,6		
Gesamt		53	100,0		

Frage 15a

GESCHL: 1,00 weiblich

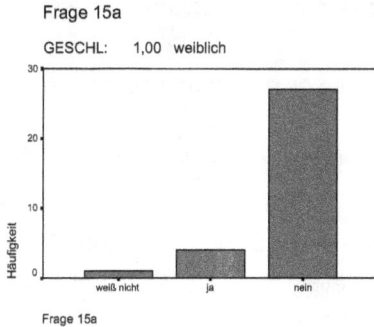

Frage 15a

Für Janine ist die Lage eindeutig. Sie hat mit Tobi über ihre Gefühle gesprochen und weiß, dass sie erwidert werden:
- „Ganz einfach. Der liebt mich und ich lieb den." (M27; 2.Kl.,8J)

Auch Svenja hat mit Henning über das Verliebtsein gesprochen und
weiß, dass er genauso verliebt ist wie sie. (M40;1.Kl.,7J.)

Manchmal geschieht die Vermittlung jedoch auch über Freundinnen oder
Freunde. Sarah geht davon aus, dass Niklas in sie verliebt ist, denn:
- „Der David hat es mir schon einmal gesagt." (M36;2.Kl.,8J.)

Auch Wiebke meint, dass Leo in sie verliebt ist:

- „Also das hat der Eser [Mitschüler] schon mal [durch den Raum]
  geschrieen." (M43; 2.Kl.,8J.)

Isabelle weiß, dass Wayne in sie verliebt ist:

- „Ich weiß das, das hat er mir schon gesagt." (M45;2.Kl.,8J.)

Lisa geht davon aus, dass Daniel sie genauso mag, wie sie ihn:

- „Weil er es mir gesagt hat." (M47;2.Kl.,8J.)

162

Eine Sequenz aus dem Gespräch mit Lea:

I: „Meinst du, er mag dich genauso gerne wie du ihn?"
- „Ja"
I: „Habt ihr schon darüber gesprochen?"
- „Ja"
I: „Und wissen das auch die anderen Kinder?"
- „Manche, nicht alle."
I: „Wie reagieren die darauf?"
- „Eigentlich nicht, weil die ja selbst auch verliebt sind. Und die Hannah ist genau in denselben verliebt wie ich."
I: „Das muss ja schlimm für sie sein, wenn er dich so gerne mag."
- „Er mag uns beide gern, aber mich liebt er halt." (M49;3.Kl.,9J.)

Aufgrund der Antworten könnte man vermuten, dass die Erfahrung verliebt gewesen zu sein, unter Umständen eine gewisse Bereitschaft auslöst, sich erneut zu verlieben, da der Zustand an sich als angenehm und aufregend erlebt wird.

Auf die Frage, ob sie zur Zeit verliebt ist oder schon einmal verliebt war, antwortet Anastasia:
- „Schon mehrmals. Der einzige Junge, der mir am besten gefallen hat, ist Tobi. Ich hatte viele, in die ich verknallt war. In den Stefan und in den Pascal und in einen, den ich nur einmal gesehen habe." (M 16; 4.Kl.11J.)

Auch das Eingeständnis in zwei Jungen verliebt zu sein, könnte als Hinweis darauf interpretiert werden, dass das Verliebtsein an sich eine befriedigende Erfahrung ist:
- „Bin ich, in Fabi und Jan." (M23; 1.KL: 6J.)

Um ein Bild der aktuellen Wünsche der Kinder zu erhalten, wurden die Befragten zum Abschluss des Interviews gebeten, sich vorzustellen, eine gute Fee käme zu ihnen und sie hätten drei Wünsche frei. Über die Auswertung der Antworten lässt sich eine Prioritätenliste erstellen, die die Dringlichkeit der Wünsche zeigt.

Als größten Wunsch nennt Janine:

- „Ich wünsch mir mit dem Tobi zusammenzuleben." (M27; 2.Kl.,(J.)

Auch Sarah nennt als ersten Wunsch:

- „Dass der Niklas nicht mehr von mir weggeht." (M36;2.Kl.,8J.)

Der zweitgrößte Wunsch von Bianca ist:

- „Dass der Leo in mich wär." (M43;2.Kl.,8J.)

Auf den gleichen Jungen bezieht sich auch Wiebkes zweitgrößter Wunsch:

- „Ich möchte, dass ich mit dem Leo spielen kann." (M44;2.Kl.,8J.)

An erster Stelle ihrer Wunschliste steht bei Vanessa:

- „Dass mich der Jannik mag."

Vanessa spricht nur von einem einzigen Wunsch:

- „Dass der Erik mich mal mag." (M53;3.Kl.,9J.)

Zur Frage: Stell dir vor plötzlich käme eine gute Fee und würde dir drei Wünsche erfüllen. Was würdest du dir wünschen?

		Anzahl	Prozent	Gültige Prozente	Kumulierte Prozente
Gültig	weiß nicht	5	9,4	9,4	9,4
	Gesundheit	4	7,5	7,5	17,0
	ein Tier	12	22,6	22,6	39,6
	besser in der Schule werden	2	3,8	3,8	43,4
	kein Krieg mehr	2	3,8	3,8	47,2
	Spielsachen	6	11,3	11,3	58,5
	dass Verliebtheitsgefühle erwidert werden	6	11,3	11,3	69,8
	dass ich älter wäre	2	3,8	3,8	73,6
	dass ich in ein Konzert der Kelly-Family gehen kann	1	1,9	1,9	75,5
	mehr Freiheiten	2	3,8	3,8	79,2
	ein Schloss	1	1,9	1,9	81,1
	dass ich glücklich bleibe	2	3,8	3,8	84,9
	ein Haus	1	1,9	1,9	86,8
	würde gerne mit meinem Freund zusammenleben	1	1,9	1,9	88,7
	dass ich meinen Papa wiedersehe	1	1,9	1,9	90,6
	eine große Reise	1	1,9	1,9	92,5
	dass die Familie wieder zusammen wäre	2	3,8	3,8	96,2
	dass ich zaubern kann	1	1,9	1,9	98,1
	weniger Hausaufgaben	1	1,9	1,9	100,0
	Gesamt	53	100,0	100,0	

Die Abbildung stellt die Wünsche dar, die die befragten Mädchen an erster Stelle genannt haben. Die meisten Mädchen (22,6%) wünschen sich ein Tier. Es sind jedoch 11,3 % der Kinder, die hoffen, dass ihre Verliebtheitsgefühle erwidert werden. Damit steht der Wunsch nach erwiderten Gefühlen in seiner Häufigkeit prozentgleich mit dem Wunsch nach Spielsachen immerhin an zweiter Stelle.

1165

Abbildung: Darstellung des zweitwichtigsten Wunsches der Kinder

		Anzahl	Prozent	Gültige Prozente	Kumulierte Prozente
Gültig	weiß nicht	8	15,1	15,1	15,1
	Gesundheit	4	7,5	7,5	22,6
	ein Tier	1	1,9	1,9	24,5
	Spielsachen	6	11,3	11,3	35,8
	dass Verliebtheitsgefühle erwidert werden	1	1,9	1,9	37,7
	dass ich älter wäre	1	1,9	1,9	39,6
	dass meine Freundschaften noch lange halten	5	9,4	9,4	49,1
	ein schönes großes Haus für später	2	3,8	3,8	52,8
	Geld	3	5,7	5,7	58,5
	ein Auto	2	3,8	3,8	62,3
	einen anderen Lehrer	1	1,9	1,9	64,2
	ein Traumschwimmbad	1	1,9	1,9	66,0
	dass ich immer glücklich bleibe	3	5,7	5,7	71,7
	dass wir nach Russland fliegen	1	1,9	1,9	73,6
	dass es keinen Hunger mehr gibt	4	7,5	7,5	81,1
	einen Garten	1	1,9	1,9	83,0
	ein langes Leben	1	1,9	1,9	84,9
	keinen Ärger mehr mit meinen Eltern	2	3,8	3,8	88,7
	keinen Ärger mehr mit Geschwistern	1	1,9	1,9	90,6
	dass ich Rennfahrer / Fußballstar.. werde	1	1,9	1,9	92,5
	dass ich meinen Papa öfter sehen könnte	2	3,8	3,8	96,2
	dass ich fliegen kann	1	1,9	1,9	98,1
	ein Instrument beherrschen	1	1,9	1,9	100,0
	Gesamt	53	100,0	100,0	

An zweiter Stelle nennen die meisten Mädchen den Wunsch nach Spielsachen. Es fällt auf, dass immerhin 15,1% angeben, sie wüssten nicht, was sie sich noch wünschen. Lediglich ein Kind erwähnte hier den Wunsch danach, dass Verliebtheitsgefühle erwidert werden sollten.

Abbildung: Darstellung des Wunsches, den die Kinder an dritter Stelle nannten.

		Anzahl	Prozent	Gültige Prozente	Kumulierte Prozente
Gültig	weiß nicht	16	30,2	30,2	30,2
	Gesundheit	5	9,4	9,4	39,6
	ein Tier	1	1,9	1,9	41,5
	besser in der Schule werden	1	1,9	1,9	43,4
	kein Krieg mehr	3	5,7	5,7	49,1
	Spielsachen	3	5,7	5,7	54,7
	dass alles bleibt, wie es ist	4	7,5	7,5	62,3
	dass ich reich bin	2	3,8	3,8	66,0
	eine neue Schule	2	3,8	3,8	69,8
	ein Swimmingpool	2	3,8	3,8	73,6
	Verpflegung für das Pferd	2	3,8	3,8	77,4
	einen Mann und Kinder	1	1,9	1,9	79,2
	dass alles gut wird	2	3,8	3,8	83,0
	dass ich nicht mehr in die Schule gehen muss	1	1,9	1,9	84,9
	noch zehn Wünsche	1	1,9	1,9	86,8
	dass die Familie zusammenbleibt	2	3,8	3,8	90,6
	dass ich x kennenlerne	1	1,9	1,9	92,5
	keine Arbeitslosigkeit in der Familie	1	1,9	1,9	94,3
	mit dem jetzigen Freund zusammenbleiben	1	1,9	1,9	96,2
	dass ich mich verwandeln kann	1	1,9	1,9	98,1
	keine Hausaufgaben	1	1,9	1,9	100,0
	Gesamt	53	100,0	100,0	

Die Mehrzahl der Mädchen gab keinen dritten Wunsch an. Zweithäufigste Antwort war der Wunsch nach Gesundheit und auf dem dritten Platz steht der Wunsch, dass alles so bleiben soll, wie es ist.

5.3 Ergebnisse der Befragungen und Beobachtungen zum Verständnis von Liebe bei Jungen

Besonders augenfällig ist der große Unterschied zwischen den Antworten von Mädchen und Jungen auf die Frage, ob sie denn schon mal verliebt waren oder es jetzt vielleicht sind. 60,54 % der Mädchen bejahten die Frage aber nur 38,7 % der Jungen. Von den befragten Jungen gaben 31,8 % an, zur Zeit verliebt zu sein und 6,8% erklärten, früher einmal verliebt gewesen zu sein. Dazu drängen sich unterschiedliche Deutungsmuster auf. Zum einen lässt sich schließen, dass in diesem Alter tatsächlich mehr Mädchen verliebt sind, zum anderen lässt sich vermuten, dass ein Teil der Jungen dieses „Geheimgefühl" nicht zugeben will, beziehungsweise auch vor sich selbst anders bewertet. Dazu eine Gesprächssequenz aus der Befragung eines 7jährigen:

I: „Kannst du genauer beschreiben, wie das ist, wenn man verliebt ist?"
Patrick: „Da hat man so ein komisches Gefühl in sich. Sehnsucht glaub ich."
I: „Meinst du, du könntest das zugeben, wenn du verliebt wärst?"
Patrick: „Nein."
I: „Warum nicht?"
Patrick: „Das wär peinlich."
I: „Was könnte denn dann passieren, wenn man das zugibt?"
Patrick: „Dann lachen die anderen einen aus."
I: „Würdest du denn auch lachen?"
Patrick: „Nein, ich bin verschwiegen." (B4;1.Kl.,7J.)

In den Befragungen ein Einzelfall, möglicherweise dennoch Hintergrund für verbreitetere Ängste, ist das was der 7jährige Jannik zum Thema Verliebtheit äußerte:

I: „Kannst du das noch genauer beschreiben, wie das ist, wenn man verliebt ist?"

Jannik: „Nein. Will ich auch nicht."

I: „Warum nicht?"

Jannik: „Weil die Mama und der Papa sich auch getrennt haben."

I: „Hast du Angst davor, dass man sich nachher wieder trennen muss, wenn man jemand kennen lernt?"

Jannik: „Ja." (B5;1.Kl.,7J.)

Trotz der gesellschaftlichen Veränderungen stellt die Herkunftsfamilie nach wie vor den zentralen primären Sozialisationskontext dar. Dass auch Beziehungskonzepte in der Familie ihren Anfang nehmen wird in Janniks Ausführungen sehr deutlich.

Warst du eigentlich schon mal verliebt oder bist du es jetzt?

- „Bin ich, aber ich sage nicht in wen." (B20;1.Kl.,7J.)
- „Ich hatte schon mal ne Freundin. Anja. Die ist aber weggezogen." (B26;2.Kl.,8J.)
- „Ich hab ne Freundin. Die Julika." (B31;4.Kl.,10J.)
- „Ich war einmal verliebt, aber jetzt bin ich es nicht mehr." (B42;3.Kl.,9J.)
- „Bin ich schon. In Ela von Marburg." (B43;3.Kl.,10J.)

<u>Zur Frage</u>: „Warst du eigentlich auch schon mal verliebt oder bist du es jetzt?"

		Anzahl	Prozent	Gültige Prozente	Kumulierte Prozente
Gültig	ja jetzt	14	31,8	31,8	31,8
	nein	27	61,4	61,4	93,2
	ja früher	3	6,8	6,8	100,0
	Gesamt	44	100,0	100,0	

Frage 1a

GESCHL: 2,00 männlich

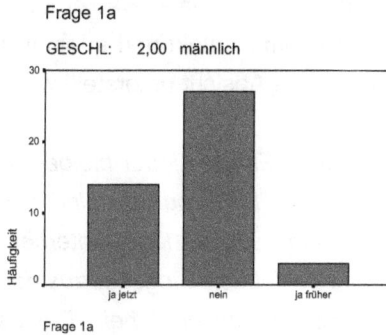

Frage 1a

Ein Rest von Misstrauen in der ungewohnten Befragungssituation zeigte sich auch darin, dass einzelne Kinder zwar zugaben verliebt zu sein, a- ber den Namen nicht sagen wollten. Dies wurde selbstverständlich akzeptiert.

Auch bei den Jungen gibt es häufig besondere Favoritinnen in den Klassen, in die auch gleichzeitig mehrere verliebt sind.

5.3.1 Darstellung der Kontaktaufnahme

Wie die üblichen Strategien zur Kontaktaufnahme aussehen, wurde bereits in Kapitel 5.1 dargestellt. Wenn jedoch durch mehr oder weniger starke Gefühle Befangenheit in der gegengeschlechtlichen Beziehung auftritt, wird die Gestaltung deutlich schwieriger. Einigen Kindern gelingt es, offen auf die Wunschkandidatin zuzugehen, viele haben jedoch Hemmungen dabei und suchen nach Rückendeckung oder unverfänglichen Anlässen, die umgedeutet oder verharmlost werden können. Patrick erzählt beispielsweise, dass er sich von dem Mädchen seiner

Wahl gerne etwas ausleiht, sei es einen Radiergummi, einen Stift oder den Spitzer. So ist er mit ihr im Kontakt und erlebt ihre Reaktion auf ihn, ohne dass ihm eine bestimmte Absicht unterstellt werden kann.

Es schellt zur großen Pause. Einige Kinder bleiben sitzen, die Mehrzahl stürmt jedoch zur Tür. Frank, Leo und Jan sind die schnellsten, dann kommen Helen und Hannah. Sascha läuft hinterher, legt beide Hände auf Hannahs Rücken und schiebt sie langsam aus dem Raum. „Wir spielen Jungen fangen Mädchen!" ruft er dabei. „Die Bank ist Hola!"[9] ruft Sabrina zurück. (Beobachtung in einer dritten Grundschulklasse.)

Sascha hat in dieser Szene zweimal die Gelegenheit genutzt, Körperkontakt herzustellen. Zum einen indem er Hannah sanft aus dem Raum schob, zum anderen indem er das Pausenspiel so arrangierte, dass er Hannah fangen konnte.

Nähe wird öfter im Gedränge gesucht. Wenn es zur Pause schellt, kommt es regelmäßig zu Engpässen an der Tür. Wer geschickt den Zeitpunkt abpasst und die Situation so einrichtet, dass er neben das favorisierte Kind kommt, dem gelingen schnelle, unauffällige Berührungen. *Fabi geht an dem Tisch vorbei, an dem Angi, Jessica, Marvin und Tanja sitzen und „Dingo"[10] spielen. Im Vorbeigehen zieht er das Haargummi von Angis Zopf circa fünf Zentimeter nach unten. Angi schaut von ihren Karten hoch und ruft empört „Fabi!" Gleichzeitig schaut sie ihm aber strahlend hinterher. (Die Szene wurde in der Betreuung beobachtet. Es handelt sich um Kinder der ersten und zweiten Klasse.)*

Zu den fast ritualisierten Berührungen gehört das „Haareverwuscheln im Vorbeigehen". Verstohlene Zärtlichkeit tarnt sich hier als Ärgern, was zwar scheinbar empört quittiert wird, aber dennoch Interesse signalisiert und so wohl auch verstanden wird.

---

[9] Mit „Hola" wird der Ort bezeichnet, an dem man in Sicherheit ist und nicht abgeschlagen werden kann.
[10] Bei Dingo handelt es sich um ein Kartenspiel.

*Patrick und Elisabeth sitzen dicht nebeneinander auf dem Sofa und be-
trachten Bücher. „Oh, guck mal, guck mal!" weisen sie sich gegenseitig
auf besonders interessante Bilder hin. Als Elisabeth nicht gleich „guckt"
streicht Patrick ihr so lange über den Arm, bis sie hinüberschaut. Sie
freuen sich über die einzelnen Bilder und lachen viel. Nachdem Patrick
sein Buch zurück ins Regal gestellt hat, betrachten sie das Buch von Elisabeth gemeinsam, wobei regelmäßig Körperkontakt entsteht.*

*Jan und Fabian sitzen am Tisch und machen Hausaufgaben, als Friede-
rike vorbeikommt. Fabian versucht nach ihr zu greifen und fragt: „Friederike, darf ich dich mal kitzeln?". Sie sagt „Nein" und geht weiter, worauf-
hin sich zwischen Jan und Fabian eine Diskussion darüber anspinnt, wer
in wen verliebt ist und wer wen „knutschen" will.*

*Nino , der die zweite Klasse wiederholt, bringt zwei Rosen mit in die
Schule, die er für Vanessa – ein Mädchen aus seiner ehemaligen Klasse
- gekauft hat. Vanessa flüchtet auf die Mädchentoilette, auf der sich
schnell eine aufgeregte Mädchengruppe einfindet, die das Ereignis
kommentiert und Vanessa Ratschläge gibt, wie sie sich am besten verhält.*

Dieses Beispiel ist in mehrerlei Hinsicht symptomatisch. Zum einen für
den Jungen, der verliebt ist, dann für die Umworbene und schließlich für
die Reaktionen der Umgebung. Das Verhalten von Vanessa auf das
klassischen Werbeverhalten von Nino hin, der ihr über sein Blumenge-
schenk seine Gefühle zeigt, lässt deutlich erkennen, dass Vanessa in
der Situation zunächst überfordert ist. Für die Gruppe der Mitschüler
handelt es sich um ein aufregendes Erlebnis, das in einem gemeinsamen Aushandlungsprozess eingeschätzt und bewertet werden muss. In
der Sicherheit der Mädchengruppe erhält Vanessa dann schließlich Ver-
haltensvorschläge und emotionale Unterstützung.

Auf die Frage „Wie hast du sie kennen gelernt?" antworteten die Jungen,
wie bereits bei der Frage zum Freundschaftsverständnis im ersten Teil

der Befragung, meist mit der Benennung des Ortes der ersten Begegnung:

- „Ach so wie man sich immer kennen lernt. Man kommt in die
  Klasse und so." (B1;4.Kl.,10J.)
- „Die geht bei mir in die Klasse." (B11;4.Kl.,10J.)
- „In der Schule." (B15;4.Kl.,10J.)
- „In einer Sport-AG in der Schule." (B34;2.Kl.,8J.)
- „Die kenne ich schon seit wir sieben waren. Da haben wir uns
  getroffen, weil meine Mutter und ihre sich kennen."
  (B43;3.Kl.,9J.)

Zu der Frage: „Kannst du dich noch daran erinnern wie du sie kennen gelernt hast?"

		Anzahl	Prozent	Gültige Prozente	Kumulierte Prozente
Gültig	ja, in der Schule	6	13,6	35,3	35,3
	ja bei Freunden	1	2,3	5,9	41,2
	ja, in der Klasse	6	13,6	35,3	76,5
	im Kindergarten	2	4,5	11,8	88,2
	über befreundete Elter	2	4,5	11,8	100,0
	Gesamt	17	38,6	100,0	
Fehlend	System	27	61,4		
Gesamt		44	100,0		

Frage 2a

GESCHL: 2,00 männlich

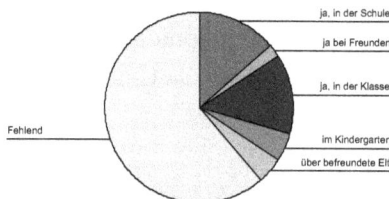

Patrick und Sarah spielen auf dem Schulhof. Als Elisabeth kommt, spielt Sarah mit ihr weiter. Patrick steht einige Zeit etwas verloren. Schließlich geht er zu Sarahs Ranzen, streicht erst vorsichtig darüber und setzt ihn sich später auf. Er läuft eine Weile mit dem Ranzen hin und her, bevor er ihn schließlich wieder absetzt.

Wenn die Umstände in den Augen der Kinder eine direkte Kontaktaufnahme verhindern, oder wie im angeführten Beispiel die Fortführung eines bestehenden Kontaktes nicht erlauben, ist gelegentlich eine ersatzweise – über Besitztümer der Wunschkandidatin vermittelte - indirekte Kontaktaufnahme zu beobachten.

Was gefällt dir denn besonders an ihr?
- „Dass sie wild ist zum Beispiel und dass sie halt gut aussieht." (B20;1.Kl.,7J.)
- „Dass sie so lieb ist." (B24;2.Kl.,8J.)

Häufig sind es die Äußerlichkeiten, die bei dem Mädchen, in das man verliebt ist, erwähnt werden:
- „Das schöne Gesicht, die Augen, die schönen langen Haare." (B40;2.Kl.,8J.)
- „Find ich hübsch." (B3;2.Kl.,8J.)
- „All die Sachen, weil die zieht jeden Tag ganz tolle Sachen an." (B6;1.Kl.,7J.)

Auch das „gut drauf sein" ist ein Attraktivitätsmerkmal. David hat das Mädchen in einer Sport-AG in der Schule kennen gelernt und er mag an ihr besonders, dass sie nett ist und „Immer gut drauf". (B34;2.Kl.,8J.)

Zur Frage: „Was gefällt dir den so besonders an ihr?" (Mehrfachantworten waren möglich)

Ist wild	2
ist witzig	2
ist nett, lieb	8
Aussehen	11
weiß nicht	1
immer gut drauf	1
------- ----- -----	
27 missing cases; 17 valid cases	

5.3.1 Beschreibung der Verliebtheit

Kannst du das noch genauer beschreiben, wie das ist, wenn man verliebt ist?

- „Das merkt man also, wenn man das Mädchen sieht, in das man
  verliebt ist, da kriegt man erst Magenkribbeln und guckt die die
  ganze Zeit an. Es ist fast so als hätte man richtige Bauchschmerzen, als ob man im Bett liegen bleiben möchte, aber
  dann doch aufstehen will. Also beides gleichzeitig. Mir ist auch
  mal passiert, dass ich deswegen nicht einschlafen konnte, da
  hab ich fast die halbe Nacht wachgelegen, hab schlecht geträumt." (B32;4.Kl.,10J.)

Es zeigt sich eine große Bandbreite von Vorstellungen darüber, wie es
ist, verliebt zu sein. Je nachdem, ob man bereits eigene Erfahrungen
damit gemacht hat oder noch gar nichts damit zu tun hatte, variieren die
Antworten von:

- „Mm, wenn man einen sieht und das Mädchen heiraten will, will der an die ran und fragt Sachen und irgendwann zwischendurch kommt: „Willst du mich heiraten?"" (B35;1.Kl.,7J.)
- „Wenn man sich küsst und so." (B18;3.Kl.,9J.)
- „Dass man das Gefühl hat im Herzen. Dass das Herz richtig pocht." (B40;2.Kl.,9J.)
- „Na wenn ein Mädchen hübsch aussieht und ist auch ganz nett zu dir. Dann trifft man sich öfters und ist dann auch viel netter zueinander. Und dann setzt man sich auch zusammen, wenn Kunst ist." (B41;3.Kl.,9J.)
- „Ei, wenn man merkt sie ist hübsch und nett. Dann ist man aufgeregt." (B1;4.Kl.,10J.)
- „Da kribbelts im Bauch. Ich freu mich immer, wenn ich sie sehe." (B11;4.Kl.,10J.)
- „Dass man dann gern mit dem zusammen ist." (B38;3.Kl.,9J.)
- „Na ja, man sieht die ist nett, die ist schön und dann geht das ganz automatisch. Manchmal hab ich von ihr geträumt." (B42;3.Kl.,9J.)

Der 12jährige Erik (B12; 4.Kl., 12J.) gibt zu verliebt zu sein und beschreibt das folgendermaßen:

„Wenn ich zu Hause bin abends, dann muss ich als an die denken. Manchmal da denk ich auch nach, da hab ich öfters schon mal die Hausaufgaben vergessen, aber die hab ich dann nachgeholt. Und manchmal hab ich auch Bauchschmerzen deswegen, also keine richtigen Bauchschmerzen, eher so ein Drücken."

I: „Ist das so eine Sehnsucht?"

Erik: „Ja so."

Zur Frage: „Kannst du das noch genauer beschreiben, wie das ist, wenn man verliebt ist?" (Mehrfachantworten waren möglich)

ein schönes Gefühl	2
man muss immer hinschauen	1
wenn man alles an ihr gut findet	2
man will bei ihr sein	3
bin ganz aufgeregt, wenn ich sie sehe	2
habe Kribbeln im Bauch	6
bekomme Herzklopfen, wenn ich sie sehe	3
kann manchmal nicht einschlafen	4
ich denke viel an sie	12
weiß nicht	1
freue mich, wenn ich sie sehe	4
------- ----- -----	
24 missing cases; 20 valid cases	

Auch Patrick (10J.) steht zu seinen Gefühlen. Wie es für ihn ist verliebt zu sein, beschreibt er folgendermaßen:

- „Mm, da kriegt man so was Komisches, das kann man kaum beschreiben. Da schlägt das Herz ganz schnell und so. Und so was Kribbelndes im Bauch." (B16:4.Kl.,10J.)

Nur bei einem Jungen entstand der Eindruck, dass er nicht zugeben wollte, verliebt zu sein, obwohl sich der Eindruck aufgrund seiner Erzählung aufdrängte.

- „Ich spiele gerne mit Kassandra, das ist meine Freundin."
- „Wir fahren zusammen Fahrrad oder gehen zur Eisdiele oder gehen ins Schwimmbad."
- „Da [in der Schule] spielen wir immer, dass ich das Pferd bin und dann trage ich die Kassandra durch die ganze Klasse."

- „Die hat so einen süßen Hund und geht in den Schützenverein, da geh ich auch hin. Und die geht in den Schwimmverein."

Er kann auch beschreiben, wie es ist, wenn man verliebt ist:

- „Dass das schön ist. Da kriegt man so ein Gefühl im Bauch und so, als hätt man tausend Ameisen im Bauch." (B39;2.Kl.,8J.)

5.3.1 Liebesbriefe

- „Ich hab schon drei geschrieben und sie hat schon zwei geschrieben. Gemalt und geschrieben." (B43;3.Kl.,10J.)
- „Da hat der Patrick schon mal ich glaub neun Stück geschrieben." (B39;2.Kl.,8J.)

Wie sieht denn so ein Liebesbrief aus?

- „Mit Gedicht, ein paar Herzchen und so." (B3,2.Kl.,8J.)
- „Und ganz unten stand: "Wollen wir gehen?" und da hab ich „Ja" gesagt." (B32;4.Kl.,10J.)
- „Also da stand: „Ich will mit dir in die Disco gehen und uns küssen." Wir haben uns geküsst, aber ich bin nie in die Disco gegangen." (B32;4.Kl.,10J.)

Timm 4.Kl. erzählt, dass er regelmäßig Liebesbriefe schreibt. Auf die Frage, was er so schreibt, antwortet er allerdings nur ausweichend:
- „Alles mögliche an die Julika."
I: „Schreibt sie auch zurück?"
- „Ja." (B31;4.Kl.,10J.)

Paarbildung findet in der Schule immer im öffentlichen Rahmen statt. Vom ersten Interesse füreinander bis zum tatsächlichen „Sich-näher-Kommen", über den Versuch hinweg Gemeinsamkeit herzustellen und mehr Zeit miteinander zu verbringen, wird alles durch die Klassengemeinschaft beobachtet und kommentiert. Bis ein Paar innerhalb der Gruppe als anerkannt gilt, vergeht ein langer Weg und verschiedene Voraussetzungen müssen erfüllt sein.

„Anerkanntes Paar" heißt hier, dass zwischen den beiden Einigkeit über die Art der Beziehung hergestellt wurde, sie auf Wechselseitigkeit beruht, über einen etwas längeren Zeitraum andauert und nicht geleugnet wird. Anerkanntes Paar heißt dann auch, dass die Beiden übereinstimmend als Beispiel genannt werden auf die Frage nach Beziehungen in der Klasse.

Tim und Julika scheinen sich als „Paar" in der Klassengemeinschaft etabliert zu haben und anerkannt zu werden. Andere befragte Kinder beziehen sich auf sie und berichten:

- „Der Timm ist in die Julika. Die Julika hat mindestens dreißig Liebesbriefe von dem gekriegt, und die Julika hat dem 15 oder so was gegeben." B32;4.Kl.,10J.)

Zu den Liebesbriefen fällt Swen ein:

- „Stefan und ich haben früher immer so kleine Liebesbriefchen geschrieben, dann haben wir oben mit Tesafilm immer Maoam-Päckchen draufgeklebt. Ich hab auch ein paar Bildchen gemalt." (B40;2.Kl.,8J.)

<u>Zur Frage</u>: „Schreibt ihr euch in eurer Klasse auch manchmal Liebesbriefe?"

Frage 12a

GESCHL: 2,00 männlich

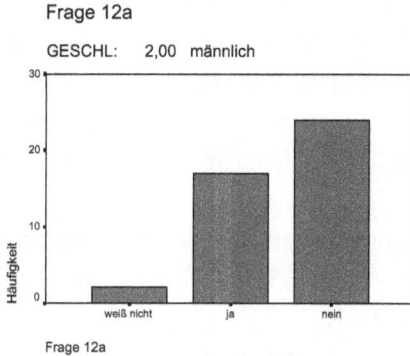

Frage 12a

Auch wenn man selber nicht verliebt ist, kann man sich doch in diese Welt hineinversetzen und bietet Freunden unter Umständen Hilfe an. Auf die Frage, ob in der Klasse Liebesbriefe geschrieben werden, äußert Jannik:

- „Nein, können wir auch nicht. Ich könnte das, aber der [Freund] kann nicht schreiben. Ich würd es ihm machen, aber der will das nicht. Der wills alleine machen." (B7;1.Kl.,7J.)

5.3.4 Darstellungen zu gemeinsamen Unternehmungen

Über die gemeinsamen Unternehmungen, die stattfinden, wenn sich der Beziehungswunsch erfüllt hat, gibt es folgende Aussagen:

- „Inlineskater fahren, Fahrrad fahren, spielen. Jetzt wohnt sie in Treisbach und manchmal gehe ich dahin, wenn ich Zeit habe." (B26;2.Kl.,8J.)
- „Die Karina kommt meistens zweimal in der Woche und dann spielen wir am Computer zusammen   oder draußen Fangen spielen oder im Feld Fangen spielen." (B30;4.Kl.,10J.)
- „Wir spielen zusammen auch zu Hause. Fragespiele und so oder wir gehen manchmal in den Wald, wir wohnen in der Nähe." (B31;4.Kl.,10J.)
- „Also wir waren oft zusammen, sind auch mal ins Schwimmbad gegangen. Ins Feld, an die Bach haben wir auch Picknick gemacht." (B32;4.Kl.,10J.)
- „Wir spielen im Baumhäuschen. Die wohnt ja in Marburg und die Mutter kommt ja mit, wenn sie uns besuchen. Dann freue ich mich immer." (B43;3.Kl.,10J.)

Als besonderes Erlebnis ist Patrick in Erinnerung geblieben, dass das Mädchen, in das er verliebt ist, einmal vom Fahrrad fiel, blutete und er ihr helfen und sie trösten konnte. (B3;2.Kl.,8J.)

Ohne, dass direkt danach gefragt wurde, erzählte nur ein Mädchen von Küssen und Umarmungen. In zwei Jungenbefragungen war die Gesprächsatmosphäre so locker, dass nachgefragt wurde. In beiden Fällen (B43;3.Kl.,10J./B42;3.Kl.,9J.) wurde bestätigt, dass Umarmungen stattgefunden hatten.

Zu den Fragen: „ Macht ihr auch manchmal etwas zusammen? Wenn ja, was?"

		Anzahl	Prozent	Gültige Prozente	Kumulierte Prozente
Gültig	ja	12	27,3	85,7	85,7
	nein	2	4,5	14,3	100,0
	Gesamt	14	31,8	100,0	
Fehlend	System	30	68,2		
Gesamt		44	100,0		

Frage 5a

GESCHL: 2,00 männlich

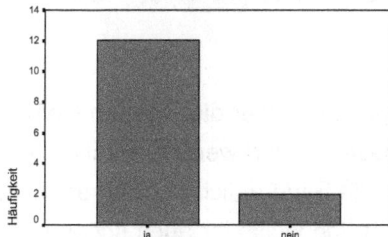

Frage 5a

			Gültige	Kumulierte
	Anzahl	Prozent	Prozente	Prozente
Gültig spielen	8	18,2	66,7	66,7
miteinander reden	1	2,3	8,3	75,0
spazieren gehen	3	6,8	25,0	100,0
Gesamt	12	27,3	100,0	
Fehlend System	32	72,7		
Gesamt	44	100,0		

Häufig scheitern gemeinsame Unternehmungen jedoch daran, dass es an Mut fehlt sich zu verabreden:

- „Eigentlich net, trau ich mich nicht." (B1;4.Kl.,10J.)

Insbesondere auf Klassenfahrten ergibt sich für die Kinder die Gelegenheit sich näher zu kommen. Abendliche Disco-Veranstaltungen, Besuche im Schwimmbad und Bunte Abende mit Kennenlernspielen erzeugen eine teilweise prickelnde Atmosphäre, die nichts mit dem typischen Schulalltag zu tun hat. Es wird offener geflirtet und in einer Art Ausnahmezustand von einigen auch das Abenteuer Liebe gesucht. Die Aufregungen um das Verliebtsein ist dabei sowohl für die Betroffenen als auch für alle anderen spannend.

5.3.5 Darstellungen in Bezug auf Reaktionen anderer Kinder und Erwachsener

Manchen Kindern gelingt es, über die eigenen Gefühle zu sprechen und zu klären, wie weit diese erwidert werden. Häufiger misslingt dies jedoch:

I: "Weißt du, ob die Sandra dich auch so gerne mag?"

Erik: „Weiß nicht. Ich wollts ihr auch schon mal sagen, aber es ist mir zu peinlich." (B12;4.Kl.,12J.)

Warum es so schwer ist über die Gefühle zu reden, erklärt Michael (11J.) genauso:

- „Weil es peinlich ist. Die lachen dann." (B11;4.Kl.,11J.)

Auch wenn das direkte Ansprechen der Gefühle häufig nicht gelingt, gibt es Vorstellungen dazu, wie man erkennt, ob jemand verliebt ist oder nicht. Patrick glaubt, dass zwei Mädchen in ihn verliebt sind:

Patrick: „Das merk ich, weil die gucken mich immer an, wenn ich etwas mache."

I: „Ist das so ein Erkennungszeichen?"

Patrick: „Ja." (B16;4.Kl.,10J.)

Zur Frage: „ Wissen die anderen Kinder, dass du verliebt bist?"

		Anzahl	Prozent	Gültige Prozente	Kumulierte Prozente
Gültig	ja	10	22,7	62,5	62,5
	nein	6	13,6	37,5	100,0
	Gesamt	16	36,4	100,0	
Fehlend	System	28	63,6		
Gesamt		44	100,0		

Frage 7a

GESCHL: 2,00 männlich

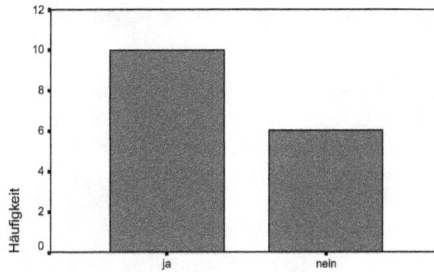

Frage 7a

Zur Frage: „Wie reagieren die darauf?"

		Anzahl	Prozent	Gültige Prozente	Kumulierte Prozente
Gültig	gar nicht	5	11,4	50,0	50,0
	die ärgern mich	4	9,1	40,0	90,0
	die finden es gut	1	2,3	10,0	100,0
	Gesamt	10	22,7	100,0	
Fehlend	System	34	77,3		
Gesamt		44	100,0		

Frage 8a

GESCHL: 2,00 männlich

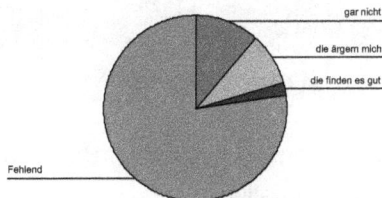

Zu den Reaktionen auf die Vermutung der Verliebtheit bei Mitschülern
gehört die Verbreitung des vermeintlichen Wissens, wodurch der Betroffene gleichzeitig „auf den Arm genommen" werden kann.

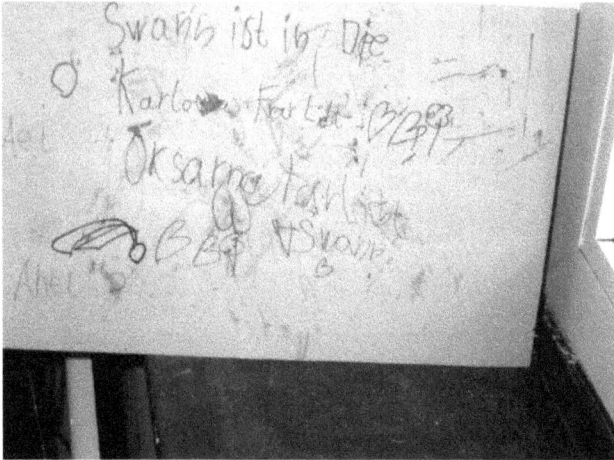

In der Betreuung verwendete Mal- und Bastelunterlagen aus Pap-
pe. „Swann ist in die Karlotta verliebt. Oksana verliebt Swann".

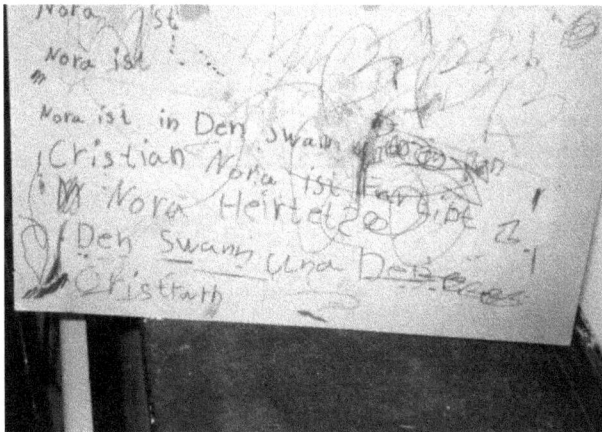

„Nora ist in den Swann. Christian Nora ist verliebt. Nora heiratet
den Swann und den Christian."

Wie in Kapitel 5.5 bei der Auswertung schriftlicher Schülerarbeiten noch weiter ausgeführt wird, gehört Sexualität und Liebe für die Kinder zusammen. Auch dieser Zusammenhang wird häufig hergestellt und betont, um das betroffene Kind zu ärgern. Dies geht auch aus der Beschriftung der Malunterlage hervor.

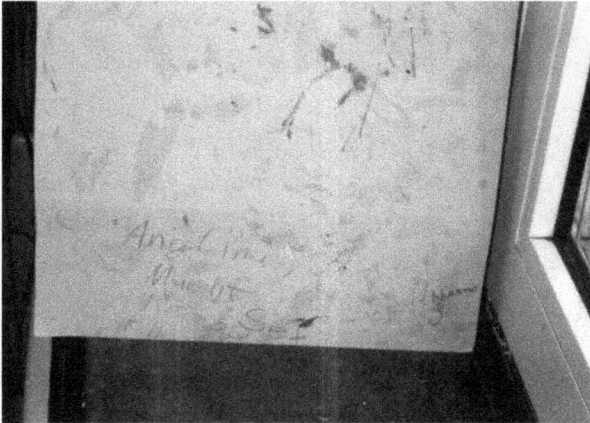

„Angelina macht mit Fabi Sex".

Zur Frage: „Glaubst du, dass die anderen Kinder in deiner Klasse verliebt sind?"

		Anzahl	Prozent	Gültige Prozente	Kumulierte Prozente
Gültig	weiß nicht	15	34,1	34,1	34,1
	ja	28	63,6	63,6	97,7
	nein	1	2,3	2,3	100,0
	Gesamt	44	100,0	100,0	

Frage 10a

GESCHL: 2,00 männlich

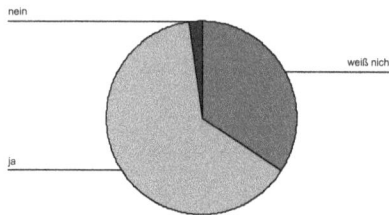

nein

weiß nicht

ja

63,3 % der Jungen gehen davon aus, dass andere Kinder in der Klasse verliebt sind. Wie bei den Mädchen ist das ein hoher Prozentsatz. Auch hier steht zu vermuten, dass von dieser Einschätzung eine normierende Wirkung ausgeht. Die Jungen begründen ihre Vermutung unterschiedlich.

- „Die quatschen meist in der Stunde zusammen." (B18;3.Kl.,9J.)
- „Der Caner und der X, sind in die Swantje verliebt. Die haben auch die Telefonnummer von der, die haben sie von der Telefonliste abgeschrieben." (B26;2.Kl.,8J.)
- „Die schreiben sich immer Liebesbriefe, dann muss man die Liebesbriefe durch die Klasse weitergeben." (B29;4.Kl.,10J.)

Sind die anderen in deiner Klasse auch verliebt?

- „Na klar, jeder ist schon mal verliebt und dann sagen sie: „Ich bin nicht verliebt!"." (B1;4.Kl.,10J.)
- „Normal ist unsere ganze Klasse – glaub ich – verliebt." (B40;2.Kl.,9J.)

Die Kinder erkennen sehr genau, wer in wen verliebt ist und registrieren auch vergebliche Bemühungen:

- „Aber ich weiß jemand, da ist sie nicht in ihn verliebt. Peter in Katja". (B35;1.Kl.,7J.)

Wie man erkennt, dass jemand verliebt ist, beschreibt Frank:

- „Manchmal erkennt man das auch, wenn jemand einen ärgert. Nämlich wenn man alle anderen ärgert und die nicht, nämlich daran erkennt man das ja gleich." (B1;4.Kl.,10J.)

Mutmaßungen darüber, ob jemand verliebt ist oder nicht, lassen sich aufgrund kleinster Indizien anstellen:
- „Der Leo fragt die Mädchen immer: "In wen bist du aus dieser Klasse verliebt?" Ich glaub der ist in ein Mädchen verliebt." (B42;4.Kl.,9J.)

Da es sich bei Leo um einen der „Stars" handelt, der von vielen Mädchen favorisiert wird, könnte man auch vermuten, dass er sich über diese Frage positive Rückmeldungen in Bezug auf seine eigene Person erhofft.

Anspielungen zum Thema Verliebtheit knüpfen an scheinbar beliebige Situationen an, die so umgedeutet werden, dass ihnen als Beleg für eine Paarbildung neuer Sinn gegeben wird. Während eines Mittagessens in der Betreuung weist Jerome die anderen darauf hin:
„Guck mal, die Larissa und der Henrik trinken beide Kakao. Also sind sie ein Liebespaar."
Genauso wird bei der zufälligen Gleichheit des Anfangsbuchstabens der Vornamen verfahren.
„Der Fabi und die Friederike fangen beide mit „F" an, die sind verliebt."

Eine eigene Erklärung für das „Herzchenmalen" an der Tafel bietet Merlin. Er meint die Kinder machen das, weil sie eifersüchtig sind. Es stellt sich die Frage, ob es sich damit um eine Projektion handelt. (B29;4.Kl.,10J.)

<u>Zur Frage</u>: „Werden bei euch auch manchmal Herzchen an die Tafel gemalt mit den Namen von einem Jungen und einem Mädchen?"

	Anzahl	Prozent	Gültige Prozente	Kumulierte Prozente
Gültig ja	20	45,5	45,5	45,5
nein	24	54,5	54,5	100,0
Gesamt	44	100,0	100,0	

Frage 11a

GESCHL: 2,00 männlich

Während ein Junge aus dem zweiten Schuljahr dieses Tafelbild
malte, grinsten die beiden Genannten sich an und unternahmen
keinen Versuch das Herz wieder abzuwischen.

*Während des gemeinsamen Essens wird wieder einmal das Thema:
"wer in wen ist" besprochen. Angelina meint bei direktem Blickkontakt zu
Fabian: „Und ich bin in den Fabi. In den Fabi-Babi." Fabian schaut mit
etwas gerötetem Kopf zurück und sagt: „Ja, aber ich heiße nicht Fabi-
Babi."*

Es fragt sich gelegentlich, was für die Kinder reizvoller ist, in Erfahrung
zu bringen, in wen die anderen verliebt sind, oder die eigene Präferenz
nach langem hin und her mindestens andeutungsweise zu offenbaren.
Bei diesem Spiel scheint es auch keinen Ausweg zu geben, denn ein
Abstreiten wird von den Kindern nur dahingehend interpretiert, dass der
andere „es" nicht sagen will.

Manche Kinder sind verliebt, ohne dies irgend jemandem mitzuteilen,
weder anderen Kindern, noch den Eltern oder den Lehrern. In einer Befragung wurde in diesem Zusammenhang auch die Befürchtung ausgesprochen, dass ich Informationen aus der Befragung weitergeben könnte. Ein 7jähriger Junge ließ sich noch einmal ausdrücklich versichern,
dass ich sein Geständnis darüber, verliebt zu sein, auf gar keinen Fall
seiner Mutter erzählen werde.

Einfacher scheint es zu sein, mit ausgesuchten Freunden darüber zu
sprechen. Auch wenn sonst sehr darauf geachtet wird, dass niemand
etwas weiß, wird hier eine Ausnahme gemacht:
> I.: „Hast du schon mal mit jemand darüber gesprochen, dass
> du verliebt bist?"
> Patrick: „Ja, mit meinem besten Freund dem Niklas, der find
> das ok., der ist ja auch in eine verliebt, hat er mir erzählt."
> (B16;4.Kl.,10J.)

Wissen deine Eltern, dass du verliebt bist in X?

> - „Na klar. Sie haben gesagt: „Hast dir ein hübsches Mädchen
> ausgesucht."" (B26;2.Kl.,8J.)

- „Ein paar mal habe ich mit denen gesprochen. Die haben gesagt: „Uuuu, Bravo."" (B32;4.Kl.,10J.)
- „Die finden es ganz o.k." (B42;".Kl.,8J.)

Zu den Fragen: „Wissen deine Eltern, dass du verliebt bist?" Und
„Wie haben sie reagiert?"

		Anzahl	Prozent	Gültige Prozente	Kumulierte Prozente
Gültig	ja	11	25,0	68,8	68,8
	nein	5	11,4	31,3	100,0
	Gesamt	16	36,4	100,0	
Fehlend	System	28	63,6		
Gesamt		44	100,0		

Frage 14a

GESCHL: 2,00 männlich

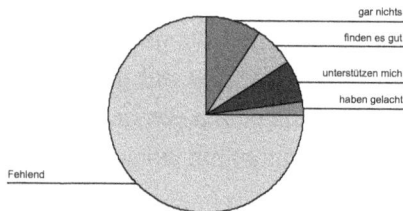

Swen hat mit seiner Oma und seiner großen Schwester darüber gesprochen, dass er verliebt ist:
- „Die haben gesagt: "Och wie niedlich!" und „Du kannst sie ja mal
fragen, ob sie mit uns ins Kino geht". Wir wollten in Pokémon
und sie hat auch zugesagt, aber der Film läuft ja jetzt nicht
mehr." (B40;2.Kl.,8J.)

Seinem Cousin hat es Andreas erzählt und:

- „Mein Cousin hat gesagt, dass die zu mir passt." (B43;3.Kl.,10J.)

Aus der Sicht der Kinder verhindern manchmal die Umstände, dass man derjenigen, in die man verliebt ist, von den Gefühlen erzählt. Aus dem Gespräch mit Stefan:

I: „Weiß deine Lehrerin davon?"
Stefan: „Ja, hab ich ihr erzählt."
I: „Hast du es denn der Katharina auch erzählt?"
Stefan: „Nein, außerdem sitzt da noch jemand daneben."
I: „Am liebsten würdest du neben der Katharina sitzen?"
Stefan: „Ja, ich saß auch schon mal am Mädchentisch, aber dann sind die Plätze wieder getauscht worden." (B6;1.Kl.,7J.)

Hast du mit X auch schon über deine Gefühle gesprochen?

- „Na klar." (B26;2.Kl.,8J.)
- „Ja, wir haben die ganze Zeit gespielt und untereinander gerechnet, wie viel Prozent sich jeder liebt. Und dann auch noch uns gerechnet. Und dann hat sie plötzlich gesagt: „Ich liebe dich" und dann hab ichs natürlich auch gesagt. Ich hab dann aufgehört, sie zu lieben, aber ich habs ihr dann auch nicht gesagt, weil sie weiß das ja auch." (B30;4.Kl.,10J.)

Was hat sie dazu gesagt? Mag sie dich auch so gerne?

- „Ja." (B26;2.Kl.,8J.)
- „Also die Katharina hat mich damals auch geliebt. Das weiß ich. Ob sie mich jetzt noch liebt, das weiß ich nicht." (B30;4.Kl.,10J. über eine Beziehung im 2. Schuljahr)

- „Ja, die war auch in mich verliebt."

Über unerwiderte Gefühle berichtet Henrik auf die Frage „Glaubst du, dass sie in dich auch verliebt ist?"
- „Nein."
I: „Hast du sie mal gefragt?"
- „Ich habs ihr ja schon gesagt, aber die ... nee. Die hat mich sofort angemotzt."
I: "Wie war das für dich?"
- (Mit Tränen in den Augen) „Schlecht für mich." (B20;1.Kl.,7J.)

Von einem einseitigen Beziehungswunsch erzählt auch Alexander, der in Sarah verliebt ist. Als die „schüchterne" Sarah neu in die Klasse kam, haben sie bei ihr zu Hause ein paar mal zusammen gespielt:.
- „Im Unterricht, als wir mal mit Wachsmalstiften Striche und Einsen und Zweien auf das Blatt malen sollten, da hab ich einen Roten und Schwarzen genommen und hab son Herzchen gemacht mit nem Pfeil und habs auch schön am Rand ausgeschnitten und habs der Sarah heimlich in den Schulranzen gelegt."
- „Sie findet mich nicht so gut." (B32;2.Kl.,8J.)

Alexander hat sie zu seinem siebten Geburtstag eingeladen, sie ist jedoch nicht gekommen und hat ihn auch ihrerseits nicht zum Geburtstag eingeladen. „Alle" wissen, dass er in Sarah verliebt ist, und er hat auch mit seinen Eltern darüber geredet.
- „Meine Mutter sagt manchmal, ich soll sie in Ruhe lassen, aber so net". (s.o.)

Eher selten informieren die Kinder ihre Lehrer über ihre Gefühle.

Zur Frage: „Weiß dein Lehrer/Lehrerin davon?"

		Anzahl	Prozent	Gültige Prozente	Kumulierte Prozente
Gültig	ja	3	6,8	17,6	17,6
	nein	14	31,8	82,4	100,0
	Gesamt	17	38,6	100,0	
Fehlend	System	27	61,4		
Gesamt		44	100,0		

Frage 15a

GESCHL: 2,00 männlich

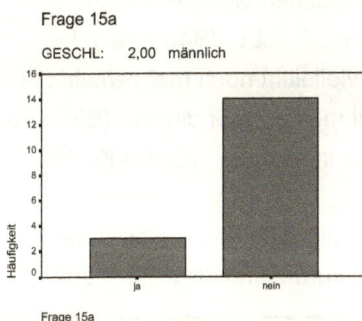

Frage 15a

Wie schwer es ist, über die Gefühle zu sprechen, und darüber wie sehr man jemanden mag, wird bei Maikel deutlich:

- „Ja, wenn man das erst sagen will, dann kriegt man Magenkribbeln und will es doch lieber net sagen und Herzklopfen und dann denk ich, macht man das besser mit nem Brief. Gib ihn jemand, seinem besten Freund und der bringt dann dem Mädchen, das man gern hat, den Brief runter." (B32;4.Kl.,10J.)

Auch Swen gelingt es nicht, mit dem Mädchen über seine Gefühle zu reden, so weiß er auch nicht, ob seine Gefühle erwidert werden:

- „Ich glaubs net, sie weiß ja gar nicht, dass ich in sie verknallt bin." (B40;2.Kl.,9J.)

Ohne bisher eigene Erfahrungen mit dem Verliebtsein gemacht zu haben, beschäftigen sich die Kinder im 4. Schuljahr besonders mit der Vorstellung, wie es einmal sein soll. Der 10jährige Christian äußerte als Wunsch an zweiter Stelle:

- „Dass ich mal ne Freundin kriege." (B10,4.Kl.,11J.)

Und auf die Frage, wie diese Freundin sein soll:
- „Ja, sie soll schon schön aussehen, so blonde lange Haare."
  (B10;4.Kl.,11J.)

Zu den Wünschen:
- „Ich will wünschen, dass X (Freundin, in die er verliebt ist) wieder nach Wetter ziehen kann, Gesundheit wünsche ich für uns beide und ein bisschen Geld."(B26;2.Kl.,8J.)
- „Dass die Patti mich liebt." (B40;2.Kl.,8J.)
- „Und dass ich vielleicht noch mal verliebt bin." (B42;3.Kl.,9J.)
- „Dass die Fritzi meine Freundin ist." (B20;1.Kl.,7J.)
- „Dass die Laura in mich ist." (B11;4.Kl.,10J.)

Zur Frage: „Stell dir vor plötzlich käme eine gute Fee und würde dir drei Wünsche erfüllen. Was würdest du dir wünschen?"

		Anzahl	Prozent	Gültige Prozente	Kumulierte Prozente
Gültig	weiß nicht	4	9,1	9,1	9,1
	Gesundheit	8	18,2	18,2	27,3
	ein Tier	3	6,8	6,8	34,1
	besser in der Schule werden	1	2,3	2,3	36,4
	kein Krieg mehr	1	2,3	2,3	38,6
	Spielsachen	12	27,3	27,3	65,9
	dass Verliebtheitsgefühle erwidert werden	5	11,4	11,4	77,3
	dass ich älter wäre	4	9,1	9,1	86,4
	dass ich glücklich bleibe	1	2,3	2,3	88,6
	ein Haus	1	2,3	2,3	90,9
	dass ich meinen Papa wiedersehe	1	2,3	2,3	93,2
	dass ich zaubern kann	2	4,5	4,5	97,7
	dass ich keine Spange tragen brauche	1	2,3	2,3	100,0
	Gesamt	44	100,0	100,0	

Bei den Jungen wird der Wunsch nach Spielsachen am häufigsten genannt. Er wird gefolgt von dem Wunsch nach Gesundheit und erst an dritter Stelle steht mit 11,4 % der Nennungen, der Wunsch danach, dass Verliebtheitsgefühle erwidert werden.

Abbildung: Darstellung des zweitwichtigsten Wunsches der Jungen.

		Anzahl	Prozent	Gültige Prozente	Kumulierte Prozente
Gültig	weiß nicht	4	9,1	9,1	9,1
	Gesundheit	2	4,5	4,5	13,6
	ein Tier	2	4,5	4,5	18,2
	besser in der Schule werden	1	2,3	2,3	20,5
	kein Krieg mehr	1	2,3	2,3	22,7
	Spielsachen	13	29,5	29,5	52,3
	dass meine Freundschaften noch lange halten	6	13,6	13,6	65,9
	ein schönes großes Haus für später	3	6,8	6,8	72,7
	Geld	2	4,5	4,5	77,3
	ein Auto	3	6,8	6,8	84,1
	einen anderen Lehrer	1	2,3	2,3	86,4
	dass es keinen Hunger mehr gibt	2	4,5	4,5	90,9
	keinen Ärger mehr mit meinen Eltern	1	2,3	2,3	93,2
	keinen Ärger mehr mit Geschwistern	1	2,3	2,3	95,5
	dass ich Rennfahrer / Fußballstar.. werde	2	4,5	4,5	100,0
	Gesamt	44	100,0	100,0	

Auch an zweiter Stelle dominiert der Wunsch nach Spielsachen, gefolgt von der Hoffnung, dass die Freundschaften noch lange halten.

Abbildung: Darstellung des drittwichtigsten Wunsches der Jungen.

		Anzahl	Prozent	Gültige Prozente	Kumulierte Prozente
Gültig	weiß nicht	13	29,5	29,5	29,5
	Gesundheit	2	4,5	4,5	34,1
	ein Tier	2	4,5	4,5	38,6
	kein Krieg mehr	1	2,3	2,3	40,9
	Spielsachen	8	18,2	18,2	59,1
	dass Verliebtheitsgefühle erwidert werden	1	2,3	2,3	61,4
	dass ich älter wäre	1	2,3	2,3	63,6
	dass alles bleibt, wie es ist	1	2,3	2,3	65,9
	dass ich reich bin	5	11,4	11,4	77,3
	einen Mann und Kinder	1	2,3	2,3	79,5
	dass alles gut wird	4	9,1	9,1	88,6
	noch zehn Wünsche	2	4,5	4,5	93,2
	einen Garten	1	2,3	2,3	95,5
	mit dem jetzigen Freund zusammenbleiben	1	2,3	2,3	97,7
	dass ich mich verwandeln kann	1	2,3	2,3	100,0
	Gesamt	44	100,0	100,0	

Auch die Mehrzahl der Jungen nennt keinen dritten Wunsch. Im Vordergrund stehen erneut Spielsachen. 11,4% der Jungen wünschen sich, dass sie reich sind.

5.4 Acht ausgewählte Interviews

Alle Befragungen wurden vollständig transkribiert. Aus nachfolgenden Gründen ist es jedoch unbefriedigend die dokumentarischen Texte in dieser Form zu lesen. Zum einen geben sie die Gesprächsatmosphäre nur unzulänglich wieder, zum anderen werden bei der Rezeption von gesprochener Sprache in geschriebener Form nicht immer die gleichen Aspekte wie beim Hören betont. So wurden hier in Anlehnung an BAA-KE/SANDER/VOLLBRECHT (1990) aus dem vorliegenden Material acht exemplarische Texte in Ich-Form zusammengestellt, die in dieser Anordnung nicht gesprochen wurden. Diese Rekonstruktionen sind das Ergebnis einer Umformung des von den Kindern jeweils Gesagten. Sie sollen das Leseverständnis erleichtern, indem sie eher an den Normen schriftlicher Kommunikation ausgerichtet sind. Die Authentizität der individuellen Profile bleibt gewahrt, ohne dass sich die in allen Befragungen wiederkehrenden Fragen des Originalmaterials negativ auf den Lesefluss auswirken. Mit der verdichteten Darstellungsweise und der im nächsten Absatz erläuterten Ergänzung des Ursprungstextes ist insbesondere eine bessere Nachvollziehbarkeit intendiert.

Jedem der folgenden Interviews werden Informationen vorangestellt, die aus dem familienbiographischen Datenbogen stammen, der vor jeder Befragung ausgefüllt wurde. So sind in allen Portraits Angaben über die Familien- und Wohnsituation, Berufstätigkeit der Eltern und die Anzahl der Geschwister enthalten. Zusätzlich wurden die Klassenlehrer nach ihrer Einschätzung des Kindes gefragt.

Um den Vergleich zu gewährleisten, wurden je ein Mädchen und ein Junge aus der ersten bis zur vierten Klasse ausgewählt. Dem Untersuchungsinteresse entsprechend, sind hier Kinder ausgesucht worden, die von sich sagen, dass sie schon einmal verliebt waren oder es zur Zeit sind. Alle berichten hier von ihren Erfahrungen, Wünschen und Hoffnungen aber auch von den Enttäuschungen, die sie im Zusammenhang mit den Themen Freundschaft und Liebe gemacht haben.

Um auch einen Einblick in die Konstanz von Beziehungen zu erhalten, wurden vier Kinder, deren Befragung hier in exemplarischer Form vorliegt, nach eineinhalb Jahren erneut befragt. Zum Zeitpunkt der Erstbefragung besuchten diese Kinder das erste und zweite Schuljahr. Sie waren folglich im dritten und vierten Schuljahr bei der Wiederbefragung. Die anderen vier Kinder, deren Interview hier dargestellt ist, hatten zu diesem Zeitpunkt bereits auf weiterführende Schulen übergewechselt, so dass sie nicht ohne zusätzliche Recherchen erreichbar waren. Aus pragmatischen Gründen wurde hier auf eine erneute Befragung verzichtet.

MARINA (M40)

Marina ist zum Zeitpunkt der Befragung 7 Jahre alt und besucht die erste Klasse der Burgwaldschule. Ihre achtjährige Schwester, die das Schuljahr wiederholt, geht ebenfalls in diese Klasse. Auf Anraten der Schulärztin wurde Marinas Einschulung zum regulären Termin, wegen ihrer nicht altersgemäßen körperlichen Entwicklung, verschoben und sie besuchte für ein Jahr die Vorklasse. Hier ist sie nach Aussagen der Sozialpädagogin „aufgeblüht".

Marinas zehnjährige Halbschwester besucht die Sonderschule in Wetter. Nachdem die Familie vor zwei Jahren aus dem Nachbarort nach Wetter gezogen ist, fand ein Jahr später ein weiterer Umzug statt. Zur Zeit lebt Marina mit ihrer Familie im alten Ortskern von Wetter in einer Wohnung in einem alten Fachwerkhaus. Die Mutter ist zum zweiten Mal verheiratet und Hausfrau. Von dem Vater, der in Frankfurt arbeitet, erzählt Marina: „Er macht Schilder".

Nach Auskunft der Lehrerin ist Marina eine vorbildliche Schülerin. Sie ist immer gut vorbereitet und an allen Themen sehr interessiert.

Ich habe viele Freunde und Freundinnen: den Henning, die Lisa, die Veronika, den Malte, den Fabian, die Miriam, die Melina und den Patrick. Sie gehen fast alle in meine Klasse. Freunde sind wichtig, damit man jemand zum Spielen hat. Wir haben uns in der Schule angefreundet. Meinen Freunden vertraue ich, aber eine Freundschaft kann auch zu Ende gehen, wenn man sich streitet. Die Jungs finde ich gut. Am liebsten spiele ich „Jungs fangen Mädchen und Mädchen fangen die Jungs". Ich möchte aber selber kein Junge sein.

In den Henning bin ich verliebt. Wir haben uns in der Vorklasse kennen gelernt und jetzt geht er in Goßfelden in die Schule. Ich war deswegen ein bisschen traurig als die Vorklasse zu Ende war. Ich denke oft an ihn und manchmal kann ich auch nicht schlafen. Am besten gefallen mir die Haare von Henning und dass er so gut riecht. Ich finde, es ist ein bisschen peinlich wenn man verliebt ist.

Wenn wir uns sehen, dann spielen wir; manchmal in Wetter und manchmal bei ihm. Wir haben uns auch schon geküsst und umarmt. Die anderen Kinder aus meiner Klasse wissen, dass ich verliebt bin. Ich habs dem Fabi erzählt und dann gesagt: „Erzähls du weiter, das trau ich mich nicht so." Die anderen haben dann gesagt: „Toll, ich würd auch gern mal verliebt sein." Ein paar Kinder in unserer Klasse sind auch verliebt. Manchmal werden bei uns auch Herzchen an die Tafel gemalt aber Liebesbriefe können wir noch nicht schreiben.

Meine Eltern und meine Lehrerin wissen, dass ich verliebt bin. Meine Lehrerin hat gesagt: „Schön" und meine Eltern meinen, dass der Henning ohne meine Hilfe in der Schule gar nicht weiter kommt, weil der sich so an mich gewöhnt hat. Ich weiß, dass der Henning auch in mich verliebt ist, weil wir schon darüber gesprochen haben.

Wenn ich mir etwas wünschen könnte, würde ich wollen, dass mein Freund wieder da wäre.

Wiederbefragung

Zum Zeitpunkt der Wiederbefragung besucht Marina das dritte Schuljahr. Sie kann sich noch gut an unser erstes Gespräch erinnern und macht den Eindruck als freue sie sich über die erneute Befragung.

Auf die Frage nach Henning meint sie: „Ich hab ihn jetzt schon lange nicht mehr gesehen." Wie sie das finde schildert sie mit den Worten: „Ein bisschen traurig. Ich würde ihn ja gerne einmal wiedersehen." Als Erklärung warum Henning keine Zeit mehr hat vermutet sie: „Vielleicht hat er ne andere Freundin."

Sie selbst hat keinen neuen Freund gibt aber an, dass sie gerne wieder einen hätte.

MELANIE (M27)

Melanie ist zum Zeitpunkt des Interviews acht Jahre alt und besucht die zweite Klasse der Burgwaldschule. Sie wohnt mit ihren Eltern und ihrem zwölfjährigen Bruder in einem Einfamilienhaus in der Kernstadt von Wetter. Ihr Vater arbeitet als Automechaniker und die Mutter als Erzieherin in einem Kindergarten in Treisbach (Ortsteil von Wetter). Der Bruder besucht die Gesamtschule am Ort.

Bedingt durch die Berufstätigkeit beider Eltern hat Melanie zwei Jahre lang die Betreuung besucht. Hier zeigte sie sich sehr um Anschluss bemüht, ihre Kontaktwünsche wurden jedoch vielfach nicht – oder nur kurzfristig – erwidert.

Melanies Lehrer berichtet, dass die Eltern sich sehr für schulische Belange interessieren. So hat der Vater auch als weitere Betreuungskraft die Klassenfahrt mitgemacht. Melanie wird von ihrem

Lehrer als körperlich weit entwickeltes, jedoch von der Motorik her eher schwerfälliges Mädchen beschrieben. Die schulischen Leistungen sind befriedigend. Von ihrem Verhalten her sei sie freundlich und hilfsbereit.

Meine Freundinnen heißen Elisabeth, Sarah und Dannika. Die Elisabeth kenne ich sehr gut vom Kindergottesdienst, die Dannika vom Tennis spielen und die Sarah aus der Betreuung. Freunde sind für mich wichtig, damit man jemanden hat, mit dem man spielen und Spaß haben kann und mit denen man auch Überraschungen erleben kann. Bei meiner Freundin Sarah ist der Opa gestorben und wenn sie traurig ist, tröste ich sie. Ich kann mir vorstellen, dass eine Freundschaft zu Ende geht, wenn man sich streitet und nicht mehr miteinander klar kommt.

Die Jungs finde ich ganz gut und mit dem Stefan verabrede ich mich fast jeden Tag. Wir fahren Fahrrad und spielen auf dem Dach rum – dem Kinderdach.

In den Tobi bin ich verliebt. Ich kenne ihn, weil unsere Eltern sehr gute Freunde sind und deshalb sind wir auch Freunde geworden. Er geht auch hier an die Schule aber in eine andere Klasse. Es gefällt mir, dass er so nett ist und sich nicht kloppt. Wenn wir zusammen sind, gehen wir auf den Spielplatz oder fahren Fahrrad. Wir spielen auch zusammen Tennis, Fußball und Handball. Es ist eigentlich ganz einfach. Der liebt mich und ich lieb den und wir haben auch schon darüber gesprochen.

In meiner Klasse sind auch noch andere Kinder verliebt und es werden auch Herzchen an die Tafel gemalt mit den Namen von Mädchen und Jungen. Ich schreibe manchmal Liebesbriefe in mein Tagebuch aber ich bin zu scheu, um sie wegzugeben.

Mit meinen Eltern und meinem Lehrer habe ich nicht über Tobi gesprochen, nur mit meiner besten Freundin Elisabeth. Ich weiß, dass sie es nicht weiter erzählt.

Wenn eine gute Fee käme und ich mir etwas wünschen könnte, würde ich mir wünschen mit dem Tobi zusammenzuleben.

Wiederbefragung

Zum Zeitpunkt der Wiederbefragung besucht Melanie das vierte Schuljahr. Auch sie kann sich noch gut an die Erstbefragung erinnern.

Sie erzählt, dass sie sich noch immer mit Tobi trifft, dieser aber „blöd" geworden sei und sie häufig ärgere. Sie sind zwar noch befreundet, aber sie sei jetzt nicht mehr in ihn verliebt. „Was ich an Tobi ein bisschen doof finde, wenn der manchmal bei mir ist oder ich bei ihm, dann wissen wir gar nicht was wir spielen sollen. Wenn ich etwas vorschlage sagt er immer nee, nee, nee. Früher wussten wir immer, was wir machen und alles." Konfrontiert mit ihren früheren Aussagen über die Tagebucheintragungen distanziert sie sich sehr : „Ich hab da so reingekrickelt. Dann habe ich später die Seiten rausgerissen. Ich hab jetzt ein neues Tagebuch".

Melanie berichtet, dass es im Urlaub noch einmal einen Jungen gegeben hat, in den sie verliebt war. Auch das liege nun aber schon zurück und zur Zeit gäbe es niemand, in den sie verliebt sei.

LARA (M49)

Lara ist zum Zeitpunkt der Befragung zehn Jahre alt und besucht die dritte Klasse der Burgwaldschule. Ihr Vater besitzt ein Elektrogeschäft in Wetter, die Mutter betreibt einen eigenen Geschenke- und Spielwarenladen. Lara lebt mit ihren Eltern und ihrem jüngeren Bruder (6J.) in einem Haus in der Kernstadt. Die Großmutter, die die Kinder gelegentlich von der Schule abholt, wohnt am gleichen Ort.

An Lara fällt auf den ersten Blick ihre Größe und die besonders kräftige Statur auf. Aus dem Klassenverband ragt sie optisch heraus. Ihre Lehrerin beschreibt Lara als gutmütig und hilfsbereit. Sie sei eine beliebte Schülerin, die gute Leistungen zeige und deshalb bei Kleingruppenarbeit häufig gebeten werde, anderen die Aufgabe noch einmal zu erklären.

Meine Freunde heißen Hannah, Anna, Katharina, Sarah und Tim. Ich kann gar nicht sagen, warum sie meine Freunde sind, aber wenn man keine Freunde hätte, dann wäre man ja einfach alleine. Die Hannah kenne ich schon ganz lange. Wir waren zusammen in der Krabbelgruppe, im Kindergarten und jetzt sind wir in der selben Klasse. Kinder mit denen ich befreundet bin müssen ein gutes Herz haben, sie müssen anderen helfen können und sie dürfen nicht geizig sein. Meiner Lieblingsfreundin kann ich vertrauen. Beinah wäre die Freundschaft aber auseinander gegangen. Die Katharina hat sich nämlich irgendwann mit der Hannah zusammen getan und dann haben die die ganze Zeit nur noch was zusammen gemacht und da habe ich mich mit der Hannah gezankt. Aber später haben wir uns wieder vertragen.

Wie ich die Jungen finde? Na ja, es geht. Aus unserer Klasse spiele ich nur mit zweien und am liebsten Fangen. Früher wollte ich selbst gerne ein Junge sein, aber jetzt nicht mehr.
Ich bin in den Patrick verliebt. Der war hier in der Grundschule und ich und die Hannah haben ihn gesehen und fanden ihn süß. Dann haben wir uns beide in ihn verliebt. Wir haben ihn gefragt, ob er mit uns spielt und er hat „ja" gesagt. Danach haben wir immer mehr zusammen gemacht. Es gefällt mir, dass er einen guten Charakter hat und ein gutes Herz. Ich denke oft an ihn und mein Herz klopft dann ganz doll. Manchmal kann ich auch nicht einschlafen. Wenn ich ihn sehe bekomme ich manchmal Bauchschmerzen. Er wohnt auch in Wetter und wenn wir uns sehen, dann spielen wir was. Wir haben uns auch schon mal umarmt und er hat mir gesagt, dass er mich liebt. Er mag auch Hannah aber mich liebt er.

Manche Kinder in meiner Klasse wissen von Patrick aber die sagen nichts dazu, weil sie ja selber auch verliebt sind. Früher haben sie in unserer Klasse auch Herzen an die Tafel gemalt aber jetzt nicht mehr. Manche schreiben sich auch Liebesbriefe. Ich habe auch schon mal einen bekommen. Da hat Dominik geschrieben: „Liebe Lara, ich wollte dir nur sagen, dass ich dich lieb hab." Und dann hat er einen anderen Namen drunter geschrieben. Aber ich habe die Schrift erkannt, weil der `ne ganz krickelige Schrift hat.

Meine Mutter weiß, dass ich verliebt bin aber sie hat nichts dazu gesagt. Mein Vater und meine Lehrerin wissen nichts davon.

NADINE (M37)

Nadine steht zum Zeitpunkt der Befragung kurz vor ihrem elften Geburtstag und besucht die vierte Klasse der Burgwaldschule. Nachdem sie ursprünglich in Treisbach (einem Ortsteil von Wetter) lebten, hat die Familie vor zwei Jahren ihr Bauvorhaben im Neubaugebiet von Wetter abgeschlossen und bewohnt seitdem ein eigenes Haus. Der Großvater, der ebenfalls mit einzog und an dem Nadine sehr hing, verstarb kurze Zeit später. Nadine hat einen jüngeren Bruder (9 J.), der die zweite Klasse der Grundschule besucht. Die Mutter arbeitet als Arzthelferin in Marburg, der Vater ist Angestellter bei der Telecom.

Wegen der Berufstätigkeit der Eltern, besuchte Nadine zwei Jahre die Betreuung. Hier zeigte sie sich fröhlich, unkompliziert und beliebt.

Nach Auskunft der Lehrerin sind die schulischen Leistungen nicht so, dass sie den Besuch des Gymnasiums empfehlen würde. Auf

Drängen der Eltern wird Nadine jedoch nach den Sommerferien ein Gymnasium in Marburg besuchen.

In der Klasse habe ich zwei gute Freunde, die Laura und den Frank. Der Laura kann ich alles anvertrauen und mit dem Frank kann man viel Spaß machen. Freunde sind wichtig, damit man nicht so alleine ist und damit man mit jemand über seine Probleme reden kann. Die Laura kenne ich schon, seit ich ein Baby war, weil unsere Mütter die gleiche Stillgruppe besucht haben. Mit dem Frank habe ich mich in der ersten Klasse angefreundet. Für mich darf ein Freund keine Geheimnisse verraten und sich nicht über mich lustig machen, wenn mir mal irgend etwas peinliches passiert. Und ein Freund muss ehrlich sein! Meinen Freunden kann ich vertrauen. Ich kann mir vorstellen, dass eine Freundschaft zu Ende geht, wenn man auf eine andere Schule geht und dann keinen Kontakt mehr hat. Mit den Jungen in unserer Klasse spiele ich nicht so viel, nur mit dem Frank. Manche sind ganz nett aber die anderen ärgern einen dann nur. Ich bin froh, dass ich ein Mädchen bin.

Ich war schon ein paar mal verliebt und jetzt bin ich in den Mathias verliebt, das ist der Bruder von Fabian. Er ist schon größer und geht auf die Wollenbergschule. Ich habe ihn kennen gelernt, weil er immer auf Feten mitgekommen ist, aufs Grillfest und so. Am besten gefällt mir, dass er so gut aussieht und viel Spaß macht. Abends denk ich an den und hab irgendwie so ein komisches Gefühl im Bauch. Und wenn ich ihn sehe, kriege ich so ein komisches Kribbeln im Bauch und muss als zu dem hingucken. Svenja ist in den Gleichen verliebt und das ist gut, dann können wir immer zusammen darüber reden.

Die anderen Kinder aus meiner Klasse können sich wahrscheinlich denken, dass ich verliebt bin. Die wissen aber nicht in wen. Ich glaube, dass eigentlich jeder in unserer Klasse verliebt ist. Bei uns werden auch manchmal Herzchen an die Tafel gemalt, aber die schreiben meistens etwas an, das gar nicht stimmt, um die zu ärgern. Liebesbriefe werden bei uns nicht so oft geschrieben.

Meine Eltern merken das immer irgendwie, wenn ich verliebt bin, aber sie wissen nicht in wen. Eigentlich lassen sie mich in Ruh.

ALEX (B73)

Alex ist zum Zeitpunkt der Befragung sieben Jahre alt und besucht die erste Klasse der Burgwaldschule. Er lebt zusammen mit seiner elfjährigen Schwester und seinen Eltern in einem eigenen Haus im Neubaugebiet von Wetter. Im gleichen Haus bewohnt die Großmutter, die Alex auch häufig betreut, eine Einliegerwohnung.

Beide Eltern arbeiten in Marburg, die Mutter als Standesbeamtin und der Vater als Betriebsleiter. Die Schwester besucht ein Marburger Gymnasium.

In seiner Freizeit spielt Alex am liebsten Fußball. Er ist in einem Verein und wird von den Eltern an den entsprechenden Wochenenden zu den Auswärtsspielen gefahren.
Aufgrund der Berufstätigkeit der Eltern besucht Alex die Betreuung. Hier verhält er sich offen mit einem guten Kontakt zu den anderen Kindern. Er wirkt sehr sensibel, was er gelegentlich hinter etwas ruppigerem Verhalten versteckt.

Sein Lehrer beschreibt ihn als sehr guten, wissbegierigen Schüler, der in die Klassengemeinschaft gut integriert ist.

Meine Freunde heißen Janek, Philipp und Fabian. Meine Freundschaft mit dem Fabi ist entstanden, weil wir uns immer so gut beim Sport verstehen. Es ist wichtig, dass man Freunde hat, damit man jemand hat, der einem hilft. Und die anderen finden das auch gut, wenn man jemand hat. Ein Kind mit dem ich befreundet bin soll mit mir Fußball spielen, denn das ist mein Lieblingssport. Es soll eine Wasserschlacht mit mir machen, wenn es ganz heiß ist, und einfach mit mir spielen und Fahrrad fahren. Meinem Freund kann ich vertrauen.

Mädchen finde ich manchmal total doof aber manchmal sind sie auch gut. Eigentlich spiele ich nur bei „Mädchen-Fangen" mit. Manchmal wäre ich selbst gerne ein Mädchen, weil die oft Vorteile haben. Zum Beispiel beim Zahnarzt, da kamen sie vor uns dran.

Ich bin verliebt, aber ich sage nicht in wen. Ich kenne sie schon aus dem Kindergarten. Es gefällt mir besonders, dass sie halt gut aussieht und dass sie wild ist. Man merkt das einfach so, wenn man verliebt ist.

Ich weiß, dass sie nicht in mich verliebt ist. Ich habs ihr einmal gesagt, dass ich in sie verliebt bin und die hat mich sofort angemotzt. Das war schlecht für mich! Alle Kinder in meiner Klasse wissen, dass ich in sie verliebt bin und die ärgern mich immer damit. Es gibt auch ein Mädchen in unserer Klasse, das in mich ist, aber die finde ich doof. Bei uns werden keine Herzchen an die Tafel gemalt, nur früher da haben wir uns immer solche Briefe zugeworfen. Da haben wir Quatsch drauf geschrieben, zum Beispiel „Chantal plus Fabian".

Mein Lehrer weiß, dass ich verliebt bin, der hat das ja gehört, Aber meine Eltern wissen das nicht und die müssen das auch nicht wissen.

Wenn eine Fee käme und ich hätte drei Wünsche frei, würde ich mir wünschen Fußballstar zu werden, Stammtorwart bei uns zu werden und dass die x meine Freundin ist.

Wiederbefragung:
Alex besucht inzwischen die dritte Klasse der Burgwaldschule. Er erinnert sich an das erste Interview und meint dazu: „Das war schon ok. Aber über so was will ich heute lieber nicht sprechen." Auf meine Frage nach dem Grund dafür sagt er: „Das ist sehr peinlich. Es gibt da auch noch ein Geheimnis. Darüber will ich auf gar keinen Fall reden". War

Alex zum Zeitpunkt des ersten Gesprächs eher locker, so wirkt er in der Nachbefragung verkrampft. Als ich ihm versichere, dass er hier nur das zu sagen braucht, was er freiwillig erzählen möchte, berichtet er, dass er nicht mehr in Nina verliebt ist. Inzwischen seien sie aber Freunde. So laufen sie morgens gemeinsam zur Schule und treffen sich auch nachmittags gelegentlich. Worin der Unterschied zwischen Freundschaft und Liebe liegt, kann er nicht erklären.

JAN (B86)

Zum Zeitpunkt der Befragung ist Jan acht Jahre und besucht die zweite Klasse der Burgwaldschule. Jan hat keine Geschwister und lebt mit seinen Eltern in einem eigenen Einfamilienhaus im Neubaugebiet Wetters. Seine Eltern sind deutlich älter, als die seiner Mitschüler, zudem gelten sie als sehr religiös.

Jans Mutter ist Hausfrau, der Vater arbeitet als Schließer in der Haftanstalt Butzbach. Beide Eltern bemühen sich sehr darum, ihren Sohn auf allen Gebieten zu fördern.

Jan wirkt altklug und wenig kindlich. Er macht einen nachdenklichen und ausgesprochen sensiblen Eindruck. Auf dem Pausenhof steht er häufig alleine.

Der Klassenlehrer beschreibt Jan als sehr belesenes Kind, das von den anderen als „Streber" gesehen wird. Seine schulischen Leistungen seien mit Ausnahme von Sport gut. In die Klassengemeinschaft ist er wegen seiner „verkopften Art" nicht so gut integriert.

Ich habe viele Freunde. Die Wiebke, den Bastian, den David, den Moritz, den Dominik und den Christian. Der David ist manchmal lieb und die Wiebke mag ich halt auch. Kann mich nicht mehr so daran erinnern, wie wir uns kennen gelernt haben. Freunde sind wichtig, weil man sonst allein ist. Meinem Lieblingsfreund kann ich vertrauen und ich kann mir eigentlich nicht vorstellen, dass eine Freundschaft mal zu Ende geht.

Mädchen finde ich net so gut. Die Mädchen bei uns sind eigentlich ein bisschen blöd finde ich. In der Pause spiele ich mit dem Dirk. Ich möchte kein Mädchen sein.

Ich war in die Sarah verliebt, aber jetzt nicht mehr so. Ich hab sie in der Klasse kennen gelernt und sie war so lieb und ein bisschen schüchtern. Das hat mir gut gefallen. Wir haben uns auch zweimal bei ihr getroffen. Da haben wir zusammen Musik gehört. Aber zu meinem siebten Geburtstag habe ich sie eingeladen und sie ist nicht gekommen. Sie hat mich auch nicht auf ihren Geburtstag eingeladen.

Heute bin ich immer noch ein bisschen verliebt in die Sarah und die Kinder in meiner Klasse wissen das alle. Die Jungs in unserer Klasse malen immer Herzchen an die Tafel und manchmal steht mein Name auch da. Wir schreiben auch manchmal Liebesbriefe. Im Unterricht, als wir mal mit Wachsmalstiften Striche und Einsen und Zweien auf das Blatt malen sollten, da hab ich einen Roten und Schwarzen genommen und so´n Herzchen gemacht mit ´nem Pfeil und habs auch schön am Rand ausgeschnitten und habs der Sarah heimlich in den Schulranzen gelegt. Der Dani hat ihr dann gesagt, dass es von mir kommt. Aber eigentlich findet die mich net so gut, das merke ich. Ich mag sie viel mehr als sie mich. Meine Mutter sagt auch manchmal, ich soll sie in Ruhe lassen. Aber so net!

Meine alte Lehrerin hat gewusst, dass ich in Sarah verliebt bin, aber unsere Neue weiß das nicht.

Wiederbefragung

Jan besucht zum Zeitpunkt der Wiederbefragung die vierte Klasse. Wirkte er im ersten Gespräch emotional noch sehr betroffen über die Ablehnung, die er durch Sarah erlebt hatte, so gibt er sich im zweiten Gespräch sehr überlegen nach dem Motto „Ich habs ja immer gewusst und eigentlich mochte ich sie ja auch nicht." Als ich ihn an seine Enttäuschung erinnere darüber, dass Sarah nicht zu seinem Geburtstag gekommen ist, erwidert er: „Ja, da war ich enttäuscht aber so richtig gemocht hab ich sie ja eigentlich auch gar nicht, nur halt am Anfang hab ich mal probiert." Auf die Frage, warum er probiert habe, räumt er dann doch ein: „ Am Anfang hab ich halt mal probiert, weil ich sie am Anfang gut fand. Aber, na ja."

Jan spielt nach wie vor mit Wibke, die er als beste Freundin bezeichnet. In sie ist er aber nicht verliebt. Nach den Unterschieden zwischen Freundschaft und Liebe gefragt, meint er: „ Ach, dass man, wenn man in jemand verliebt ist sich viel mehr streitet als sonst. Das hab ich ja bei der Sarah gemerkt." Sonst sei alles gleich.

Nach Sarah gab es für Jan kein Mädchen mehr, in das er sich verliebt hat.

FLORIAN (B96)

Florian ist zum Zeitpunkt der Befragung 10 Jahre alt und besucht die dritte Klasse der Burgwaldschule. Er wohnt mit seinen Eltern, seinem jüngeren Bruder (7J.) und seiner sieben Monate alten Schwester in einem der „Blocks" in Wetter.

Die Familie ist Anfang der 90er Jahre aus Russland nach Deutschland gezogen. Wegen wiederholter Körperverletzung ist der arbeitslose Vater zum Zeitpunkt der Befragung inhaftiert. Florian selbst erzählt nichts davon sondern sagt lediglich: "Ich weiß nicht so genau, was mein Vater arbeitet." Die Mutter ist Hausfrau und spricht nur sehr wenig Deutsch.

Die Klassenlehrerin spricht von befriedigenden Schulleistungen bei Florian. Er sei sehr unruhig und stünde unter großem Druck. Florian zähle nicht gerade zu den besonders beliebten Schülern, sei aber auch kein Einzelgänger.

In der Befragungssituation macht Florian einen sehr freundlichen und aufgeschlossenen Eindruck.

Meine Freunde sind der Calvin aus der Vorklasse, der Damian und der Lukas. Sie sind meine Freunde, weil sie wirklich nett sind, spielen und gute Kameraden sind. Es ist wichtig, dass man Freunde hat, denn dann wird man nicht beschimpft und ist nicht alleine. Wir sind Freunde geworden, weil wir zusammen Fußball gespielt haben und Fahrrad gefahren sind. Ich kann mir vorstellen, dass eine Freundschaft endet, wenn man sich streitet.
Mädchen finde ich nicht so nett. Meine Cousine Ilona ist voll schlecht. Die meckert die ganze Zeit. Ich spiele nur manchmal Verstecken oder Fangen mit den Mädchen. Ich möchte selbst kein Mädchen sein.

Ich bin verliebt in die Ela aus Marburg. Ich kenne sie schon, seit wir beide sieben Jahre alt waren. Da haben wir uns getroffen, weil unsere Mütter sich kennen. Wenn man verliebt ist, dann wird man verrückt. Ich freue mich immer, wenn sie mit ihrer Mutter aus Marburg kommt. Dann spielen wir im Baumhäuschen. Wir haben uns auch schon einmal umarmt und ich weiß, dass sie auch in mich verliebt ist, weil wir schon mal darüber geredet haben. Ich habe ihr auch schon drei Liebesbriefe geschrieben und sie hat mir zwei geschrieben – geschrieben und gemalt.

Die anderen Kinder in meiner Klasse wissen von Ela und sagen dann so komische Sachen, dass ich Sex mache und so. Bei uns sind auch noch andere verliebt.

Meine Eltern wissen, dass ich in Ela verliebt bin und mein Cousin hat gesagt, dass sie zu mir passt. Meiner Lehrerin habe ich aber nichts erzählt.

TOM (B69)

Tom ist zum Zeitpunkt der Befragung zehn Jahre und besucht die vierte Klasse der Burgwaldschule. Er lebt zusammen mit seiner Mutter, der großen Schwester (19J.), einer kleinen Schwester (2J.) und einem kleinen Bruder (6Mon.) in einem der Blocks in Wetter.

Die Mutter von Tom ist geschieden und erzieht die Kinder (von Zeiten wechselnder Partner abgesehen) allein. In der Schule ist ihr Alkoholproblem bekannt. Die Familie bezieht Sozialhilfe. Toms leiblicher Vater, zu dem Besuchskontakte bestehen, ist Bäcker. Die große Schwester von Tom hat die Sonderschule besucht und absolviert zur Zeit ein Berufsgrundbildungsjahr.

Tom hat zwei Jahre die Betreuung besucht. Hier machte er einen sehr freundlichen und verantwortungsvollen Eindruck. Er erzählte oft davon, dass er nachmittags die beiden jüngeren Geschwister versorge.

Die Klassenlehrerin berichtet, dass Tom ausreichende bis befriedigende Leistungen erzielt. Es gelingt ihm jedoch nicht immer, alle Hausaufgaben zu machen. Nach Einschätzung seiner Lehrerin könnte Tom bei mehr häuslicher Unterstützung wesentlich bessere Noten erzielen. Er gehöre zwar nicht zu den besonders beliebten Schülern, sei aber dennoch gut in die Klassengemeinschaft integriert.

Meine Freunde heißen Hassan, Niklas und noch mal Niklas. Wir wohnen fast im gleichen Block, ganz in der Nähe, und sind durch den Fußballverein Freunde geworden. Freunden kann man alles erzählen und auch was sagen, was die geheim halten sollen. Für mich soll ein Freund immer Zeit haben, wenn ich mal Zeit hab. Und dass er länger draußen bleiben darf und dass ich mal bei dem übernachten kann und er auch bei mir. Ich vertraue meinem Freund und kann mir nicht vorstellen, dass eine Freundschaft zu Ende geht.

Die Mädchen sind unterschiedlich. Manche gehen so, manche net so.
Ich spiele gerne Fangen mit ihnen.

Ich war schon zwei mal verliebt. Eine ist weggezogen und eine ist noch
da. Ich habe sie in der Schule kennen gelernt und sie sieht gut aus und
ist auch freundlich und nett. Wenn man verliebt ist, dann kriegt man so
was Komisches, das kann man kaum beschreiben. Da schlägt das Herz
ganz schnell und so. Und so was Kribbelndes im Bauch. Ich glaube,
dass sie mich auch gerne mag, aber ich weiß es nicht. Bis jetzt haben
wir nur zusammen gespielt, wenn andere dabei waren. In der Schule
lasse ich mir immer von ihr helfen und frage sie, wie was geht. Ich glaube aber die anderen Kinder wissen nicht, dass ich verliebt bin. Ich habe
nur mit meinem besten Freund, dem Niklas, darüber gesprochen. Der
findet das ok., der ist ja auch in eine verliebt, hat er mir erzählt.

Die Marina und die Alina aus unserer Klasse sind in mich verliebt. Das
habe ich gemerkt, weil die mich immer so angucken, wenn ich was mache.

Mit meiner Lehrerin und mit meinen Eltern habe ich nicht darüber gesprochen. Wenn eine Fee käme, würde ich mir wünschen, dass ich eine
Freundin hab.

5.5 Auswertung der Beobachtungsprotokolle

An erster Stelle finden sich in den Beobachtungsprotokollen (mit 23 Aufzeichnungen) die Gespräche „Wer ist in wen?". Die meisten Unter-
haltungen spielen sich während des gemeinsamen Essens ab, an dem
durchschnittlich 18 Kinder teilnehmen. Hier ist es ein Kern von fünf Kindern, der das Thema immer wieder anspricht. Üblicherweise beteiligen
sich weitere sechs Kinder an den Gesprächen, der Rest hört zu oder un-
terhält sich in kleineren Gruppen.

An zweiter Stelle folgen die Episoden, die sich mit der Freude der Kinder
an sexuellen Assoziationen befassen. Auch hierzu zwei exemplarische
Beispiele:
*Vier Kinder aus dem ersten Schuljahr sitzen gemeinsam am Tisch und
bauen mit Lego. „Gibst du mir mal die Sackkarre?" fragt Tom Michel. Der
erwidert „Ich brauche die Sackkarre selber", stutzt, grinst und fängt dann
an zu lachen bis alle mit einfallen und kichernd immer und immer wieder
gemeinsam „Sackkarre, Sackkarre" intonieren.*

*Lea, Michel, Marvin und Anna sitzen am Tisch und spielen ein Würfel-
spiel. Als die erste Sechs fällt jubelt Marvin: „Sex, Sex, der erzählt von
seinem Hobby!"*

Zum Werbeverhalten der Kinder wurden folgende Muster notiert, die hier
geordnet nach der Häufigkeit ihres Vorkommens aufgeführt werden. Alle
Strategien sind Beziehungsangebote in Form von besonderer Aufmerksamkeit, die sich in Hilfe, Unterstützung und kleinen Gefälligkeiten ausdrückt.

- den Umworbenen kleine Gefallen tun wie Wege abnehmen und
  bestimmte Aufgaben übernehmen
- den Umworbenen besonders beachten, Interesse zeigen und
  auch ausdrücken

- den Umworbenen kleine Geschenke – in der Regel Süßigkeiten – übergeben
- den Umworbenen beschützen, verteidigen
- den Umworbenen Liebesbriefe schreiben
- den Umworbenen Komplimente machen
- für den Umworbenen Partei ergreifen

Zu jeder aufgeführten Verhaltensweise folgt ein exemplarisches Beispiel:

Dem Umworbenen kleine Gefallen tun wie Wege abnehmen und bestimmte Aufgaben übernehmen:
Nach dem Essen spült jedes Kind seinen eigenen Teller ab. Als Lisa sich stattdessen ein Buch aus dem Regal holt, frage ich sie, warum sie ihren Teller nicht spült. „Der Nico macht das für mich", ist ihre Erwiderung.

Den Umworbenen besonders beachten, Interesse zeigen und auch ausdrücken:
Hier als Ausdruck der Freude und Erleichterung nachdem jemand wieder da ist, den man vermisst hat.
Basti und Oliver kommen morgens zur Tür herein und schauen sich im Raum um. Oliver sieht Vera, strahlt und sagt: „Ach, die Vera ist ja wieder da." (Vera war am Tag zuvor krank)

Kleine Geschenke – in der Regel Süßigkeiten – übergeben:
„Ich habe Hunger", stöhnt Nora. Daraufhin reagiert Erik sofort mit dem Angebot: „Du kannst mein Brot haben."
Diese Sequenz bezieht sich insofern zweifelsfrei auf Eriks Werbeverhalten und seine Beziehungswünsche, als solche Äußerungen regelmäßig vorkommen, ohne dass die Kinder sich gleich genötigt sehen von ihrem Frühstück abzugeben.

Den Umworbenen beschützen, verteidigen:
Zu den Regeln in der Betreuung gehört das Aufräumen nach Beendigung eines Spiels. Nachdem Chris, Lisa, Nora und Till mit ihrem Brett-

spiel fertig sind, entfernt sich Lisa ohne sich an der gemeinsamen Aufräumaktion zu beteiligen. Als Nora sie zurückrufen will, hält Chris sie zurück und sagt: „Ich mach das für die Lisa."

Den Umworbenen Liebesbriefe schreiben:

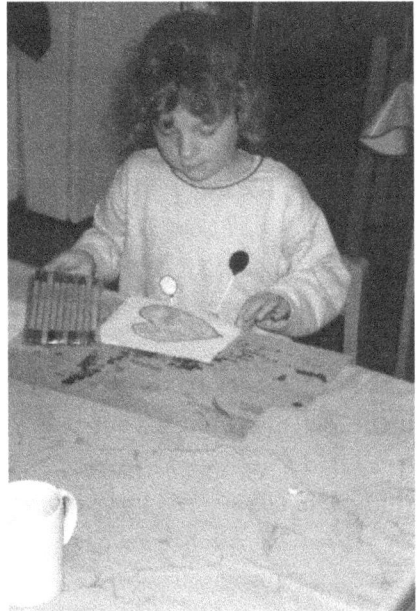

Lara und Christian malen sich gegenseitig ein Herz

Lara sitzt in der Betreuung und malt mit Buntstiften ein großes rotes Herz. Mich bittet sie ihr „Christian" vor zu schreiben. Dann setzt sie selber den Namen in das Herz. Als Christian das sieht reagiert er verlegen. Als sie ihm dann das Herz überreichen will, sagt er „Das gefällt mir nicht, ich mag nur Filzstifte". Kurz wirkt Lara brüskiert, bevor sie tatsächlich aufsteht, Filzstifte holt und das Herz erneut ausmalt. In dieser Zeit beginnt Christian in der anderen Ecke des Raumes auch ein Herz zu malen. Als sie fertig sind, strahlen sie sich an und tauschen die Herzen.

Christian ist die Sache aber wohl doch nicht ganz geheuer und er scheint etwas überfordert. Er fragt, ob er die Überschrift „von Lara" abschneiden darf, was Lara ihm erlaubt.

Den Umworbenen Komplimente machen:
Nina puzzelt. Chris stellt sich daneben, schaut eine Weile zu und fragt dann: „Nina, woher kannst du so gut puzzeln". Anstelle einer verbalen Antwort strahlt sie ihn an.
Die Beobachtung dieser Szene spricht für zärtliche Zuneigung und Bewunderung.

Für den Umworbenen Partei ergreifen:
Christian ergreift regelmäßig Partei für Lara, was auch als „Bekenntnis" ihr gegenüber zu werten ist. Zusätzlich zeigt er ihr, dass er ihre Meinung schätzt, indem er häufig ein fragendes „Stimmt´s" und „Stimmt doch, oder?" hinter seine Behauptungen setzt und sich damit gleichzeitig bei ihr rückversichert.
Wahrgenommen aus der Beobachterperspektive zeugten Szenen zwischen Christian und Lara in besonderem Maße von Einfühlungsvermögen, Bemühen und Rücksichtnahme.

Ein besonders attraktiver Junge wirkte über den gesamten Beobachtungszeitraum sehr überfordert durch die hartnäckigen Avancen, die ihm ein Mädchen machte. Es war ihm anzusehen, dass er sich auf der einen Seite geschmeichelt fühlte, auf der anderen Seite wies er sie regelmäßig zurück mit den Worten „Hau ab, du nervst!" Ganz offensichtlich wusste er weder, wie er auf ihre Liebesbriefe reagieren soll, noch auf die Herzchen auf der Tafel. Aber auch ihre Strategie war nicht erfolgsversprechend und führte letztlich nur zur wiederkehrenden Frage: „was soll ich denn machen, damit er mich liebt?"

Die Frage „Warum liebt er/sie mich nicht?" führt ebenso wie die Überlegung „Bin ich überhaupt liebenswert" zu teilweise erheblichen Selbstzweifeln bei den Kindern.

Es ist davon auszugehen, dass eine kleine Zahl tonangebender und im Mittelpunkt stehender Kinder wesentlich aktiver zur Herstellung einer Gruppenkultur beiträgt, als die größere Zahl der anderen Gruppenmitglieder. Über den Anpassungsdruck dominiert diese Gruppenkultur jedoch die gesamte Atmosphäre in der Klasse – oder der Betreuung – und bestimmt Einstellungen und Verhalten.

Imponiergehabe wurde besonders bei Jungen beobachtet.
Als Frank von seinen verschiedenen Freundinnen erzählt, fragt Torsten irgendwann erstaunt „Wie viele liebst du denn eigentlich?". Frank grinst und antwortet „Mindestens Acht".
Die Selbstdarstellung steht hier wohl im Vordergrund. Frank versucht die eigene Position aufzuwerten und sein Image zu verbessern. So wird Verliebtheit auch aus anderen Motiven heraus funktionalisiert.

Verliebtheit der Kinder hat unterschiedliche Auswirkungen auf das Gruppengeschehen. Je nach dem Status des Betreffenden wird sie anerkannt und akzeptiert, als Mittel zum Ärgern benutzt oder sie führt dazu, dass Spielkameraden sich ausgegrenzt fühlen. Auch vorübergehende Paarbildung kann mit sich bringen, dass andere von gemeinsamen Spielen ausgeschlossen werden.
Es ist ein besonders heißer Sommertag und Florian läuft mit bloßem Oberkörper durch die Betreuung. Er hebt einen Zettel vom Boden auf und geht auf Nadja zu und legt ihr den Arm um die Schultern. Mit den Worten: "Hier unser Heiratsvertrag" gibt er ihr den Zettel, was Timo mit „Achtung Liebesattacke" kommentiert. Nadja und Florian beginnen ein gemeinsames Spiel und Timo fühlt sich offensichtlich ausgeschlossen. Er beobachtet die beiden eine Zeitlang um schließlich zu rufen „verliebter Ficker", wobei er den Mittelfinger hochhält.

Im Beobachtungszeitraum wurde 11 Mal protokolliert, dass Kinder auf mich zu kamen, die entweder in Liebesdingen Rat suchten oder mich im Gegenteil aufforderten einzugreifen, um allzu vehementem Werbeverhalten entgegen zu treten.
Thorsten kommt auf mich zu und sagt: „Mach mal was, die Vanessa nervt schon wieder. Die soll mich in Ruhe lassen!"

Vanessa kommt und fragt: „Was kann ich denn machen, dass der Thorsten mich liebt?"

Für viele Mädchen und Jungen im Grundschulalter scheint zu gelten, dass man gleichzeitig in mehrere Kinder verliebt sein kann.
Die Frage, ob er seinen Geburtstag noch schön gefeiert habe und ob Ayla (eine Freundin aus dem Kindergarten) auch da war, bejaht Nico und setzt fort „Nur jetzt gibt es ein Problem. Es gab Streit und ich weiß nicht, wen ich heiraten soll. Die Ayla oder die Sofie oder die Sofie." Als ich nachfrage, erzählt er, dass er alle drei liebt.

Lisa kommt nach der zweiten großen Pause weinend in die Betreuung und erzählt, dass Mario sie geärgert hat. Auf meine Nachfrage erzählt sie, dass sie in der Pause Chris geküsst hat und Timo auch noch küssen wollte. Dieser hat aber abgelehnt. Mario, der das ganze beobachtet hatte, habe ihr dann gesagt, dass man nicht in zwei verliebt sein könne. Darüber habe sie sich sehr geärgert.

MACCOBY vertritt die These, dass ein Großteil der beobachteten stabilen Verhaltensunterschiede zwischen Männern und Frauen vom Gruppenkontext abhängig ist. (2000, S.22) Dies gilt auch für die Beobachtungen, die in der Kindergruppe gemacht wurden. Halten sich die Jungen vom Puppenhaus fern, solange Mädchen in der Nähe sind, so ist in den 39 Beobachtungsprotokollen 5 mal festgehalten worden, dass sie dort spielten, solange sie sich in einer kleinen Jungengruppe befanden und sich unbeobachtet fühlten. Es scheint so, als könnten sie sich das nur erlauben, wenn sie unter sich sind und keine weiblichen Beobachter haben. Beim Spiel am Puppenhaus fällt auf, dass Jungen und Mädchen unterschiedliche Themen bearbeiten. Beschäftigen sich Mädchen über die Barbiepuppen vorrangig mit Beziehungen, die entweder romantischen Vorstellungen entsprechen (Hochzeit) oder um Konflikte und Kindererziehung ranken, nutzen die Jungen das Puppenspiel um sexuelles Wissen zu demonstrieren. Nach einer gewissen Zeit werden die Puppen ausgezogen, der Busen wird belacht und Barbie und Ken werden unter großem Gelächter und teilweise lautstarkem Stöhnen aufeinander gelegt.

5.6 Auswertung schriftlicher Schülerarbeiten zum Thema Freundschaft und Liebe

Das hier ausgewertete Material entstand im Rahmen einer Sachunter-richt-Einheit zum Thema „Freundschaft und Liebe". Kindern einer vierten Klasse wurde im Stuhlkreis zunächst eine Geschichte aus dem Buch „Herzklopfen, Herzflattern" vorgelesen. Hierbei handelt es sich um die sensibel und anschaulich geschriebene Erzählung eines Jungens, der eine Einladung zum Geburtstag erhält von dem Mädchen, in das er ver-liebt ist. Angefangen mit Überlegungen zur Wahl des Geschenks, über seine Gedanken zur Auswahl der angemessenen Kleidung bis hin zur eigentlichen Begegnung und seiner Eifersucht, als er auf der Feier er-kennen muss, dass auch sein Rivale eingeladen ist, werden hier Gefühle dargestellt, die den Kindern so oder ähnlich bekannt sind und die sie an-regen, über eigene Erlebnisse zu berichten.

Einen Tag später bekamen die Kinder den Arbeitsauftrag sich schriftlich entweder zum Thema „Ich bin verliebt" zu äußern, oder den „Unterschied zwischen Freundschaft und Liebe" zu erarbeiten. So entstanden einund-zwanzig Arbeiten, von denen jedoch nur zwanzig ausgewertet werden konnten, da eine sehr schwache Schülerin innerhalb des vorgegebenen Zeitrahmens von fünfundvierzig Minuten nicht über den Titel hinausge-kommen war. Diese zwanzig Arbeiten wurden einer systematischen In-haltsanalyse unterzogen. Auch wenn die geringe Anzahl der Arbeiten keine Verallgemeinerungen zulässt, vermitteln die Texte doch ein aus-sagekräftiges und facettenreiches Bild der Einstellungen zu Freundschaft und Liebe.

Zunächst fällt auf, dass sich keine einzige Arbeit der sechs Jungen aus der Klasse mit dem Thema „Ich bin verliebt" befasste. Bei den Mädchen waren es dagegen sechs. Die übrigen acht Mädchen bearbeiteten, wie die Jungen, den Unterschied zwischen Liebe und Freundschaft. Die un-gleichgewichtige Verteilung der Arbeiten entspricht der tatsächlichen Zu-

222

sammensetzung der Klasse, die aus sechs Jungen und sechzehn Mädchen besteht. Für alle Schüler ist Deutsch die Muttersprache.

Augenfällig ist die Diskrepanz bei der Länge der schriftlichen Arbeiten. Mit durchschnittlich 52 Worten sind die Texte der Mädchen insgesamt drei Mal länger, als die der Jungen. Der Schluss, dies hänge von der Wahl des Themas ab, ist durch eine themenbezogene Berechnung zu widerlegen. Auch bei der theoretischen Auseinandersetzung – im Versuch Freundschaft und Liebe zu definieren – liegen die Mädchen mit durchschnittlich sechsundvierzig Worten mit Abstand vor den Jungen, die 17,3 Worte verwendeten. Bei den Mädchenarbeiten, die sich mit dem sehr persönlichen Thema „Ich bin verliebt" beschäftigten, werden die Texte mit durchschnittlich 60 Worten noch länger. Auch wenn Lehrer allgemein davon ausgehen, dass Mädchen eine größere Sprach- Lese- und Schreibkompetenz besitzen, scheint mir doch auch das Thema von Bedeutung.

Nach Durchsicht der Arbeiten betonte die Lehrerin ihr Erstaunen über die Häufung der Rechtschreibfehler. Die Klasse sei zwar nicht so leistungsstark, in diesen Texten seien die Fehler aber besonders gravierend. Auch hier steht zu vermuten, dass die Kinder sich so engagiert mit dem Inhalt befassten, dass darüber die formale Richtigkeit in den Hintergrund rückte.

Ein weiterer Hinweis auf das große Interesse am Thema ist darin zu erkennen, dass eine Schülerin sich noch am gleichen Nachmittag eine Liebesgeschichte ausdachte, die sie ihrer Lehrerin am nächsten Tag überreichte (Siehe Abschnitt 5.5.3).

5.6.1 Textmaterial zum Unterschied zwischen Freundschaft und Liebe

Aus dem vorhandenen Material zum Unterschied von Liebe und Freundschaft lassen sich zwei Gruppen bilden. In der einen finden sich distanziert anmutende theoretische Definitionsversuche, in der anderen sehr persönliche Schilderungen, die eher dem Thema „Ich bin verliebt" zugeordnet werden könnten.

Aus der Art der Bearbeitung lässt sich deutlich erkennen, wann die Kinder aus eigener Erfahrung sprechen. Zum Teil bringen sie regelrechte Beziehungsverlaufsbeschreibungen zu Papier.

Abgesehen von vier einfachen Tautologien in der Art „Bei Liebe liebt man sich und bei Freundschaft ist man befreundet", versuchen die Kinder die Definition häufig über eine Negativbestimmung, indem sie festhalten, was Freundschaft oder Liebe *nicht* ist.

Zur Liebe finden sich in erster Linie Zuordnungen, die den Bereich Körper und Sexualität betreffen. Die Aussagen „Da macht man Sex", „Da küsst man sich", „Da hat man Kribbeln im Bauch", „Da wird man rot", „Da umarmt man sich" kommen innerhalb der achtundzwanzig Gesamtnennungen fünfzehn Mal vor. Im weiteren Sinne fällt auch der Wunsch zu Gefallen in diesen Bereich. Hier nennen die Mädchen, dass man schöner sein will, dass man abnehmen möchte, weil man sich zu dick findet, aber trotzdem dünn ist und dass man das anzieht, was dem anderen gefällt. Zählt man diese Angaben zu den oben genannten – also auch zu den körperbezogenen, sexuellen Phänomenen, - so ergibt sich ein Anteil von neunzehn Nennungen. Dies entspricht immerhin 67,8 Prozent. Auf Verunsicherung und Verlegenheit im Zustand der Verliebtheit, lässt sich schließen, bei der Aussage „Da lacht man, wenn man etwas Ernstes sagt.". Der Wunsch nach Nähe drückt sich aus in der Erklärung „Wenn man jemand besonders mag und immer mit ihm zusammen sein möchte". Im Vergleich zur Freundschaft – in der das gemeinsame Spiel im

Vordergrund steht – ergibt sich für die Kinder wohl die Frage, wie es sich da wohl bei der Liebe verhält. Ein Kind beantwortet dies „Sie spielen auch".

Tabellarische Aufstellung der Zuordnungen zu Freundschaft und Liebe nach der Anzahl der Nennungen.

Liebe	Freundschaft
Da wird man rot / kriegt rote Backen (5)	Wenn man gerne miteinander spielt /
Da küsst man sich (4)	spielt man mehr als bei der
Da macht man Sex / schläft man	Liebe / wenn man miteinander
zusammen in einem Bett /	spielt und sich auch einmal
liegt man aufeinander (4)	streitet (5)
Wenn zwei Menschen sich lieben (4)	Da küsst man sich nicht (3)
Wenn man schöner sein will / wenn	Da macht man es nicht [Sex] / liegt
man abnehmen möchte, weil man	man nicht zusammen im Bett
sich zu dick findet aber trotzdem	liegt man nicht aufeinander (3)
dünn ist / zieht man an, was dem	Da wird man nicht rot / kriegt keine
anderen gefällt (4)	rote Backen (2)
Da geht man zusammen essen / da geht	Hat man kein Kribbeln /Schmetterlinge
man aus (2)	im Bauch (2)
Wenn man jemand besonders mag und	Zieht man nur das an, was einem
immer mit ihm zusammen sein	selbst gefällt (2)
möchte (1)	Verabredet man sich nur an Tagen, an
Umarmt man sich (1)	denen man Zeit hat (1)
Wenn man lacht, wenn man etwas	Da kann man alles machen (1)
ernstes sagt (1)	Wenn man sich gegenseitig hilft (1)
Hat man Kribbeln im Bauch (1)	Man kann alles erzählen und sie
Sie spielen auch (1)	erzählt es nicht weiter (1)
	Ist schön (1)
	Ist man nur befreundet (1)
	Da geht man nicht aus (1)

Die Bearbeitung des Unterschiedes zwischen Liebe und Freundschaft führt bei den Kindern – wie bereits erwähnt – in sieben Nennungen (29 Prozent) zu Negativbestimmungen. Wenn man befreundet ist, küsst man sich nicht, geht nicht aus, macht keinen Sex, wird nicht rot und hat kein Kribbeln im Bauch. Darüber hinaus steht mit fünf Nennungen das Spiel im Vordergrund. Drei Kinder erwähnen in diesem Zusammenhang aber auch Streit. Für sie ist Freundschaft „Wenn man zusammen spielt und auch mal streitet." Ansonsten ist Freundschaft nach ihrer Darstellung „schön", sie bedeutet, „man kann alles erzählen und es wird nicht weiter erzählt", „man hilft sich gegenseitig" und „man kann alles machen". Im Gegensatz zur Liebe verabredet man sich nur an Tagen, an denen man Zeit hat und zieht nur das an, was einem selbst gefällt.

5.6.2 Textmaterial zum Thema „Ich bin verliebt"

Um ein möglichst authentisches Bild zu vermitteln, werden die Darstellungen der Kinder einschließlich der Fehler übernommen und zur besseren Kenntlichmachung in Computer-Handschrift gesetzt.

Die systematische Analyse des Inhaltes der Arbeiten zum Thema „Ich bin verliebt" erfordert die Erfassung folgender Kategorien:
- Die Beschreibung von Äußerlichkeiten
- Das Festhalten der Begegnungsorte
- Die Erwähnung von körperlichen Reaktionen
- Die Schilderung bestimmter Verhaltensmuster
- Die Verwendung von stereotypen Wendungen, die aus der Medienwelt übernommen wurden.

In fünf der sechs Arbeiten werden die Äußerlichkeiten der Jungen beschrieben, in die die Mädchen verliebt sind.

Beschreibung von Äußerlichkeiten:

„ Sie [die Mutter] hat gesagt, dass er sehr, sehr gut aussieht. Ich fand ihn nicht hübsch, ich fand ihn wunderschön." (Laura)
„Ich finde ihn hüpsch. Er hat immer so eine schöne Kappe an." (Janine)
„Da kam ein June der hatte blaue Augen blonde Harre und einen tollen Karagta." (Sabrina) „Deine Blauen Augen sind wie der Himmel, deine Harre wie der Sonnenaufgang und deine Australung wie Mond und sterne du bist für mich die ganze Weld." (Aus einem Liebesbrief den Sabrina in ihren Text einband).
„Er hat eine Kette und hellbraune Haare." (Theresa)
„Er hat blonde Haare. Er hat braune Augen. Er hat eine gote Figur." (Sarah)

Weitere Zuschreibungen, die über direkte Äußerlichkeiten hinausgehen:

„Hat einen tollen Karagta. Er eihst Nico". (Sabrina)
„Er ist auch 10." (Janine)
„Er ist zwölf Jahre alt drei Jahre älter wie ich. Er heißt Jannes und ist zuckersüß." (Theresa)
„Er ist süssssssssssssss. Süße Chtime". (Sarah)

Begegnungsorte:

„Es fing an in der 2 Klasse" (Sabrina)
„Ich habe ihn in der Kinderbibel Woche kennen gelernt." (Theresa)
„Bushaltestelle" (Sarah)
„Wenn ich zu meiner Cousine Fahre sehe ich ihn." (Janine)
„Bei dem Freund des Bruders." (Laura)

Körperliche Reaktionen und körperbezogene Wünsche:

„Immer wenn ich ihn sehe habe ich grippeln im Bauch. Ich werde meistens rot. Ich möchte ein Küsschen von ihm." (Janine)

„Ich werde ganz Rod". (Sarah)

„Wenn man schöner sein will oder mann unbedingt abnehmen möchte weil man sich zu dick findet aber trotzdem dünn ist". (Johanna aus einer persönlichen Schilderung in der Bearbeitung der Arbeitsaufgabe zum Unterschied von Freundschaft und Liebe).

„Und ich hatte mich im Autospiegel angeguckt ob ich schön aussehe." (Laura)

Schilderung bestimmter auf das Verliebtsein bezogener Verhaltens-muster:

„Dann in der 4 Klasse srieb ich im eine Libes brif." (Sabrina)

„Immer wenn ich ihn an der Bushaltestelle sehe und ihn anschaue und er auch kugt schaue ich weg". (Sarah)

„Ich hatte ihn als angeguckt". (Laura)

„Als er mich angeguckt hat habe ich mich immer weggedreht." (Laura)

„Man lacht, wenn man etwas ernstes sagt." (Sina aus einer persönlichen Schilderung in der Bearbeitung der Arbeitsaufgabe zum Unterschied von Freundschaft und Liebe).

„Und als wir nach Hause gefahren sind habe ich fast geheult weil ich wusste dass ich ihn lange nicht mehr sehe. Nach ein paar Tagen hat mein Bruder gesagt das er mal zu uns kommt, da habe ich mich sehr ge-freut." (Laura)

Benutzte Stereotypen:

„Wen ich dich sehe grige ich Schmeterlinge in meinem Bauch. Deine Blauen Augen sind wie der Himel, deine Harre wie der Sonnenaufgang und deine Australung wie Mond und sterne du bist für mich die ganze weld. (Sabrina)

gei _Nico_

wen ich dich sehe dan habe ich Schmeterling im Bauch ... deine Haare wie ... wie der ... und Sterne ... Aufgang und deine Ausstrahlung da bist für mich die ganze Welt

Vo...

Sabrina

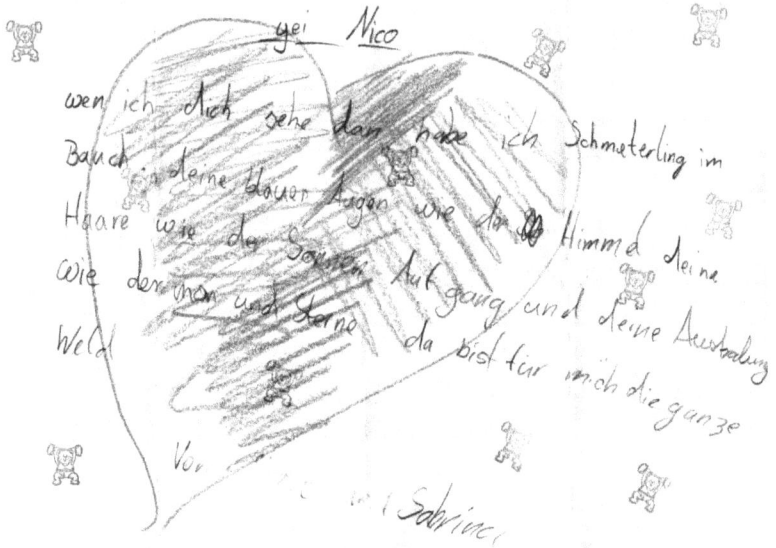

Der Liebesbrief von Sabrina auf den sie auch in ihrem Text Bezug nimmt

5.6.3 Ergebnisse der Auswertung

Die Beschreibung des Verliebtseins bezieht sich immer auf eine bestimmte Person, der Attribute zugeordnet werden, die sich im Regelfall auf Äußerlichkeiten beziehen. Freundschaft dagegen wird von den Kindern geschlechtsneutral beschrieben und bezieht sich häufig auf mehrere Personen.

In einer sehr persönlich gehaltenen Arbeit beschreibt Elisabeth die Geschichte ihrer Beziehung zu einem Jungen, mit dem sie viele Jahre eng befreundet war. Sie erwähnt auch, dass sie sich geküsst haben, dies sei jedoch keine Liebe gewesen. Erst als eine dritte Person ins Spiel kam – und damit auch die Eifersucht – entsteht eine neue noch nicht einschätzbare Gefühlsqualität, die sich auch in einer Träne zeigt, die Elisabeth unter ihre Arbeit gemalt hat. In dieser Darstellung verschwindet der Unterschied zwischen Liebe und Freundschaft derart, - sind die Übergänge so fließend – dass zu vermuten ist, dass sich Kinder gelegentlich selber fragen, bin ich verliebt oder nicht.

Im gesamten Textmaterial zeigen sich Gemeinsamkeiten von Freundschaft und Liebe. In beiden Darstellungen wird gespielt, es wird gestritten und man hilft sich gegenseitig. Was jedoch bei der Liebe dazu kommt ist der körperlich-sexuelle Aspekt mit dem verstärkten Wunsch, zu gefallen und eine besondere Befangenheit. Diese zeigt sich für die Kinder verräterisch und offensichtlich im Erröten, das, durch das vegetative Nervensystem gesteuert nicht willentlich zu beeinflussen ist. Darüber hinaus beschreiben die Mädchen ihren Wunsch, den Jungen, in den sie verliebt sind, ständig anzuschauen. Werden sie dabei jedoch ertappt, wenden sie den Blick sofort wieder ab. Auch das Lachen, wenn man etwas Ernstes sagt, deutet auf ihre Befangenheit, die sie unsicher und verlegen macht.

Der Widerspruch zwischen dem Wunsch zu gefallen, der wiederum beinhaltet attraktiv zu sein, das Richtige zu sagen und souverän zu reagieren und der Realität, in der man einen roten Kopf bekommt, wegschaut und verlegen ist, scheint hier besonders groß.

In der Beschreibung der Jungen, in die sie verliebt sind, wird auch eine schwärmerische Idealisierung deutlich. Der Junge ist nicht nur hübsch sondern wunderschön, er ist nicht nur süß sondern zuckersüß. Als aus der Medienwelt übernommenes Stereotyp wird dies in dem Satz „Du bist für mich die ganze Welt" am deutlichsten.

Die Intensität der Gefühle lässt sich nicht nur aus dem Kontext schließen, sie werden direkt ausgedrückt. „Ich habe fast geheult, weil ich wusste dass ich ihn lange nicht mehr sehe" und „Nach ein paar Tagen hat mein Bruder gesagt das er mal zu uns kommt, da habe ich mich sehr gefreut."

Mein erste Liebe
ich binn Margred 12 Jare
alt und 1,45 groß. da gib es auch
noch mein Bruder der war mit
16 Ferlibt ich harbe mich auch
Ferlibt er heis Jonas wir harbe
uns das erste mal bei der Freundie
Fron meine Freundien gesehen
das sagte er: du Margred
ich Komme nechst Woche in deine
Klasse. ich sagte nur da hätte
unser Lerer schon lengst beochat
gesgt nein ich binn Heute
erb angemeldet worden sagt er
eine Woche später war er in
unserer Klasse ich harbe mich
Kleich in ihn Forliebt weil er
Schöne braune Harne hat

Weil er inerlich die Liebe zeigen kan
und er hat eine Gutenkarg'ten
dann sreib ich im einen
Liebesbrieb er mir auch der
war düs so gimes dan 3 Jare
Weiter Mein Bruder sagt mit
16 Jaren du bist fiel zu
Jung um jemaden zu Lieber
ich sagt schrie fadkamt
noch mal nerf mich nicht
War es bei eu auchso schreites?
min auf Bitte
Das War meine erste Liebe

Ein leistungsschwaches aber sehr motiviertes Mädchen zeigte sich am Thema so interessiert, dass sie zu Hause noch eine Liebesgeschichte schrieb. Hier macht sie sich etwas älter und etwas größer, ansonsten ist der Text sehr authentisch.

In einem Großteil der Texte wird die Aufmerksamkeit spürbar, die die Kinder auf ihren Körper richten. Die Suche nach der eigenen Identität wird durch den Prozess der Selbstreflexion ausgelöst betont WANSCH (1997,S.7) in ihrer Arbeit über die „Charakteristika der Vorpubertät". Für sie verläuft die Identitätsfindung, das heißt die Konstituierung des Selbst als ein einmaliges, unverwechselbares Individuum von außen nach innen.

„Erst durch die kritische Betrachtung des eigenen Körpers (körperliche Veränderungen) wird auch eine psychische Auseinandersetzung mit den eingetretenen Veränderungen ausgelöst." (Vgl. WUNSCH 1997, S.7)

So ist davon auszugehen, dass die über die Verliebtheit angeregte Beschäftigung mit dem eigenen Körper gleichzeitig Auslöser für psychische Entwicklungen ist.

5.6 Aufschlüsselung und Zusammenfassung der Ergebnisse

Ein Vergleich der Untersuchungsergebnisse zum Freundschaftsverständnis zeigt wenig Unterschiede im Erleben von Jungen und Mädchen. Da nicht alle Kinder der jeweiligen Klasse befragt wurden, konnte auch nicht immer überprüft werden, wie weit die genannten Freundschaften auf Gegenseitigkeit beruhen. So ist davon auszugehen, dass ein Teil der Nennungen einseitig erwünscht ist und die Gefühle nicht erwidert werden.

In der Regel haben sich Freunde in der Schule kennen gelernt; für beide Geschlechter ist wichtig, dass man sich mit Freunden „gut versteht". Jungen und Mädchen sehen die vorrangige Bedeutung dieser Beziehungen darin, „dass man nicht einsam und allein ist". Besonders wichtig ist für alle Kinder das Vertrauen in den Freundschaften. Die Mehrheit beider Geschlechter kann sich das Ende der Beziehungen vorstellen; hier werden als Ursachen zum einen ein Streit genannt und zum anderen der Wechsel auf die weiterführenden Schulen. Die Einstellungen zum anderen Geschlecht sind leicht voneinander abweichend. Im Verhältnis sagen Mädchen häufiger, dass sie Jungen nett finden. Das Gros beider Geschlechter spielt gerne miteinander, wobei „Fangen" in den Pausen an häufigsten genannt wird. Bis auf wenige Ausnahmen sind Mädchen und Jungen mit dem eigenen Geschlecht zufrieden und die Frage, ob sie manchmal tauschen möchten, löst eher Entrüstung aus.

Gravierende Unterschiede zeigten sich im zweiten Teil der Befragung, in den Aussagen zum Liebesverständnis. Signifikant sind die Abweichungen in der Beantwortung der Frage: „Bist du eigentlich verliebt oder warst du es früher einmal?" Hier gaben 56,6 % der Mädchen an zur Zeit verliebt zu sein und 3,8 % erklärten früher einmal verliebt gewesen zu sein. Demgegenüber bejahten nur 38,7 % der Jungen die Frage. 31,8 % von ihnen gab an zur Zeit verliebt zu sein und 6,8 % sagten, sie seien früher einmal verliebt gewesen.

Die Frage nach der eigenen Attraktivität für das andere Geschlecht bietet großen Raum für Spekulationen und Projektionen und wird im engsten Freundeskreis auch besprochen.

In den Protokollen ist die Anzahl der verzeichneten Tischgespräche zum Thema „Wer ist in wen" am größten. Innerhalb der 39 Beobachtungstage wurde 23 Mal darüber verhandelt wer wen und warum liebt oder auch nicht. Damit rangiert es an erster Stelle vor Gesprächen rund um schulische Belange sowie Nachmittags- und Wochenendaktivitäten, die ansonsten regelmäßig besprochen werden.

Es gibt Hauptpersonen, einzelne Kinder, die eine Vorreiterrolle spielen, sich selbst in besonderer Weise darstellen und das Thema Verliebtheit „gesprächsfähig" machen. So wird Verliebtheit häufig anhand einiger Protagonisten durchgespielt, die ihrerseits entweder gerne mitspielen „gestehen" oder besonders entschieden leugnen.

Bei allen Gesprächen über das Thema Liebe fällt die Reduzierung der Sprache auf[11]. „In wen bist du?", wird von allen sofort verstanden als Frage danach, in wen man verliebt ist. Auch die Aussage „Ich bin in den..", ist für alle zum Verständnis ausreichend.

Immerhin 73,2 % der befragten Kinder gehen davon aus, dass andere Kinder in ihrer Klasse verliebt sind. Dies kann zu erheblichem Anpassungsdruck führen. Es ist wahrscheinlich, dass Vermutungen darüber, wie viele der anderen Kinder verliebt sind, eine normierende Wirkung haben und dass diese Schätzungen eher hoch angesetzt werden. Möglicherweise bluffen einige Kinder und machen ihren Mitschülern vor sie seien verliebt, um sich Handlungsspielräume zu bewahren. Somit würden sie selber an der Spirale drehen, die sie unter Druck setzt. Auch wenn die Kinder sich teilweise gegenseitig aufziehen und durch falsche Bezichtigungen ärgern, wird das Verliebtsein besonders in der vierten Klasse – in Ansätzen aber schon ab der ersten Klasse – positiv bewertet. Dies weckt natürlich den Wunsch, selbst auch verliebt zu sein. So muss auch davon ausgegangen werden, dass sich einige Kinder entsprechend darstellen, um so Anerkennung zu erhalten, nicht zum Außenseiter zu werden und mitreden zu können.

Gefühle des Miteinanderverbundenseins deutlich nach außen zu zeigen, ist im Klassenverband mit Risiken behaftet. Neid, Eifersucht und Verunsicherung der anderen führen zu Reaktionen, die sich im Lächerlichmachen und Ärgern äußern, aber auch im Wunsch mithalten zu können und selbst verliebt zu sein.

---

[11] Zu der verkürzten Sprache, die bei der Formel „Wer in wen " auffällt, lässt sich der im Untersuchungszeitraum von den Kindern favorisierte Film „Pokémon" mit all seinen Karten und Figuren assoziieren. Diese 151 verschiedenen „Pokémon" können lediglich ihren eigenen Namen sagen. Alles andere einschließlich sämtlicher Gefühlsregungen geschieht über Mimik und Betonung.

Das intensive Zusammensein im streng strukturierten Schulrahmen, erzeugt auch das Bedürfnis aus dieser Ordnung auszubrechen und zum Ausgleich etwas Besonderes, etwas Aufregendes zu erleben. So wie die Pausen und die Freunde Schule „schöner" machen, durchbricht auch das Verliebtsein den gewohnten Schulalltag und macht ihn spannender.

Immer wieder bringen Kinder eigene CD's mit in die Betreuung, die sie sich dort auch anhören möchten. Auch anhand des Musikgeschmacks werden große Unterschiede deutlich. Annähernd die Hälfte der angemeldeten Kinder aus dem zweiten Schuljahr sowie zwei Kinder aus der ersten Jahrgangsstufe definieren sich selber bereits als Jugendliche, die "Kindermusik" ablehnen und stattdessen Techno und Rap sowie Hits aus den aktuellen Charts bevorzugen. Sie kennen sich gut in der Popszene aus, geben sich besonders "cool" und sind auch entsprechend "gestylt". Die andere Hälfte wirkt in ihrem ganzen Habitus wesentlich jünger, bevorzugt typische Kinderkassetten und interessiert sich weniger für Mode.

Eine Schnittmenge der Themen Freundschaft und Liebe liegt in der Bedeutung, die Freunde auch in Liebesangelegenheiten haben, indem sie
- etwas in Erfahrung bringen über die Wunschkandidatin,
- die Liebesbriefe weiterleiten,
- man mit ihnen über die eigenen Gefühle sprechen kann,
- sie die Gefühle vielleicht sogar teilen,
- eventuell die erste Verabredung arrangieren.

Die Erwartung, dass ältere Geschwister über ihre Modellfunktion Anteil daran haben, dass Kinder sich vermehrt verlieben, konnte im Rahmen dieser Arbeit nicht bestätigt
werden. Es sind sogar 66,6 % der Einzelkinder, die angaben, sie seien jetzt verliebt oder bereits früher verliebt gewesen; von den Kindern mit Geschwistern waren es dagegen nur 46,8 %. So muss vermutet werden, dass bei den Einzelkindern der Wunsch nach einer „Herzensbeziehung"

noch größer ist als bei Geschwisterkindern. So könnte die Person, in die
man verliebt ist in gewisser Weise auch als Geschwisterersatz fungieren.

Angaben zur Verliebtheit in Relation zur Situation als Einzel- oder
Geschwisterkind

	ja jetzt	nein	ja früher
79 Kinder mit Geschwistern	34	42	3
18 Einzelkinder	10	6	2
97 Befragte insgesamt	44	48	5

Wurden in den vorangegangenen Abschnitten die Ergebnisse nach Geschlecht aufgeschlüsselt, so werden sie auf den folgenden Seiten für einen allgemeinen Überblick noch einmal zusammengeführt.

Zur Frage: „Weißt du noch, wie ihr Freunde geworden seid, du und der
X?“

durch die Nachbarschaft	11
Eltern sind befreundet	9
in der Schule	48
im Kindergarten	29
weiß nicht mehr	2

--- ----- -----

0 missing cases; 97 valid cases

Beide Geschlechter nennen die Schule als Ort des kennen Lernens am häufigsten. Dies deckt sich auch mit der bereits erwähnten Studie von KRAPPMANN und OSWALD (1995) zum Alltag der Schulkinder.

Zur Frage: „Was glaubst du warum es wichtig ist, dass man Freunde hat?"

mit Freunden kann man über Probleme reden	10
damit man jemanden zum Spielen hat	26
weil es sonst langweilig ist	10
damit man jemanden hat, der einem hilft	20
damit man nicht einsam und allein ist	41
weiß nicht, egal	8
dass man Freude am Leben hat	4

------- ----- -----

0 missing cases; 97 valid cases

Jungen und Mädchen sehen die wichtigste Freundschaftsfunktion darin, nicht einsam und allein zu sein. Als zweiten Grund geben Mädchen an, dass sie jemanden haben, der ihnen hilft. Für Jungen steht der Wunsch nach gemeinsamem Spiel an zweiter Stelle.

Zur Frage: „Warum sind das deine Freunde?"

sind ehrlich	7
weiß ich nicht	11
weil ich mich mit denen gut verstehe	46
hat besondere Spielsachen	3
Eltern sind befreundet	1
sind die einzigen, die mit mir spielen	14
wohnt in der Nähe	10
ist lieb, nett	20

------- ----- -----

0 missing cases; 97 valid cases

Beide Geschlechter nennen als häufigste Begründung für die Auswahl des Freundes, dass sie sich mit ihm gut verstehen. Dies beinhaltet in erster Linie gemeinsame Interessen.

Zur Frage: „Wie soll ein Kind sein, mit dem du gerne spielen und befreundet sein willst?"

Hilfsbereit	5
muss ihm/ihr vertrauen können	12
nicht so langweilig	8
darf nicht so oft meckern	11
muss Zeit haben	12
ehrlich	11
lieb, nett	45
weiß nicht, egal	20

------ ----- -----

0 missing cases; 97 valid cases

Die Frage nach dem idealen Freund wird von der Mehrheit der Kinder beiden Geschlechts damit beantwortet, dass dieser „lieb und nett" sein soll. Damit sind gleichzeitig die Verhaltensanforderungen in Bezug auf die eigene Person abgesteckt. Um einen Freund zu gewinnen und zu behalten, muss ich selber lieb und nett sein und "darf nicht rummeckern", wie es Patrick ausdrücklich hervorhebt.

<u>Zur Frage</u>: „Vertraust du deinem Lieblingsfreund?"

Frage 6

		Häufigkeit	Prozent	Gültige Prozente	Kumulierte Prozente
Gültig	ja	88	90,7	90,7	90,7
	nein	2	2,1	2,1	92,8
	manchmal	7	7,2	7,2	100,0
	Gesamt	97	100,0	100,0	

Frage 6

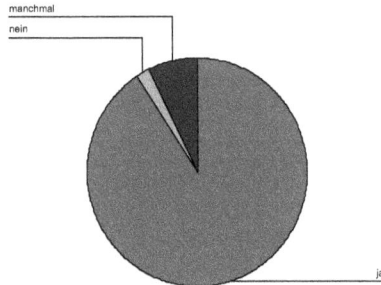

Mit 90 Prozent ist die Anzahl der Kinder, die ihrem Freund vertrauen, sehr hoch. Um so größer ist die Enttäuschung, wenn dieses Vertrauen missbraucht wird. Dies ist auch ein Tatbestand, der als Ursache für die Beendigung einer Freundschaft angegeben wird.

239

Zur Frage: „Könntest du dir vorstellen, dass eine Freundschaft zu Ende geht?"

Frage 7

		Häufigkeit	Prozent	Gültige Prozente	Kumulierte Prozente
Gültig	weiß nicht	2	2,1	2,1	2,1
	ja	62	63,9	63,9	66,0
	nein	33	34,0	34,0	100,0
	Gesamt	97	100,0	100,0	

Frage 7

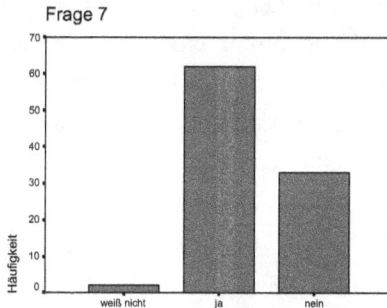

Frage 7

Jungen und Mädchen vertreten die realistische Einschätzung, dass Freundschaften auch enden. Sie berichten darüber teilweise aus eigener Erfahrung, zum großen Teil aber auch in Hinblick auf Befürchtungen, die sie im Zusammenhang mit dem Besuch weiterführender Schulen hegen. Dies gilt insbesondere für die Kinder, die das vierte Schuljahr besuchen.

Zur Frage: „ Wie findest du eigentlich Jungen/Mädchen?"

Frage 8

		Häufigkeit	Prozent	Gültige Prozente	Kumulierte Prozente
Gültig	nett	26	26,8	26,8	26,8
	es geht	28	28,9	28,9	55,7
	manche gut/ manche blöd	17	17,5	17,5	73,2
	blöd	26	26,8	26,8	100,0
	Gesamt	97	100,0	100,0	

Frage 8

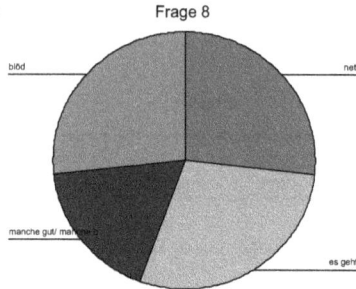

In der Beurteilung des anderen Geschlechts weichen die Meinungen der Mädchen und Jungen geringfügig voneinander ab. 32,1% der Mädchen finden Jungen nett, 24% finden sie blöd. Bei den Jungen zeigt sich das Verhältnis umgekehrt. 20,5% finden Mädchen nett, 29,5% finden sie blöd. Die weiteren Antworten sind mit „es geht" unbestimmt oder es wird differenziert „manche gut/manche blöd".

Zu den Fragen: „Spielst du gerne mit Jungen/Mädchen?" Wenn ja: „Was spielt ihr zusammen?"

Frage 9

		Häufigkeit	Prozent	Gültige Prozente	Kumulierte Prozente
Gültig	ja	59	60,8	60,8	60,8
	nein	22	22,7	22,7	83,5
	kommt darauf an	16	16,5	16,5	100,0
	Gesamt	97	100,0	100,0	

Zusatzfrage

		Häufigkeit	Prozent	Gültige Prozente	Kumulierte Prozente
Gültig	Fangen	52	53,6	70,3	70,3
	Verstecken	11	11,3	14,9	85,1
	Ball	7	7,2	9,5	94,6
	Fahrradfahren	3	3,1	4,1	98,6
	Computer	1	1,0	1,4	100,0
	Gesamt	74	76,3	100,0	
Fehlend	System	23	23,7		
Gesamt		97	100,0		

241

Jungen und Mädchen spielen am liebsten Fangen miteinander. Dabei verrät das Spiel viel über die eigene Stellung in der Gruppe und beim anderen Geschlecht. Eine bevorzugte Person wird beim Fangen symbolisch ausgewählt und unbeliebte Kinder werden durch Nichtbeachtung ausgegrenzt. Dazu kommt der Reiz des – innerhalb des Spieles – erlaubten Körperkontaktes.

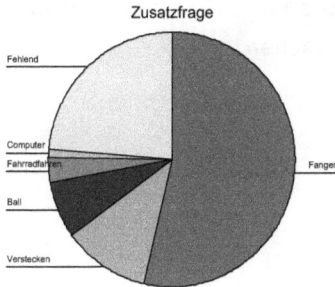

Zusatzfrage

Zur Frage: „Wärst du selber gerne ein Junge/Mädchen?"

Frage 10

		Häufigkeit	Prozent	Gültige Prozente	Kumulierte Prozente
Gültig	weiß nicht	2	2,1	2,1	2,1
	ja	3	3,1	3,1	5,2
	nein	79	81,4	81,4	86,6
	ja, manchmal	13	13,4	13,4	100,0
	Gesamt	97	100,0	100,0	

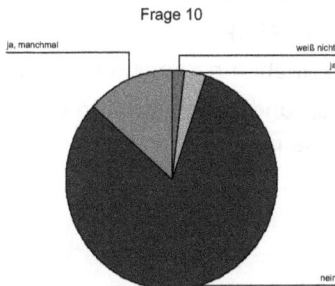

Frage 10

Zu den zentralen Dimensionen der Selbst- und Fremdwahrnehmung gehört das Geschlecht. Großen Protest löste bei der Mehrheit der Kinder
die Frage danach aus, ob sie lieber dem anderen Geschlecht angehören
wollten. Die Kinder scheinen überwiegend mit ihrem eigenen Geschlecht
zufrieden zu sein und sehen nur in seltenen Situationen „die Mädchen
durften zuerst zum Zahnarzt" oder „die Jungen haben es einfacher mit
dem Verlieben", dass das andere Geschlecht bevorzugt wird. Nur dann
möchten sie manchmal tauschen.

Zur Frage: „Warst du eigentlich auch schon mal verliebt oder bist
du es jetzt?"

Geschlecht * Frage 1a Kreuztabelle

Anzahl

		Frage 1a			Gesamt
		ja jetzt	nein	ja früher	
Geschlecht	weiblich	30	21	2	53
	männlich	14	27	3	44
Gesamt		44	48	5	97

Signifikante Unterschiede wurden bei der Beantwortung der Frage
„Warst du eigentlich auch schon mal verliebt oder bist du es jetzt?" deutlich. Die hier dargestellten Diskrepanzen lassen mehrere Erklärungs-
möglichkeiten zu. Entweder nehmen Mädchen und Jungen die Situation
unterschiedlich wahr, und erleben sie auch unterschiedlich oder die beiden Geschlechter bewerten und benennen ihre Gefühle unterschiedlich.
Vermutlich spielt Beides eine Rolle.

Zur Frage: „Kannst du dich noch daran erinnern wo du ihn/sie kennen gelernt hast?"

Frage 2a

		Häufigkeit	Prozent	Gültige Prozente	Kumulierte Prozente
Gültig	ja, in der Schule	14	14,4	28,6	28,6
	ja bei Freunden	7	7,2	14,3	42,9
	ja, in der Klasse	16	16,5	32,7	75,5
	ja, über Geschwister	3	3,1	6,1	81,6
	im Kindergarten	6	6,2	12,2	93,9
	über befreundete Eltern	3	3,1	6,1	100,0
	Gesamt	49	50,5	100,0	
Fehlend	System	48	49,5		
Gesamt		97	100,0		

Frage 2a

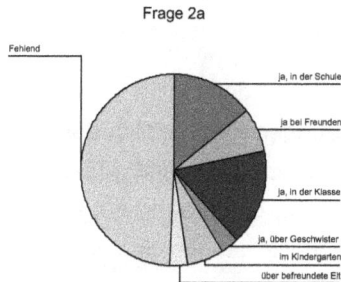

Wie auch beim kennen lernen der Freunde finden sich diejenigen, in die die Kinder sich verlieben mehrheitlich in der Schule beziehungsweise in der eigenen Klasse.

Zur Frage: „Was gefällt dir denn so besonders an ihm/ihr?"

ist wild	1
ist hilfsbereit	3
ist gut in der Schule	3
ist witzig	10
ist nett, lieb	19
Aussehen	22
weiß nicht	4

------- ----- -----

48 missing cases; 49 valid cases

Was ihnen besonders gefällt an demjenigen, in den sie verliebt sind, beantworten Mädchen und Jungen mehrheitlich damit, dass der/die andere
nett und lieb ist und gut aussieht. Der geringfügige Unterschied zwischen
den Geschlechtern liegt darin, dass mehr Jungen als Mädchen das att-
raktive Äußere an erster Stelle nennen. Für Mädchen steht das „Nette,
Liebe" an erster Stelle.

Beide Geschlechter charakterisieren ihre Verliebtheit dadurch, dass sie
angeben, viel an den anderen zu denken. Es folgt das „Kribbeln im
Bauch" und die Einschlafschwierigkeiten.

Zur Frage: „Kannst du noch genauer beschreiben, wie das ist, wenn man verliebt ist?"

ein peinliches Gefühl	1
ein schönes Gefühl	6
man muss immer hinschauen	3
wenn man alles an ihm/ihr gut findet	9
man will bei ihm/ihr sein	7
bin ganz aufgeregt, wenn ich ihn/sie sehe	5
habe Kribbeln im Bauch	14
bekomme Herzklopfen, wenn ich ihn/sie sehe	6
kann manchmal nicht einschlafen	10
ich denke viel an ihn/sie	26
weiß nicht	14
möchte immer über ihn/sie reden	2
freue mich, wenn ich ihn/sie sehe	7
als wenn auf einmal ein großer Knall ist	1

------- ----- -----

33 missing cases; 64 valid cases

Zu den Fragen: „Macht ihr auch manchmal etwas zusammen?" Wenn ja: „Was macht ihr?"

Frage 5a

		Häufigkeit	Prozent	Gültige Prozente	Kumulierte Prozente
Gültig	ja	38	39,2	82,6	82,6
	nein	8	8,2	17,4	100,0
	Gesamt	46	47,4	100,0	
Fehlend	System	51	52,6		
Gesamt		97	100,0		

Zusatz5a

		Häufigkeit	Prozent	Gültige Prozente	Kumulierte Prozente
Gültig	spielen	29	29,9	76,3	76,3
	miteinander reden	2	2,1	5,3	81,6
	spazieren gehen	6	6,2	15,8	97,4
	Geburtstag feiern	1	1,0	2,6	100,0
	Gesamt	38	39,2	100,0	
Fehlend	System	59	60,8		
Gesamt		97	100,0		

Zusatz5a

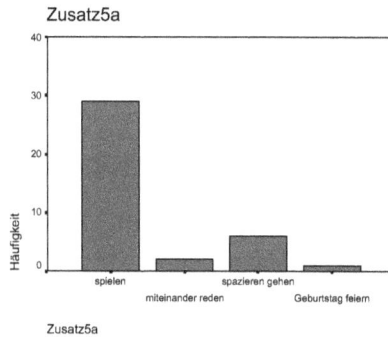

Zusatz5a

Nicht weiter ausgeführtes „spielen" gehört zu den Hauptbeschäftigungen bei den gemeinsamen Unternehmungen von Jungen und Mädchen. Hier nicht so oft genannt, dennoch von großer Bedeutung, sind die Einladungen zum Geburtstag. Sie können sicher als Indiz für eine Beziehung gelten, zu der man auch in der Öffentlichkeit steht. Dies zeigt sich auch an zahlreichen Gesprächen, die in den Beobachtungsprotokollen festgehalten wurden.

Zur Frage: „Schreibt ihr euch in eurer Klasse auch manchmal Liebesbriefe? Weißt du, wie die aussehen?

Frage 12a

		Häufigkeit	Prozent	Gültige Prozente	Kumulierte Prozente
Gültig	weiß nicht	3	3,1	3,2	3,2
	ja	38	39,2	40,0	43,2
	nein	54	55,7	56,8	100,0
	Gesamt	95	97,9	100,0	
Fehlend	System	2	2,1		
Gesamt		97	100,0		

Wie bereits ausgeführt, sind Liebesbriefe das gegebene Mittel sich zu offenbaren, ohne direkt aufeinander zuzugehen. Darüber hinaus können sie den Status des Empfängers heben und ihm zur Selbstdarstellung dienen. Zusätzlich sind sie geeignet, andere Kinder zu ärgern, indem man sie bewusst einer falschen Verbindung bezichtigt.

Gut die Hälfte aller Kinder gibt an, dass in ihrer Klasse keine Liebesbriefe geschrieben werden. Dies hat unterschiedliche Ursachen. Wie die Kinder im ersten Schuljahr erklären, sind sie noch gar nicht in der Lage Briefe zu schreiben; außerdem wird es von manchen Lehrern als Störung des Unterrichts sanktioniert. Dass dennoch fast die Hälfte aller Kinder Erfahrungen mit Liebesbriefen hat, belegt ihre Bedeutung in den genannten Funktionen.

Zur Frage: „Werden bei euch auch manchmal Herzchen an die Tafel gemalt mit den Namen von einem Jungen und einem Mädchen?"

Frage 11a

		Häufigkeit	Prozent	Gültige Prozente	Kumulierte Prozente
Gültig	,00	1	1,0	1,1	1,1
	ja	45	46,4	47,4	48,4
	nein	49	50,5	51,6	100,0
	Gesamt	95	97,9	100,0	
Fehlend	System	2	2,1		
Gesamt		97	100,0		

Was für die Liebesbriefe festgehalten wurde, kann auch für das Malen der Herzchen konstatiert werden. Hier werden jedoch noch seltener die eigenen Gefühle zur Schau gestellt. In der Regel werden die Zeichnungen gemacht, um andere Kinder zu ärgern. Bei der Beantwortung der Frage nach dem „Herzchenmalen" verkehren sich die Antworten der Geschlechter wieder. Die Mehrheit der Mädchen bestätigt, dass in ihrer Klasse an die Tafel gemalt wird, während die allerdings kleine Mehrheit der Jungen dies bestreitet. Hier scheint es wieder geschlechtsbezogene Wahrnehmungsunterschiede zu geben, wobei die Mädchen deutlich interessierter sind an Phänomenen rund um das Thema Liebe.

Zur Frage: „Wissen die anderen Kinder, dass du verliebt bist in den X?"

Frage 7a

		Häufigkeit	Prozent	Gültige Prozente	Kumulierte Prozente
Gültig	ja	32	33,0	68,1	68,1
	nein	15	15,5	31,9	100,0
	Gesamt	47	48,5	100,0	
Fehlend	System	50	51,5		
Gesamt		97	100,0		

Auch wenn sie teilweise sehr um Geheimhaltung bemüht sind, gehen 33 Prozent der Kinder davon aus, dass die anderen wissen, dass sie verliebt sind. Die genauen Beobachtungen, denen jeder in der Öffentlichkeit der Klassengemeinschaft ausgesetzt ist, führen dazu, dass auch kleinste verräterische Zeichen – erst recht aber ein roter Kopf – wahrgenommen und kommentiert werden.

Zur Frage: „Wie reagieren die darauf?"

Frage 8a

		Häufigkeit	Prozent	Gültige Prozente	Kumulierte Prozente
Gültig	gar nicht	12	12,4	38,7	38,7
	die ärgern mich	9	9,3	29,0	67,7
	die finden es gut	10	10,3	32,3	100,0
	Gesamt	31	32,0	100,0	
Fehlend	System	66	68,0		
Gesamt		97	100,0		

Das unterschiedliche Interesse am Thema wird veranschaulicht durch die verschiedenen Reaktionen und den Umgang mit verliebten Mitschülern. Annähernd ein Drittel reagiert gar nicht, wobei sich die Frage stellt, ob die Verliebtheit bei anderen überhaupt realisiert und bewusst wahrgenommen wird. Ein weiteres Drittel nimmt die Verliebtheit zum Anlass das betroffene Kind damit zu ärgern. Hier ist zu vermuten, dass Neid und Eifersucht eine Rolle spielen. Das letzte Drittel findet die Verliebtheit gut. Das kann zum einen herrühren aus eigenen Erfahrungen, die ein entsprechendes Verständnis bewirken und zum anderen aus dem Wunsch, sich selber auch zu verlieben und entsprechend romantische Gefühle zu erleben.

<u>Zur Frage</u>: „Wie ist das denn bei den anderen Kindern in der Klasse? Sind die auch verliebt? Was glaubst du?"

Frage 10a

		Häufigkeit	Prozent	Gültige Prozente	Kumulierte Prozente
Gültig	weiß nicht	23	23,7	24,0	24,0
	ja	71	73,2	74,0	97,9
	nein	2	2,1	2,1	100,0
	Gesamt	96	99,0	100,0	
Fehlend	System	1	1,0		
Gesamt		97	100,0		

81,1% der Mädchen und 63,3% der Jungen glauben, dass andere Kinder in der Klasse verliebt sind. Dabei nennen sie entweder „Stars" in der Gemeinschaft, in die viele verliebt sind oder sie beziehen sich auf anerkannte Paare.

<u>Zur Frage</u>: „Wissen deine Eltern, dass du verliebt bist in den X?"

Frage 13a

		Häufigkeit	Prozent	Gültige Prozente	Kumulierte Prozente
Gültig	ja	30	30,9	62,5	62,5
	nein	18	18,6	37,5	100,0
	Gesamt	48	49,5	100,0	
Fehlend	System	49	50,5		
Gesamt		97	100,0		

Ungefähr 60% beider Geschlechter geben an, mit ihren Eltern, beziehungsweise ihrer Mutter, über ihre Verliebtheit gesprochen zu haben. Hier ist die Anzahl der Jungen größer, die die Eltern (meistens die Mutter) eingeweiht haben. Wurde dies ausdrücklich vermieden begründen die Kinder es mit „Die verstehen das sowieso nicht" oder sie mutmaßen, dass sie daraufhin von ihren Eltern aufgezogen und geärgert würden.

Zur Frage: „Was sagen die dazu?"

Frage 14a

		Häufigkeit	Prozent	Gültige Prozente	Kumulierte Prozente
Gültig	gar nichts	12	12,4	40,0	40,0
	finden es gut	7	7,2	23,3	63,3
	unterstützen mich	6	6,2	20,0	83,3
	sagen: "Du bist noch zu jung"	1	1,0	3,3	86,7
	haben gelacht	4	4,1	13,3	100,0
	Gesamt	30	30,9	100,0	
Fehlend	System	67	69,1		
Gesamt		97	100,0		

Mit 40% geben Jungen und Mädchen mehrheitlich an, dass die Eltern auf die Verliebtheit des Kindes gar nicht reagieren. Ein Mädchen erklärte „Die mischen sich da nicht ein". Verständnisvoll und unterstützend verhalten sich in den Augen der Kinder 20% der Eltern. Sie freuen sich mit ihren Kindern und geben Tipps zur Kontaktanbahnung oder erzählen von eigenen Erinnerungen. Immerhin 13,3% der Eltern haben nach Angaben der Kinder gelacht, was von der Mehrheit der Betroffenen Kinder als auslachen empfunden wurde.

Zur Frage: „Weiß deine Lehrerin/dein Lehrer davon?"

Frage 15a

		Häufigkeit	Prozent	Gültige Prozente	Kumulierte Prozente
Gültig	weiß nicht	1	1,0	2,0	2,0
	ja	7	7,2	14,3	16,3
	nein	41	42,3	83,7	100,0
	Gesamt	49	50,5	100,0	
Fehlend	System	48	49,5		
Gesamt		97	100,0		

83,75 der Kinder gehen davon aus, dass die jeweiligen Lehrer nicht wissen, dass sie verliebt sind. Wenn man berücksichtigt, dass nahezu 70% der Kinder glauben, dass ihre Mitschüler um ihre Verliebtheit wissen, zeigt sich hier eine auffällige Diskrepanz. Es fragt sich, ob in der Beziehung zu den Lehrern das nötige Vertrauen fehlt, um über die eigenen Gefühle zu sprechen oder ob die Kinder vermuten, dass Lehrer sie weniger gut kennen und nicht so genau beobachten. Dies erinnert an die Zusammenfassung empirischer Ergebnisse zur schulischen Sozialisation, in der ULICH (Vgl. Kap. 1.5) festhält, dass Lehrer sich nur in jeder hundertsten Äußerung auf emotionale Probleme von Schülern beziehen.

Zur Frage: „Stell dir vor plötzlich käme eine gute Fee und würde dir drei Wünsche erfüllen. Was würdest du dir wünschen?

Frage 16a

		Häufigkeit	Prozent	Gültige Prozente	Kumulierte Prozente
Gültig	weiß nicht	9	9,3	9,3	9,3
	Gesundheit	12	12,4	12,4	21,6
	ein Tier	15	15,5	15,5	37,1
	besser in der Schule werden	3	3,1	3,1	40,2
	kein Krieg mehr	3	3,1	3,1	43,3
	Spielsachen	18	18,6	18,6	61,9
	dass Verliebtheitsgefühle erwidert werden	11	11,3	11,3	73,2
	dass ich älter wäre	6	6,2	6,2	79,4
	dass ich in ein Konzert der Kelly-Family gehen kann	1	1,0	1,0	80,4
	mehr Freiheiten	2	2,1	2,1	82,5
	ein Schloss	1	1,0	1,0	83,5
	dass ich glücklich bleibe	3	3,1	3,1	86,6
	ein Haus	2	2,1	2,1	88,7
	würde gerne mit meinem Freund zusammenleben	1	1,0	1,0	89,7
	dass ich meinen Papa wiedersehe	2	2,1	2,1	91,8
	eine große Reise	1	1,0	1,0	92,8
	dass die Familie wieder zusammen wäre	2	2,1	2,1	94,8
	dass ich zaubern kann	3	3,1	3,1	97,9
	weniger Hausaufgaben	1	1,0	1,0	99,0
	dass ich keine Spange tragen brauche	1	1,0	1,0	100,0
	Gesamt	97	100,0	100,0	

Die Abbildung stellt die Wünsche dar, die die befragten Kinder an erster Stelle genannt haben. Es sind 11 % der Kinder, die hoffen, dass ihre Verliebtheitsgefühle erwidert werden

Abbildung : Darstellung des zweitwichtigsten Wunsches der Kinder.

Frage 16b

		Häufigkeit	Prozent	Gültige Prozente	Kumulierte Prozente
Gültig	weiß nicht	12	12,4	12,4	12,4
	Gesundheit	6	6,2	6,2	18,6
	ein Tier	3	3,1	3,1	21,6
	besser in der Schule werden	1	1,0	1,0	22,7
	kein Krieg mehr	1	1,0	1,0	23,7
	Spielsachen	19	19,6	19,6	43,3
	dass Verliebtheitsgefühle erwidert werden	1	1,0	1,0	44,3
	dass ich älter wäre	1	1,0	1,0	45,4
	dass meine Freundschaften noch lange halten	11	11,3	11,3	56,7
	ein schönes großes Haus für später	5	5,2	5,2	61,9
	Geld	5	5,2	5,2	67,0
	ein Auto	5	5,2	5,2	72,2
	einen anderen Lehrer	2	2,1	2,1	74,2
	ein Traumschwimmbad	1	1,0	1,0	75,3
	dass ich immer glücklich bleibe	3	3,1	3,1	78,4
	dass wir nach Russland fliegen	1	1,0	1,0	79,4
	dass es keinen Hunger mehr gibt	6	6,2	6,2	85,6
	einen Garten	1	1,0	1,0	86,6
	ein langes Leben	1	1,0	1,0	87,6
	keinen Ärger mehr mit meinen Eltern	3	3,1	3,1	90,7
	keinen Ärger mehr mit Geschwistern	2	2,1	2,1	92,8
	dass ich Rennfahrer / Fußballstar.. werde	3	3,1	3,1	95,9
	dass ich meinen Papa öfter sehen könnte	2	2,1	2,1	97,9
	dass ich fliegen kann	1	1,0	1,0	99,0
	ein Instrument beherrschen	1	1,0	1,0	100,0
	Gesamt	97	100,0	100,0	

Abbildung : Darstellung des drittwichtigsten Wunsches der Kinder.

Frage 16c

		Häufigkeit	Prozent	Gültige Prozente	Kumulierte Prozente
Gültig	weiß nicht	29	29,9	29,9	29,9
	Gesundheit	7	7,2	7,2	37,1
	ein Tier	3	3,1	3,1	40,2
	besser in der Schule werden	1	1,0	1,0	41,2
	kein Krieg mehr	4	4,1	4,1	45,4
	Spielsachen	11	11,3	11,3	56,7
	dass Verliebtheitsgefühle erwidert werden	1	1,0	1,0	57,7
	dass ich älter wäre	1	1,0	1,0	58,8
	dass alles bleibt, wie es ist	5	5,2	5,2	63,9
	dass ich reich bin	7	7,2	7,2	71,1
	eine neue Schule	2	2,1	2,1	73,2
	ein Swimmingpool	2	2,1	2,1	75,3
	Verpflegung für das Pferd	2	2,1	2,1	77,3
	einen Mann und Kinder	2	2,1	2,1	79,4
	dass alles gut wird	6	6,2	6,2	85,6
	dass ich nicht mehr in die Schule gehen muss	1	1,0	1,0	86,6
	noch zehn Wünsche	3	3,1	3,1	89,7
	einen Garten	1	1,0	1,0	90,7
	dass die Familie zusammenbleibt	2	2,1	2,1	92,8
	dass ich x kennenlerne	1	1,0	1,0	93,8
	keine Arbeitslosigkeit in der Familie	1	1,0	1,0	94,8
	mit dem jetzigen Freund zusammenbleiben	2	2,1	2,1	96,9
	dass ich mich verwandeln kann	2	2,1	2,1	99,0
	keine Hausaufgaben	1	1,0	1,0	100,0
	Gesamt	97	100,0	100,0	

In Auswertung der von ihm gemachten Interviews zeigt sich für BREI-
DENSTEIN (1998, S.270), wie bei Kindern das andere Geschlecht als
das Unbekannte, wie die Geschlechtsgrenze als Grenze des eigenen
Wissens, reklamiert werden kann. Er geht davon aus, dass die Exoti-
sierung des anderen Geschlechts eine der zentralen Quellen der Eroti-

sierung der Geschlechterdifferenz und ihrer affektiven Aufladung sein kann.

„Die Fremdheit, die die Kinder des anderen Geschlechts auszeichnen kann, mag zum Teil mit Verunsicherung und Ängsten einhergehen, doch zugleich übt sie einen Reiz und eine Anziehungskraft aus und markiert die Möglichkeit, die Alltäglichkeit des Geschehens zu transzendieren" (BREIDENSTEIN, 1998, S. 271).

In der vorliegenden Untersuchung lassen sowohl die Aussagen der Kinder als auch eigene Beobachtungen den Eindruck entstehen, dass die „wilden" Mädchen und die „weichen" Jungen, also diejenigen Kinder, die weniger dem traditionellen Rollenbild entsprechen, es leichter haben eine Beziehung zum anderen Geschlecht zu realisieren. Annähernd die Hälfte aller befragten Kinder gaben an verliebt zu sein, jedoch nur wenigen gelang es, dies in gemeinsamen Unternehmungen auszuleben. Es ist zu vermuten, dass „wilde Mädchen" und „weiche Jungen" die von BREIDENSTEIN beschriebene Fremdheit des anderen Geschlechts weniger stark verkörpern oder beim jeweils andern Geschlecht weniger stark verspüren, so dass sie unbefangener auf das „Andere" zugehen können.

Sich entwickelnde Freundschaft und Liebe durchläuft zwangsläufig verschiedene Stadien. Zunächst geht es um die Anbahnung einer Beziehung, dann um Aufbau und Vertiefung, schließlich um Konstanz oder auch Beendigung. In jeder diese Stadien können Schwierigkeiten auftreten, die im folgenden dargestellt werden.

Insbesondere der erste Schritt, mit dem die Beziehung angebahnt werden soll, fällt schwer. Das Gefühl von Unzulänglichkeit, die Angst davor, für den anderen nicht attraktiv zu sein und die Furcht vor Abweisung, lähmt dergestalt, dass manche Kinder schon im Vorfeld resignieren und gar kein Annäherungsversuch stattfindet. Die Befürchtung bei der Kontaktaufnahme zu scheitern, Momente des Versagens zu erleben und im besonders ungünstigen Fall den damit verbundenen Stigmatisierungsprozessen durch die andern ausgeliefert zu sein, gehört zu den Schwierigkeiten der Anfangsphase. Dies stellt ein beträchtliches Belastungspotential dar, das in besonderem Maße ich-bedeutsam ist. Durch eine Abweisung werden selbstwertbeeinträchtigende Gefühle der Unzulänglichkeit ausgelöst, die zu erheblichen Selbstzweifeln führen können. So wird das eigene Handeln stark determiniert durch die Angst vor Gesichtsverlust. Die Liebe der Eltern scheint den Kindern selbstverständlich und ist in den meisten Fällen vorhanden, ohne dass dafür besondere Leistungen erbracht werden müssen oder dass diese Liebe durch bestimmtes Werbeverhalten erst erworben werden muss. In den Gleichaltrigenbeziehungen sieht das völlig anderes aus. Aus einem erheblichen Teil der untersuchten Interaktionen geht hervor, dass sowohl die werbenden als auch die umworbenen Kinder mit Anforderungen konfrontiert sind, deren Bewältigung mit Schwierigkeiten verbunden ist. Insbesondere ein heftig umworbener Junge zeigte sich überfordert im Zusammenhang mit den starken Avancen, die ihm von einem Mädchen gemacht wurden. Innerhalb des Beobachtungszeitraumes wandte er sich acht Mal an mich mit der Bitte um Unterstützung. Aber auch sie suchte fünf Mal meinen Rat und wollte wissen, wie sie sich verhalten solle.

Soweit dies im Rahmen dieser Untersuchung überprüft werden konnte, erwiesen sich die eigenen Wahrnehmungen bei tendenziell einseitigen Bemühungen um Sympathie und Zuwendung kongruent mit den Beobachtungen und den Aussagen des umworbenen Kindes.

Ist die Anbahnung einer Beziehung geglückt, ergeben sich neue Anforderungen, die in ihrem Erhalt liegen. Keine zwischenmenschliche Beziehung ruht auf einer Basis, die für alle Zeiten fest und sicher ist, sondern es bedarf durch gemeinsame Anstrengung der Partner immer wieder neuer Sicherung. Diese gründet in kleinen Gesten, in einem Lächeln, einer kurzen Berührung oder einfachem Blickkontakt. Die Bedürfnislage eines anderen zu antizipieren oder zu erkennen gehört zu den Lernprozessen innerhalb von Beziehungen. Besonders in Liebesbeziehungen ist dazu eine große innere Bereitschaft vorhanden. Damit lernen Kinder in hohem Maße interpersonale Sensitivität. Der Wunsch zu gefallen zwingt die gedankliche und gefühlsmäßige Wahrnehmungsperspektive einer anderen Person einzunehmen. Emotionale Unterstützung als Art der Zuwendung erfordert subtile Fähigkeiten, die nur in entsprechenden Interaktionserfahrungen entwickelt werden können. Bestimmte Gesten sind sichtbare Manifestationen der Beziehung, die ihrerseits zur Aufrechterhaltung der bestehenden Bindung beitragen und diese rückbestätigen. Deutlich wurde, dass die Verliebtheit Zugang schafft zu bis dahin fremden Bereichen des eigenen Seelenlebens. So findet innerhalb der Beziehung, die entsprechende Sicherheit vermittelt, auch persönliches Wachstum statt. Zu den entwicklungsstimulierenden Potentialen, die das Verliebtsein beinhaltet, gehört, die Auseinandersetzung mit der eigenen Person und die Frage danach „Bin ich liebenswert?" oder „Was macht mich liebenswert?".

Als Indikator für sich anbahnende oder bestehende Beziehungen konnten im Rahmen dieser Untersuchung die Einladungen zum Geburtstag ausgemacht werden. Sie sind sowohl Beleg für eine vorhandene Freundschaft als auch für ein besonderes Interesse an der anderen Person, das hier öffentlich sichtbar gemacht wird.

Wie auch bei der Freundschaft begleiten und begründen Gefühle die Liebesbeziehung, da sie ja nur bei gegenseitiger Anziehung und Sympathie geschlossen und auch nur so lange aufrecht erhalten wird, als eine tragfähige emotionale Basis besteht. Diese scheint auf dem regelmäßigen Kontakt zu fußen. So fürchten die Kinder um Beziehungsabbrüche in Zusammenhang mit dem Besuch der weiterführenden Schule. Aber auch die Verlagerung von Interessen und der damit verbundene Mangel an Gemeinsamkeiten führt ebenso wie die Erkenntnis, nicht auf Gegenliebe zu stoßen, zu Ernüchterung und einem Abflauen der Verliebtheit. Damit Beziehungen längerfristig als befriedigend erlebt werden, müssen sie folglich durch freundliche Gesten und verständnisvolle Zuwendung bestätigt und durch gemeinsame Interessen gestaltet werden.

VI. Exkurs: Verliebtheit in der Retrospektive

Für die Untersuchung der Bedeutung von Freundschaft und Liebe im Grundschulalter ist auch die rückblickende Erinnerung Erwachsener erhellend, da sie den Vergleich ermöglicht. Abgesehen von ihrer größeren Eloquenz sind Erwachsene als nicht mehr unmittelbar Betroffene – aus der Distanz heraus – auch eher in der Lage über das zu sprechen, was einige Kinder in der aktuellen Situation als peinlich erleben oder als Geheimnis wahren wollen.

6.1 Interviews mit Erwachsenen

Die bewusste Auswahl der befragten Erwachsenen resultiert aus der positiven Beantwortung der Frage, ob sie als Kind im Grundschulalter verliebt gewesen seien. Mit einem prägnanten Statement reagierte daraufhin einer der Befragten. „In meiner Grundschulzeit war ich vier Jahre lange verheiratet", erwiderte er. Auch Sabine erklärte deutlich: „Das war eine besonders schöne Erfahrung in meinem Leben".

Für diesen Exkurs scheint eine kleine Anzahl an Befragten ausreichend, so dass lediglich elf Erwachsene interviewt wurden. Die Gruppe setzt sich aus fünf Frauen und sechs Männern zusammen, wobei das Interview mit PETER HÄRTLING (69J.) – dem Autor der Kindererzählung „Ben liebt Anna" – als Experteninterview angesehen und als gesonderter Fall in voller Länge dargestellt wird. Abgesehen von diesem Interview liegt das durchschnittliche Alter der Befragten bei 35 Jahren.

Aufgrund der geringen Anzahl der Befragten scheint hier die getrennte Darstellung der Aussagen von Männern und Frauen nicht erforderlich. Es werden den jeweiligen Antworten lediglich die geänderten Vornamen nachgestellt, um das Geschlecht kenntlich zu machen.

Auch die Befragungen der Erwachsenen befassten sich mit dem erinnerten Liebeskonzept. Um die Fülle der Antworten sinnvoll zu ordnen, entstanden nach mehrmaliger Durchsicht der transkribierten Texte Kategorien in den folgenden Dimensionen:
- Beginn der Beziehung
- Besonderheiten
- Körperkontakte
- Reaktionen der Umgebung und der eigene Umgang damit
- Beendigung der Beziehung.

Um einen anschaulichen Eindruck zu vermitteln, werden auch hier wieder charakteristische Zitate aufgeführt.

Von den elf Befragten berichteten sieben über eine Verliebtheit, die sich in einer Beziehung realisierte. Diese erstreckte sich über einen unterschiedlich langen Zeitraum, der zwischen wenigen Monaten und mehreren Jahren angegeben wurde. Hierbei fällt auf, dass lediglich Männer innige und langandauernde Beziehungen beschrieben. Drei Befragte gaben an, dass sie zwar verliebt waren, sich dies aber nur in ihren Phantasien und Wünschen ausdrückte. Eine Frau erzählte von einer sich anbahnenden Beziehung, die durch einen Umzug sozusagen im Keime erstickt wurde. In drei Interviews berichteten Frauen, dass sie in ihrer Grundschulzeit in mehrere Jungen verliebt waren. Zwei Frauen erzählten, dass sie zur gleichen Zeit in zwei Jungen verliebt gewesen waren, eine Frau hob hervor, sie sei in zeitlichem Abstand in zwei Jungen verliebt gewesen. Hier entsteht der Eindruck, dass Jungen in ihrer Zuneigung und ihren Gefühlsbindungen stetiger seien. Aufgrund des geringen Datenmaterials sind derartige Schlussfolgerungen jedoch nur unter Vorbehalt zu machen. Es bedarf einer breiter angelegten Studie, um hier zu gültigen Aussagen zu kommen.

Gemeinsam ist allen Befragten, dass sie sich nach zwanzig bis sechzig Jahren noch deutlich an die Intensität ihrer damaligen Gefühle erinnern und daran welche Bedeutung diese Verliebtheit für sie hatte. Thorsten, der über die gesamte Grundschulzeit eine intensive Beziehung hatte, schildert:

- „Es war jedenfalls so, dass wir irgendwann mal nach dem Kino gesagt haben: „So eigentlich könnten wir ja auch mal so tun, als ob wir heiraten würden." Ja, dann war das auch so, dann waren wir verheiratet, so für uns."

Claudia formuliert:
- „Auf jeden Fall weiß ich, dass ich auch geweint habe. Hier nachts manchmal im Bett. Auch ohne, dass er mir was getan hat, einfach so, dieses Sehnen vielleicht."

Beate hebt hervor:
- „Das waren immer Zeiten – auch bis zum Abitur hin – dass akute Verliebtheit Schule angenehm gemacht hat. Dass man Lust hatte morgens in die Schule zu gehen, ihn wiederzusehen."

Felix meint:
- „Ich habe mich in der Schule eigentlich nie geprügelt, aber da haben wir uns geprügelt, so um die Evelyn."

Beginn der Beziehung

Mit einer Ausnahme gaben alle Befragten an, dass sie die Kinder, in die sie verliebt gewesen waren in der Schule kennen gelernt hätten. Nur Claudia kannte ihn bereits aus dem Kindergarten und Till erwähnte sowohl die Schule als auch die Nachbarschaft.

- „Wir haben uns in der Schule kennen gelernt." (Thorsten)
- „Der war in meiner Grundschulklasse." (Sabine)

- „Im Kindergarten. Also irgendwie hab ich das Gefühl ich kenn den schon immer. Später ist der auch in dieselbe Klasse gegangen." (Claudia)

Die Strategie dem Mädchen, in das er verliebt war, nahe zu kommen, beschreibt Manfred:
- „Ich habe immer versucht neben ihr zu sitzen. Wenn man Kunstunterricht oder Musikunterricht hatte und keine feste Sitzordnung hatte wenigstens durch ne räumliche Nähe zeigen: „Ich bin da.""

Über die Unsicherheiten bei der Kontaktaufnahme zum anderen Geschlecht berichtet Thomas:
- „Man steht vor dem Garnichts, vor lauter Fragezeichen, ja und dann irgendwie geht's dann voran. Die einzigen Möglichkeiten, die uns wohl blieben, die einzigen, die da waren, waren das spielerische Sich-Annähern oder eben im Freundeskreis sich unterhalten."
I: „Ihr habt euch ausgetauscht über die Mädchen?"
- „Ja, schon irgendwie. Wer ist denn nett und wer sieht gut aus. Im Grunde ähnlich wie vielleicht später in der Pubertät. Wenn man aus der Not eine Tugend macht. Das man im engeren Kreis sich dann teilweise auch darüber lustig macht. Aber im Grunde nur, weil man nicht weiß, wie man das Thema mal in die Runde bringen soll. Und man will sich dann natürlich auch als Junge in dem Alter ungern irgendwelche Blößen geben."

Besonderheiten

Auf die Frage, was für sie das Besondere war an der Person, in die sie verliebt gewesen seien, gab die Mehrzahl der Befragten zunächst Äußerlichkeiten an. Darüber hinaus wurden entweder Gemeinsamkeiten im

Wesen beschrieben oder gemeinsame Interessen. Lediglich Kirsten, deren Beziehungswunsch sich nicht realisierte, gab an, dass ihr „Schwarm" wohl das verkörperte, was sie selber gerne gewesen wäre.

- „Ich fand se total hübsch." (Felix)
- „War besonders attraktiv." (Thomas)
- „Das Aussehen und dass wir beide erst in den Ort zugezogen sind." (Till)
- „Sie war zierlich, klein und schwarz, zurückhaltend und hatte einen kleinen Hochmut." (Peter)
- „Die fand ich irgendwie ganz süß, wie so ein kleines Engelchen war die." (Manfred)
- „Wir haben gemeinsame Interessen entdeckt. Musik hören und Opern hören." (Thorsten)
- „Der Geruch wars. Irgendwas am Geruch wars. Manchmal, wenn ich mich erinnere, für ne Sekunde hab ich den Geruch." (Claudia)
- „Er hatte ein nettes Aussehen. Er war auch Mädchen gegenüber anders als die anderen Jungen. Ich kann mich nicht erinnern, dass er so einer war, der immer Fußball spielen wollte." (Vivian)
- „Das war ein recht wilder Junge. Das fand ich damals total faszinierend. Ich war ja auch sehr wild." (Sabine)
- „Der war eher ein weiblicher Typ. Ich mochte immer zwischendurch wieder gerne weibliche Typen." (Beate)
- „Ich fand ihn total attraktiv. Seine Frisur hat mir gefallen und die Art und Weise in der er durch eine bestimmte Kopfbewegung eine Locke nach hinten warf. Außerdem – und das hätte ich früher sicher noch nicht so sagen können – fand ich ihn unheimlich selbstbewusst. Ich glaube, er verkörperte für mich zum Teil das, was ich gerne gewesen wäre. Attraktiv und selbstsicher. Außerdem war er keiner von den wilden Jungen, die sich oft auf dem Hof prügelten." (Kirsten)

Körperkontakt

Alle Befragten berichten über Körperkontakte oder zumindest den Wunsch danach.

- „Also wir haben uns in den Arm genommen. Wir haben auch oft beieinander übernachtet. Es war ein sehr offener Umgang. Also Körper, Körper war kein Problem. Wir haben auch zusammen geduscht." (Thorsten)
- „Damals weniger, aber das hat sich dann noch fortgesetzt. Das war meine erste Freundin mit der ich auch geschlafen habe so mit fünfzehn oder sechzehn." (Felix)
- „Das ging von Händchen halten bis Arm in Arm laufen." (Till)
- „Wir haben uns auf die Wange geküsst. Und so Küsse haben wir früher oft gemacht, dass man nicht die Lippen richtig sieht, sondern sie nur so einrollt und dann die Münder aufeinander presst." (Manfred)
- „Wir sind auch mal nach Wolfshausen auf Klassenfahrt. Das war die Abschlussfahrt im vierten Schuljahr. Und da hab ich den Walter geküsst. Erst haben wir Händchen gehalten und dann haben wir uns geküsst. Das war schön." (Sabine)
- „In der Wirklichkeit kam es nie zu körperlichen Berührungen, dafür aber jeden Abend in meinen Phantasien vor dem Einschlafen. Ich kann mich noch gut daran erinnern, dass diese Wachträume etwas sehr erregendes für mich hatten, obwohl meine Phantasien nie über schüchterne Umarmungen und harmlose Küsse hinausgegangen sind." (Kirsten)
- „Ich habe meiner Freundin erzählt wir hätten uns mit der Zunge geküsst. Ich glaube dumpf in Erinnerung zu haben wir hätten uns soo geküsst. Ich bin mir aber nicht sicher, dass wir uns wirklich geküsst haben oder ob ich nur wollte, dass wir uns küssen. Man wollte gerne das mit dem Küssen ausprobieren, weniger weil man gehofft hat, dass das schön ist, sondern weil man dachte, das müsste dazu gehören. Aber Kuscheln – halt Kör-

perkontakt – wollte ich gerne herstellen. Wir haben King-Kong geguckt und ziemlich nah aneinander gesessen." (Beate)
- „Geküsst haben wir uns beim Flaschendrehen. Und das Knutschen mit Barry-Eis! So ein rotes Erdbeereis; hat einen ganz intensiven künstlichen Geschmack, wo man so rote Lippen, rote Zungen kriegt. Und da haben wir dann immer Barry-Eis-Knutschen gemacht. Ja einfach die Lippen und alles eiskalt gemacht und sich dann mit eiskalten Lippen geküsst. Und das hat dann schon so was wie ne Verliebtheit ausgelöst. Allein nur diese Küsse-Üben mit dem Barry-Eis." (Claudia)

Sofern sich das Verliebtsein auf heimliche Hoffnungen beschränkt, erzählten die Interviewten von abendlichen Wachträumen, in denen sie sich Umarmungen vorstellten. Ansonsten wird teilweise von ritualisierten Berührungen berichtet, die in der Kindergruppe stattfanden. Hierzu zählen die Körperkontakte, die über das Spiel Flaschendrehen zur Aufgabe gemacht werden und damit auch legitimiert sind. Auch die ersten Kussübungen, die Werner und Claudia beschreiben, fanden gelegentlich im Freundeskreis statt. Hier wird insofern eine Wechselwirkung deutlich, als es nicht nur zu Küssen kommt, weil man verliebt ist, sondern Verliebtheit wird – so Claudia – auch durch das „Küssen-Üben" ausgelöst. Auch GOLDSTEIN/MC BRIDE (1970) betonen in ihrem „Lexikon der Sexualität", dass die Vorgänge beim Küssen Zusammenhänge zwischen körperlichem Fühlen und seelischem Erleben beweisen. Durch jedes Küssen würden Gefühle mehr oder weniger körperlich sichtbar zum Ausdruck gebracht und bewirkten daraufhin weitere seelische Regungen. (Vgl. GOLDSTEIN/MC BRIDE 1970, S.133)

Reaktionen der Umgebung und der eigene Umgang damit

Die Reaktionen der Umgebung sind einzuteilen in die der anderen Kinder, die der Eltern und die der Lehrer. Zunächst werden die erinnerten Reaktionen der Mitschüler aufgeführt:

- „Am Anfang natürlich ja, dieser Spott, dieses Lästern, da kann ich mich noch ganz gut dran erinnern." (Thorsten)
- „Na ja, stellenweise ham sie halt da rumgemotzt, dass wir ständig irgendwo alleine irgendwo hinwollten und das hat sich dann auch schnell wieder gegeben." (Till)
- „Ich hatte da schon ne ganz gute Stellung so in der Klasse eigentlich. So dass das nicht so eine heimliche Liebe geblieben ist. Ich kann mich nur daran erinnern, am Anfang so zum Geburtstag, dass die schon sehr irritiert waren. Und wir haben das schon auch ein bisschen vermieden in der Schule so eng zusammen zu sein." (Felix)
- „Ja da gabs natürlich so blöde Bemerkungen „Ei, ei, ei, was seh ich da – ein verliebtes Liebespaar."" (Manfred)
- „Die anderen Kinder haben darüber gelacht." (Beate)
- „Eigentlich haben die anderen gar nicht reagiert. Es war auch ziemlich gefährlich sich mit mir anzulegen. So blöd das jetzt klingt, aber ich war wirklich ein Monsterkind." (Claudia)

Einer der Befragten schildert die Entwicklung zu einem anerkannten Paar, wie es in Kapitel 5.3.2 vorgestellt und definiert wird. Auf die Frage danach wie die anderen Kinder auf die Beziehung reagiert haben, führt er aus:

- „Na am Anfang so rumlästern. Also die fanden das komisch und ham gesagt „Ah ihr seid ja verliebt". Na und das war uns dann auch nicht so recht, dass die das dann so sagen. Aber irgendwann haben wir dann dazu gestanden. Und dann war das – also irgendwann ist das dann auch in so einen normalen Status übergegangen. Also das war dann klar, dass wir irgendwie zusammengehören und dass das so ist und damit war es dann auch gut für die anderen. Wurde akzeptiert dann zum Schluss." (Thorsten)

Vier der Befragten gaben an, dass sie mit niemandem über ihre Verliebtheit gesprochen haben:

- „Ich habe mit niemandem darüber geredet." (Claudia)
- „Ich wäre nie auf die Idee gekommen meinen Eltern so etwas zu erzählen." (Sabine)

Sofern die Eltern informiert waren, werden folgende Reaktionen beschrieben:
- „Die Eltern fandens wahrscheinlich nur süß. Die ham sich so dran gefreut und ich war sehr willkommen bei ihr zu Hause bei ihren Eltern und ich habe auch so ein bisschen zur Familie gehört." (Thorsten)
- „Gewusst ham die das schon, aber die haben eigentlich gar nicht darauf reagiert." (Till)
- „Meine Mutter hat gewusst, dass mir die Kerstin gefällt. Wir haben auch Ausflüge zusammen gemacht." (Manfred)
- „Mit meiner Mutter habe ich mich öfter unterhalten und die hat schon mitgekriegt, wie unglücklich ich war. Und in besagter Nacht, als es mir so schlecht ging, da wusste sie auch nicht, wie sie mir helfen sollte, wie sie mich beruhigen sollte." (Vivian)
- „Meine Mutter hat davon gewusst und hat mich dahin gefahren." (Beate)

Zu den Reaktionen der Lehrer wird geschildert:

- „Die Lehrerin, ich glaub die fands nett was sich da so abspielt." (Thorsten)
- „Die Lehrerin hat gar nicht darauf reagiert." (Till)
- „Unsere Klassenlehrerin hat das schon mitbekommen und hat gesagt „Na, das passt ja auch gut!"" (Felix)
- „Die Lehrer haben nichts mitbekommen." (Manfred)
- „Ich glaube nicht, dass die damals was mitbekommen haben." (Vivian)
- „Das weiß ich nicht, ob die was mitbekommen haben." (Sabine)
- „Die haben es bestimmt nicht mitbekommen." (Claudia)

Die Mehrheit berichtet über eine – zumindest anfängliche – Zurückhaltung in der Öffentlichkeit der Klassengemeinschaft. Ihren Umgang mit den unterschiedlichen Reaktionen beschreiben die Befragten:

- „Ich hab das jetzt auch nicht öffentlich so rausgetragen, sondern das war eher so ein heimlicher Schwarm. Briefchen haben wir natürlich auch gemacht, dass man sich so heimlich was zugesteckt hat. Aber da hat man natürlich immer auch darauf geachtet, dass die anderen das nicht mitbekommen, weil das wäre dann schon peinlich gewesen." (Manfred)

- „So in der Klasse hat man sich halt doch immer sehr distanziert, denn so als die Klassenkameraden das mitbekommen haben, da wurde man halt schon immer geärgert. Und da hat man halt doch mehr oder weniger so getan, als ob man sich nicht kennt auf dem Schulhof." (Sabine)

- „Ja, zum Beispiel, wenn ich Geburtstag gefeiert habe, habe ich mich daran erinnert, dass ich ihr dann so heimlich den Brief nur zugesteckt habe auf dem Nachhauseweg – wir hatten son Stück gemeinsamen Nachhauseweg – die Einladung für den Geburtstag. Und bei den Jungs war klar, das lief alles in der Klasse ab und das war überhaupt kein Problem." (Felix)

Beendigung der Beziehung

Die Ergebnisse der Erwachsenenbefragung decken sich mit denen der Kinderbefragung. Auch hier endete die Mehrzahl der Beziehungen mit dem Übergang an die weiterführenden Schulen.

- „In der vierten Klasse haben wir auch noch viel gemacht miteinander. Gegen Ende der Beziehung da hat sie gesagt, ich wär ihr zu oberflächlich. Das waren harte Vorwürfe, die ich da gehört habe. Also dann bröckelte das auch irgendwie. Ja da hab ich auch sehr darunter gelitten. Und als wir dann die Schule gewechselt haben, nach der vierten Klasse, da sind wir in ver-

268

schiedene Klassen gekommen. Dann haben wir uns auch bald aus den Augen verloren." (Thorsten)

- „Das hat geendet indem wir auf verschiedene Schulen gegangen sind." (Manfred)

- „Irgendwann im Zweiten Schuljahr hörte das dann auf. Ich schätze mal, weil sich die Interessen irgendwie verlagert ham nachher." (Till)

- „Die ist in der sechsten Klasse weggezogen und ich war total traurig, dass sie weggezogen ist. Kontakt hatte ich noch bis ich siebzehn war. Geschrieben haben wir uns dann noch. Und als ich dann das Moped hatte, habe ich sie besucht. Und wenn ich sie besucht habe oder so haben wir auch im Bett miteinander gelegen. Aber die Trennung war dann halt so – das hat sich dann eher verlaufen. Weil die Entfernung so groß war. Und jeder hat dann auch andere Freundeskreise gehabt." (Felix)

- „Er hat nach einem Jahr mit seiner Familie Marburg verlassen. Ich kann mich noch erinnern, dass er mir zum Abschluss – so als Abschiedsgeschenk – so eine Kette aus getrockneten Reiskörnern geschenkt hat. Ich hab da eine Nacht lang non-stop geweint nachdem er weggezogen ist. Es war ein großes Drama. Es hat so richtig weh getan, als er ging." (Vivian)

- „Ich bin weggezogen." (Beate)

Alle Befragten wurden am Ende des Interviews gebeten, vermutete Gründe dafür zu nennen, warum sich ihre Beziehung realisieren ließ obgleich sich häufig eine Geschlechtertrennung beobachten lässt. An eigenen Erklärungen darüber warum sich ihre Beziehung realisierte nannten die Befragten:

- „Ich war ein sehr ernsthaftes Kind und fand diese Spiele der Jungen auch doof." (Thorsten)

- „Ich mein sie war schon irgendwie – wie soll man es bezeichnen – emanzipierter als die meisten anderen aus dem Dorf. Und meine Frau bezeichnet mich sowieso als ne halbe Frau." (Till)

- „Weil meine Mutter das auch sehr unterstützt hat. Ich war auch schon als Kind sehr offen und hatte ne ganz gute Stellung in der Klasse eigentlich." (Felix)
- „Na ich denke vielleicht, weil ich nicht so der typische Junge gewesen bin. Auch immer so eine etwas weichere Art gehabt hab, die auch eigentlich bei Mädchen immer gut angekommen ist." (Manfred)
- „Ich war jetzt kein Mädchen, das nur mit Puppen spielt und er war eher untypisch als Junge." (Vivian)
- „Ich war ja auch sehr wild. Mag daran gelegen haben, dass ich vier ältere Brüder hatte, die mich überall mit hingenommen haben." (Sabine)
- „Weil ich immer mehr Junge war als Mädchen als Kind." (Beate)
- „Ich hatte nur Jungs als Freunde keine Mädchen." (Claudia)

Als Ursache dafür, dass sich trotz ihrer Verliebtheit keine Beziehung herstellen ließ, vermutet Kirsten, dass es an ihrer Schüchternheit lag. „Ich hätte mich nie getraut mit ihm über meine Gefühle zu sprechen. Ich bekam ja schon einen roten Kopf, wenn er mir nur begegnete. Und direktem Blickkontakt bin ich immer ausgewichen."

6.1.1 Exemplarisches Interview mit Peter Härtling

Als Autor, der gerade in Schulen häufig gelesenen Lektüre „Ben liebt Anna" zeigt HÄRTLING dem Thema gegenüber großes Interesse und ein Verständnis das auf eigenen Erfahrungen beruht.

> „Auch Kinder kennen Liebe, und nicht nur die Liebe innerhalb der Familie. So ist es auch mit Ben. Er liebt Anna das Aussiedlermädchen, das neu in die Klasse kommt. Und auch Anna hat Ben eine Weile sehr lieb gehabt. Das ist schön, aber auch schwer: Da gibt es Eifersucht, Streit mit Freunden und immer wieder die Angst ausgelacht zu werden."

So liest sich die Einstimmung auf dem Umschlag von Härtlings berühmten Kinderroman. Auch die ersten Sätze sind aufschlussreich. Er schreibt:

> „Das ist kein Vorwort. Ich will bloß mit ein paar Sätzen erklären, warum ich die Geschichte von Benjamin Körbel und Anna Mitschek erzähle. Manchmal sagen Erwachsene zu Kindern: Ihr könnt noch gar nicht wissen, was Liebe ist. Das weiß man erst, wenn man groß ist.
> Dann haben die Älteren eine Menge vergessen, wollen mit euch nicht reden oder stellen sich dumm.
> Ich erinnere mich gut, wie ich mit sieben Jahren zum ersten Mal verliebt war. Das Mädchen hieß Ulla. Es ist nicht die Anna in diesem Buch. Aber wenn ich von Anna erzähle, denke ich auch an Ulla.
> Ben hat Anna eine Weile sehr lieb gehabt. Und Anna Ben."

Freundlicherweise gewährte mir HÄRTLING Zeit für eine Befragung, so dass das anschließende – in der vollen Länge dargestellte Interview – nicht nur seine eigenen Erinnerungen in Bezug auf Verliebtheit in der Grundschulzeit wiedergeben kann, sondern auch die Reaktionen, die er auf seinen Roman erhielt.

I: „Ich möchte Sie bitten an Ihre Grundschulzeit zu denken. Können Sie sich noch daran erinnern mit wem und was Sie besonders gern gespielt haben? Hatten Sie in dieser Zeit auch eine Freundin oder vielleicht mehrere?"

P.H.: „Was ich gespielt habe, kann ich nur noch ungenau erinnern. Ich wurde 1939 eingeschult und war bis 42 in einer Grundschule in Hartmannsdorf bei Chemnitz. Ich bin ja fast zu Kriegsanfang in die Schule gekommen. Wir spielten ganz gewiss Fußball auf dem Schulhof, wir spielten Räuber und Gendarm, das ist ganz sicher. Ich fuhr – ich hatte so ein großes Dreirad – mit dem fuhr ich weite Strecken, meine Schwester hinten drauf. Ich hatte eine Freundin, die hieß Ulla; die erwähne ich auch ganz kurz. Der schrieb ich auch meinen ersten Liebesbrief, den sie allerdings nie bekam, da die Eltern ihn im Briefkasten fanden und ihn meiner Mutter gaben, statt der Ulla. Aber das war damals eher so möglich als andersrum. Ja, das waren die Spiele. Wir spielten auch Krieg. Ich las sehr viel von meinem achten Lebensjahr an, so dass ich relativ früh mich zurück zog und mit mir selbst beschäftigte. Wir hatten in dem Garten des Hauses, in dem wir wohnten, ein Gartenhäuschen, in das ich mich oft und oft zurückzog."

I: „Können sie sich noch daran erinnern, wie Sie die Ulla kennen gelernt haben?"

P.H.: „In der Schule. Wie genau, weiß ich nicht mehr; in jedem Fall weiß ich noch, dass sie mir außerordentlich gefiel. Es war eine Klassenkameradin. Aber sie machte sich nicht viel aus mir."

I: „Das Besondere an ihr, können Sie das ein bisschen beschreiben?"

P.H.: „Sie war zierlich, klein und schwarz, wenn ich mich erinnere – genauer erinnere. Und dadurch fiel sie mir auch auf, auch durch eine gewisse Zurückhaltung und einen kleinen Hochmut."

I: „Wissen Sie noch ob und was Sie gemeinsam unternommen haben?"

P.H.: „Wir haben auch gemeinsam was gemacht, aber es war stets im Schulrahmen und nie darüber hinaus. Ich habe sie ein oder zweimal – ich glaube mich sogar noch daran erinnern zu können, wo sie wohnte – nach Hause begleitet, aber darauf legte sie keinen sehr großen Wert."

I: „Und waren das in der Pause die üblichen Spiele?"

P.H.: „Ja, ja, das waren meistens Jungenspiele. Und die Mädchen standen am Rande ´rum. Das war doch alles noch sehr auf Jungen konzentriert, anders als heute."

I: „So hat sich sehr viel in ihrer Phantasie abgespielt."

P.H.: „Sehr viel, sehr viel."

I: „Können Sie darüber etwas erzählen?"

P.H.: „Das kann ich überhaupt nicht mehr, das ist nun zu sehr abgesunken."

I: „In dem Buch „Ben liebt Anna" wird es ja konkreter."

P.H.: „Ja, ja, da wird es ganz konkret. Das kann ich nicht mehr erinnern, das weiß ich nicht mehr."

I: „Und Sie waren so richtig verliebt damals in die Ulla?"

P.H.: „Ja."

I: „Gab es auch andere Kinder in ihrer Klasse, die verliebt waren?"

P.H.: „Die Klassengemeinschaft war sehr geteilt. Das hat mich ein bisschen an Degenhards Lied von der Ober- und der Unterstadt erinnert."

I: „Spiel nicht mit den Schmuddelkindern?"

P.H.: „Ja. „Spiel nicht mit den Schmuddelkindern." Wobei die Schmuddelkinder im Grunde keine Schmuddelkinder waren, sondern es hört sich für heute selbstverständlich an, finde ich. Es war schwierig. Es waren zum Teil sehr aggressive Kinder und das erinnere ich noch genau. Ich hatte vor denen drei Jahre lang Angst. So dass über der Klasse stets auch eine Spannung lag, die ich noch sehr deutlich erinnern kann. Das führte sogar 'mal so weit, dass ich vor einem der Jungen oder einer Gruppe von Jungen weggerannt bin und mit dem Kopf gegen einen Laternenpfahl rannte - die Narbe habe ich heute noch - und blutend und auch bewusstlos zusammenbrach. Die Angst war wirklich groß."

I: „Das ist ja heute ein Thema."

P.H.: „Ja, das ist heute ein Thema."

I: „Wie „geheim" war eigentlich die Beziehung zu Ulla? Haben Sie auch mit Ihren Eltern darüber geredet?"

P.H.: „Ihre Eltern kannte ich nicht. Ich glaube, ihr Vater war Arzt. Ich habe mit meiner Mutter mit meinem Vater erst einmal nicht geredet. Und das mit dem Brief kam erst 'raus lange Jahre nach dem Tod meiner Mutter. Da fand ich das Brieflein in ihren Papieren liegen. Das hat sie aufgehoben."

I: „Und den Klassenkameraden, haben Sie denen auch nichts erzählt?"

P.H.: „Nein, das wäre auch, so wie die Jugend damals erzogen war, doch auf sehr „männliche Weise" wäre das nicht gut gewesen."

I: „Ich glaube das ist bis heute sehr schwierig."

P.H.: „Über Liebe reden ist eines der schwierigsten Dinge. Darüber spreche ich oft mit den Kindern, wenn ich Vorlesungen halte. Es bleibt tabuisiert. Nicht in den Briefen. Ich habe ja zu „Ben liebt Anna" sicher – ich nehme an – inzwischen sind es zwanzigtausend Briefe bekommen, die zum großen Teil im Kinder- und Jugendbuch-Institut in Frankfurt liegen, weil ich sie hier gar nicht mehr aufheben kann. Und da kommt es sehr häufig. Ich habe einen Brief gerahmt und der zeigt, dass das Interesse bei Kindern sehr, sehr groß ist. Der ist eigentlich ganz hinreißend. Das ist jetzt der Brief."

„Ich heiße Sascha und bin neun Jahre alt. Am 22. Oktober werde ich zehn. Meine Freundin fragt, ob ich sie heiraten soll. Ich wollte sie fragen, ob sie mir einen Tipp geben können."

P.H.: „Und solche Briefe – nicht ganz so originell – kommen sehr häufig, dass die Kinder anfangen zu erzählen. Ich weiß nicht, ob sie es zu Hause machen, aber im Brief an mich, sprechen sie sich dann aus. Es gibt große Abwehr gegen das Kapitel, wo die beiden dann nackt baden, insbesondere von türkischen Mädchen."

I: „Was ist eigentlich aus der Ulla geworden?"

P.H.: „Ich weiß es nicht. Ich weiß es nicht. Wir sind ja weggezogen 42 und ... keine Ahnung."

I: „Gab es eigentlich noch andere Mädchen zu denen Sie Kontakt hatten?"

P.H.: „Ja natürlich. Ich habe etwas vergessen. Die Sommer verbrachte ich in Begleitung meiner Mutter – die eine leidenschaftliche Schwimmerin war – meistens im Schwimmbad. Und da gab es viele Kontakte auch mit Mädchen. Spiele und Ballspiele und so weiter. Das war klar. Und zwar

Kontakte, die sozusagen sich nicht in meine Erinnerung eingesenkt haben, weil sie spielerisch waren und emotionslos. Und das mit Ulla war etwas besonderes."

I: „Ich danke Ihnen ganz herzlich für das Interview."

P.H.: „Bitte schön."

Das Interview belegt, dass die Erinnerung an die erste Liebe „Ulla" über einen sehr langen Zeitraum – hier über sechzig Jahre – zurückreicht. Auch die erwähnten Reaktionen der jeweiligen Eltern sind bezeichnend. So verhindern Ullas Eltern, dass sie den Liebesbrief von „Peter" bekommt, indem sie ihn seiner Mutter zurückgeben. Dieser wiederum scheint er so wichtig, dass sie ihn über Jahrzehnte bei ihren Papieren aufbewahrt. Erst nach ihrem Tod wird er dort von ihrem Sohn wieder gefunden.

In welcher Weise das Thema Liebe die Kinder anspricht, geht daraus hervor, dass Härtling zu seinem Buch zwanzigtausend Briefe bekommen hat.

6.2 Zusammenfassung der Ergebnisse

Die untersuchte Gruppe ist nicht groß genug, um Verallgemeinerungen zuzulassen. Dennoch ist zu konstatieren, dass sich in den Befragungen von Erwachsenen und Kindern insgesamt große Übereinstimmungen in den Aussagen finden.

Die Befangenheit, die in den schriftlichen Texten der Kinder deutlich zu Tage tritt (Vgl. Kapitel 5.5) und sich häufig im Erröten zeigt, schildern auch die Erwachsenen. Bei Claudia heißt es: „Grad, zum Beispiel wenn man sich mal getroffen hat, ohne dass man damit gerechnet hat, dann – wenn man zum Bäcker gehen musste, Brot oder Brötchen holen – stand der plötzlich drin und dann konnten wir auch überhaupt nicht miteinander reden. Nichts. Also da wars also schon, dass ich OSRAM [einen roten Kopf bekam]". Kirsten hebt hervor: „Ich glaub ich habe sogar einen roten Kopf bekommen, wenn er im Unterricht mal eine falsche Antwort gab."

Ebenso wie die Kinder berichten auch die Erwachsenen davon, dass sie versuchten sich für den anderen attraktiv zu machen, um ihm zu gefallen. Vivian formuliert:
- „Dass es mir auch wichtig war, wie er meine Anziehsachen fand. Da hab ich halt versucht eine Rückmeldung zu bekommen."

Eine weitere Gemeinsamkeit liegt im Austausch von Liebesbriefen, kleinen Geschenken und Aufmerksamkeiten von denen sowohl die Erwachsenen als auch die Kinder berichten.

Unterschiede zeichnen sich ab in der Beschreibung der Gefühle. Dies wird nicht nur auf die größere Eloquenz Erwachsener zurückgeführt sondern auch darauf, dass die Kinder in der Befragungssituation zurückhaltender sind, da das aktuelle Erleben sicher schwieriger in Worte zu fassen ist als Ereignisse, die lange zurückliegen.
Die Auswertung ergibt, dass eine Reihe von Faktoren die Realisierung von Beziehungen begünstigt. Dazu gehören die Unterstützung durch die

Eltern, gemeinsame Interessen, eine ähnliche Persönlichkeitsstruktur, Selbstbewusstsein und ein Verhalten, das nicht stereotypen und rigiden Rollenvorstellungen entspricht. Die Reaktionen der anderen Kinder wiederum stehen in Abhängigkeit von der Stellung des Verliebten innerhalb der Klasse. Aus den ausgewerteten Angaben der Erwachsenen lässt sich schließen, dass sowohl „Monsterkinder", vor denen andere Angst haben, als auch diejenigen, die durch ihre besondere Beliebtheit einen guten Stand haben, in der Lage sind öffentlich zu ihrer Beziehung zu stehen und ihre Verliebtheit zuzugeben. So bezeichnete Till sich und seine Freundin als „Führungsgruppe". Dennoch berichtet die Mehrheit der Erwachsenen von einer gewissen Zurückhaltung in der Schulöffentlichkeit und einem – zumindest anfänglich – eher heimlichem Schwarm, selbst bei Beziehungen die auf Gegenseitigkeit beruhten.

VII. Zusammenfassung und Perspektiven des pädagogischen Umgangs mit dem Thema

Im Rahmen der vorliegenden Arbeit ist untersucht worden, unter welchen Bedingungen sich gegengeschlechtliche Freundschaften und erste „Liebesbeziehungen" entwickeln, welche Voraussetzungen und Verhaltensstrategien sie erhalten oder beenden und welche Konstanz oder Veränderung die dyadische Beziehung kennzeichnet. Es wurde neben den geglückten Beziehungen auch den erwünschten, den einseitig erhofften und misslingenden Beziehungen nachgespürt. Folgende Aspekte sind dabei besonders berücksichtigt worden:

1. Die Kontaktaufnahme
2. Die gemeinsamen Unternehmungen
3. Der Umgang mit den Reaktionen anderer Kinder oder Erwachsener

Ergebnisse der geschlechtsspezifischen Sozialisationsforschung, der Schulforschung, der Untersuchungen zur Sozialentwicklung und zur Ausdifferenzierung von Freundschaftsvorstellungen waren Bezugspunkte und bildeten den theoretischen Hintergrund der Arbeit.

Generelles Ziel lag in der wissenschaftlichen Untersuchung der Phänomene Freundschaft und Liebe im Grundschulalter. In Kapitel 3 zum Forschungsstand wurde dargestellt, dass bereits viele Forschungsergebnisse über die allgemeine Bedeutung der kindlichen Sozialbeziehungen in der Grundschule vorliegen. Beziehungen zwischen Jungen und Mädchen, ihre teilweise erotische Einfärbung und ihre Bedeutung für die Betroffenen sind bisher jedoch so gut wie gar nicht untersucht worden. Dass Kinder in ihren ersten „Liebesbeziehungen" das ganze Spektrum der Gefühle über Sehnsucht bis zu Eifersucht und Enttäuschung erleben und dies für sie entsprechende Bedeutung hat, war die These, die es zu prüfen galt.

Die Darstellung ausgewählter Rahmenbedingungen und inhaltlicher Aspekte des heutigen Kinderlebens war ein weiteres Anliegen der Arbeit. Ein erkenntnisleitender Gesichtspunkt rührte aus meinen erheblichen

Zweifeln an der – in der Literatur weitverbreiteten – Annahme von zwei getrennten Welten in denen Jungen und Mädchen im Grundschulalter leben. Insbesondere die Vorstellung der vielzitierten Mauer zwischen den Geschlechtern erschien mir fragwürdig und unhaltbar. Meine Hypothese lautete dagegen, dass es in der mittleren Kindheit sowohl Freundschaften als auch „Liebesbeziehungen" zwischen den Geschlechtern gibt und vor allem ein großes Interesse aneinander, was sich jedoch in unterschiedlichster Weise äußert. Die vorliegende Arbeit hinterfragte also kritisch die weitverbreitete Annahme der getrennten Welten von Mädchen und Jungen im Grundschulalter und lieferte dazu selbst einen empirischen Beitrag.

So wurde hier die Auffassung vertreten, dass es sich bei der Mauer – um im Bild zu bleiben – keineswegs um eine starre, festgefügte Absperrung handelt, sondern um ein poröses, transparentes Gebilde, das in beide Richtungen durchlässig ist und regen Grenzverkehr provoziert. Dies konnte auch durch alle Untersuchungsergebnisse verifiziert werden. So gaben 56,6 Prozent der Mädchen und 31,8 Prozent der Jungen an, zur Zeit verliebt zu sein. Zusammen genommen liefern die Aussagen dieser Kinder ein Spektrum an Einstellungen und Verhaltensweisen, das als deutlicher Beleg für Beziehungswünsche und Sehnsüchte gelten kann. Sowohl die Befragung als auch die Analyse der von den Kindern geschriebenen Texte machte deutlich, dass Kinder zwischen Freundschaft und Liebe genau unterscheiden und viele Mädchen und Jungen beide Beziehungsformen aus eigenem Erleben heraus kennen. Unter Liebe verstehen sie alle Formen des Hingezogenseins zu einer Person des anderen Geschlechts, bei der eine gewisse Aufgeregtheit vorhanden ist. Diese äußert sich in der Regel in „Herzklopfen", „Bauchkribbeln", und „Schlaflosigkeit". Bei den von ihnen beschriebenen Freundschaftsbeziehungen fehlen diese Merkmale. Erwachsene berichten in ihren Rückerinnerungen mit anderen Worten von weitgehend gleichen Erlebnissen. Es geht dabei um fundamentale Erfahrungen mit Gefühlen, um Liebe, Eifersucht, Unsicherheit, Selbstzweifel, Sehnsucht, Träume und Liebeskummer.

In der hier vorliegenden Arbeit konnte belegt werden, dass die heftigen Emotionen, die im Zusammenhang mit den gegengeschlechtlichen Liebesbeziehungen auftreten, eine ebenso bedeutende Rolle in der subjektiven Erlebenssituation der Kinder spielen. Liebe ist ein wichtiges Thema für die Kinder, das sie nachhaltig beschäftigt. Wie bei den Erwachsenen erzeugt die Vorstellung von Liebe auch bei Kindern Sehnsuchtsbilder von Nähe, tiefem Verständnis und Geborgenheit. Dies aufzugreifen, in seiner Bedeutung ernst zu nehmen und den Kindern die Gelegenheit zu bieten, über die damit verbundenen Gefühle zu sprechen, war ein Ziel der Arbeit.

Den vorgestellten Ergebnissen liegt umfangreiches Material aus unterschiedlichen Quellen zugrunde:

- Befragungen von 97 Grundschulkindern zum Thema Freundschaft und Liebe
- Ein Klassensatz schriftlicher Schülerarbeiten
- Beobachtungsprotokolle, die innerhalb des Zeitraumes von einem Jahr entstanden
- Befragungen von elf Erwachsenen als Vergleichsgrundlage.

Alle Daten wurden systematisch ausgewertet und die Darstellung konnte teilweise mit Fotos dokumentiert und untermauert werden.

Aufgrund der Untersuchungsergebnisse muss zunächst festgehalten werden, dass nicht alle Kinder gleiches Interesse am Thema „Liebe" haben. Dennoch ist mit BREIDENSTEIN (1998, S. 201) zu konstatieren, dass sich der Verliebtheitsdiskurs insofern als kulturell dominant erweist, als man nicht an ihm vorbei kommt. Man kann sich distanziert oder kritisch dazu äußern, aber man kann ihn nicht einfach ignorieren.

Die ausgewerteten Daten ergeben zunächst zwei Gruppen, die ihrerseits wieder zu dreiteilen sind. So finden sich insgesamt sechs verschiedene Typen:

- Gruppe 1 umfasst die „Enthaltsamen", die noch nie verliebt waren und sich aus dem Geschehen der anderen weitgehend heraushalten. Sie beteiligen sich nicht an Gesprächen zum Thema.

- Gruppe 2 setzt sich aus den „Interessierten" zusammen, die selber zwar noch nicht verliebt waren, aber eine sehr positive Einstellung dazu haben und sich an den Gesprächen gerne beteiligen.
- Gruppe 3 bilden die „Abgeneigten", die es peinlich finden sich zu verlieben und dies für sich ausdrücklich ablehnen. Allenfalls ärgern sie die Betroffenen.

Zur nächsten Gruppe gehören diejenigen, die von sich sagen, dass sie schon einmal verliebt waren oder es jetzt gerade sind.

- In Gruppe 4 finden sich die „Heimlichen", die verliebt sind ohne es auszudrücken. Sie bemühen sich sehr ihre Verliebtheit zu verbergen.
- Gruppe 5 setzt sich aus den „Einseitig Verliebten" zusammen, die ihre Gefühle ausdrücken, den anderen teilweise heftig umwerben, aber nicht auf Gegenliebe stoßen.
- Gruppe 6 besteht aus den „Anerkannten Paaren", das heißt denjenigen Kindern, die verliebt sind, dies ausdrücken und auf Gegenliebe treffen.

Die kleine Anzahl an Kindern denen die Überwindung der Geschlechtergrenze gelingt sieht STÖCKLI (1997, S.12) als exemplarische Minderheit die dank der überdurchschnittlichen sozialen und persönlichen Kompetenzen einen Entwicklungsvorsprung besitzen. In einer Zusammenfassung der von ihm präsentierten Untersuchungsergebnisse betont er explizit:

> „Nicht etwa negativ auffällige „Problemkinder" also – das kann nicht oft genug betont werden – sondern die allseits beliebten, selbständigen und sozial kompetenten Mädchen und Jungen überwinden in diesem Alter die Grenzlinie zwischen den Geschlechtern" (Ebd. S. 215).

Die gegenseitige soziale Kontrolle erschwert offene Kontakte zwischen Jungen und Mädchen erheblich. Jeder Schritt hin zum anderen Geschlecht vollzieht sich unter den Augen der Mitschüler, die durch ihre Kommentare zu erkennen geben, dass sie das Geschehen aufmerksam verfolgen. Zwanglose Annäherung wird so vielfach im Keime erstickt. Es gehört also besonderes Selbstvertrauen und Mut dazu, sich durch die Bemerkungen nicht von den eigenen Absichten abhalten zu lassen.

In vielen Untersuchungen (Vgl. HABERMANN/KAUFELD 1996, MILL-HOFER 1999, CZERWENKA 1990, OSWALD und BOLL 1992) wird die allmähliche Angleichung der Geschlechter betont. Offensichtlich gibt es Bereiche, in denen diese Entwicklung langsamer vonstatten geht. Die Ergebnisse dieser Arbeit belegen bei Mädchen und Jungen deutliche Unterschiede im Interesse am Thema Liebe, in ihrem Erleben und in der Wahrnehmung des Phänomens. Sowohl die Auswertung der Befragung, als auch die Beobachtungsprotokolle und die Analyse der schriftlichen Texte hat ergeben, dass Mädchen hier stärker interessiert sind. Dies deckt sich auch mit den Beobachtungen von BECK und SCHOLZ (1995), die eine Klasse von Grundschulkindern über den Zeitraum von vier Jahren beobachtet haben.

Die Erwartung, dass ältere Geschwister über ihre Modellfunktion Anteil daran haben, dass Kinder sich vermehrt verlieben, konnte im Rahmen dieser Arbeit nicht bestätigt werden. Es sind sogar 66,6 % der Einzelkinder, die angaben, sie seien jetzt verliebt oder bereits früher verliebt gewesen; von den Kindern mit Geschwistern waren es dagegen nur 46,8 %. Es kann vermutet werden, dass bei den Einzelkindern der Wunsch nach einer „Herzensbeziehung" noch größer ist als bei Geschwisterkindern. So könnte die Person, in die man verliebt ist in gewisser Weise auch als Geschwisterersatz fungieren.

Mit 73,2% liegt der Prozentsatz derjenigen Kinder, die davon ausgehen, dass Klassenkameraden verliebt sind, sehr hoch. Es ist wahrscheinlich, dass die Vermutungen darüber eine normierende Wirkung haben. Im gleichen Zusammenhang erscheint es plausibel, dass einige Kinder hier bluffen und ihren Mitschülern vormachen sie seien verliebt, um sich Handlungsspielräume zu bewahren.

Auffallend war, dass es kein Kind gab, das in der Eingangsfrage angab, keinen Freund zu haben. Inwieweit darin auch ein Wunschdenken zum Ausdruck kam, lässt sich vermuten, wenn die Frage „Warum ist X dein Freund?" mit dem Satz „Weil er/sie der Einzige ist, der mit mir spielt" beantwortet wurde. Auch die Tatsache, dass sich viele Kinder nicht gegenseitig als Freunde bezeichnen, legt die Vermutung nahe, dass einige Beziehungen weniger real als vielmehr einseitig erhofft sind. Dazu kommt, dass kein Kind sich oder anderen eingestehen möchte, keinen Freund zu haben.

In Kapitel 1.5 wurde die alltagsstrukturierende Bedeutung der Schule dargestellt. FÖLLING-ALBERS (1994,S.9) betont, dass die Schule - als Ort des sozialen Geschehens und der Kontakte - von Kindern selbst sehr hoch gewertet wird. Das Verhältnis zu den Mitschülern gehört zu den wichtigsten und positivsten Seiten des Schulalltags. So ist auch in den von mir durchgeführten Interviews mit Erwachsenen – die in dieser Arbeit nur in einem Exkurs und damit lediglich marginal berücksichtigt werden konnten – deutlich geworden, dass Schule nur deshalb Spaß gemacht hat, „weil man X [in den man verliebt war] jeden Tag sehen konnte". Um als Lehrer ein vertieftes Verständnis für das Verhalten der Kinder und ihre Entwicklung in der Klassengemeinschaft zu entwickeln, ist es notwendig, mehr über die sozialen Beziehungen der Kinder untereinander zu wissen. Damit pädagogische Maßnahmen greifen, ist die Berücksichtigung der sozialen Dynamik in Schulklassen unumgänglich. Auch wenn Lehrer aus dem alltäglichen Ablauf heraus um die Verliebtheiten ihrer Schüler wissen, so werden diese doch häufig belächelt. Die damit verbundenen Probleme, Anforderungspotentiale und Schwierigkeiten werden weitgehend vernachlässigt. Deutlich wird dies, wenn Kinder auf die Frage dach, ob sie glauben, dass der jeweilige Lehrer oder die Lehrerin von ihrer Verliebtheit wissen, zu einem mit 83,7 Prozent sehr hohem Anteil vermuten, dass die entsprechenden Lehrer das nicht wissen.

BECK-GERNSHEIM (1986) geht davon aus, dass die emotionalen Anforderungen an Beziehungsfähigkeit steigen, was angesichts der Zunahme an Scheidungen und den gleichzeitig gestiegenen Glückserwartungen an Partnerschaften deutlich wird. KAISER (1993) zitiert BRONFENBRENNER (1981) der festhält, dass man besonders unter Männern einer Unfähigkeit begegnet, zum Erhalt sozialer Beziehungen und Netzen beizutragen, die immer brüchiger werden.

STÖCKLI (1997, S.11) plädiert dafür verstärkt die personale und soziale Entwicklung in der Kindheit in den Blick zu nehmen und hier Ausschau zu halten nach Antezedenzbedingungen für problematische Entwicklungsverläufe in der Adoleszenz. So kämen die Entwicklungen in der Adoleszenz nicht aus heiterem Himmel, sondern kündigten sich vorher schon an, seien als Vorform schon da wenn auch häufiger in weniger scharf umrissener Gestalt und deshalb leichter übersehbar.

Akzeptanz in der Welt der Gleichaltrigen zu finden, gilt als zentrale Entwicklungsaufgabe. Dies kann sich jedoch nicht nur auf die Kinder des eigenen Geschlechts beziehen, sondern gilt auch für das andere Geschlecht. Hier einen achtungsvollen und unverkrampften Umgang zu lernen ist eine wesentliche Voraussetzung für ein gleichberechtigtes Miteinander. In ein System gemeinsamer Kommunikation und geregelter sozialer Interaktion eingebettet zu sein, heißt sicher und nützlich zu sein, gebraucht zu werden und im besten Fall auch geliebt zu werden.

Mädchen und Jungen im Hinblick auf emotionale Stabilität, Beziehungs- und Kooperationsfähigkeit zu fördern setzt eine genaue Untersuchung ihrer gemeinsamen Interaktionen voraus. Im Rahmen dieser Arbeit sind die Betroffenen selbst zu Wort gekommen und wurden in ihrer subjektiven Sichtweisen ernst genommen.

Kindliche Liebe zum anderen Geschlecht und das Interesse daran, hat
so viele Facetten und zeigt sich in so unterschiedlichen Gesichtern, dass
das Thema hier sicher nicht umfassend ausgelotet werden konnte. Die
vorliegende Arbeit versteht sich als erster Schritt in diese Richtung. Ein
noch längerer Zeitraum, in dem die gleichen Kinder beobachtet würden,
wäre ebenso vonnöten wie eine erneute Befragung in zeitlichen Abstän-
den. Nur so könnten gesicherte Erkenntnisse über die Konstanz der Beziehungen, wie auch über die Dauer der Beziehungswünsche gewonnen
werden.

VIII. Literatur

Aden-Grossmann, Wilma: Kindergarten. Eine Einführung in seine Entwicklung und Pädagogik. Weinheim und Basel 2002

Arians, Jessica: Zärtlichkeit in der Grundschule. Unveröffentlichte Haus-
arbeit. Köln EZW-Fakultät 1993

Ariès, Philippe: Geschichte der Kindheit. 11. Aufl. München 1994

Aufenanger, Stefan (Hg.): Neue Medien – Neue Pädagogik. Ein Lese-
und Arbeitsbuch zur Medienerziehung in Kindergarten und Grundschule. Bundeszentrale für politische Bildung. Bonn 1991

Baacke, Dieter: Die 6- bis12jährigen. Einführung in die Probleme des
Kindesalters. Weinheim und Basel 1999

Baacke, Dieter/ Sander, Uwe/ Vollbrecht, Ralf: Lebensgeschichten sind
Mediengeschichten. Medienwelten Jugendlicher, Band 2. Opladen
1990

Bachmann, Helen: Kinderfreundschaften – Start ins Leben. Freiburg im
Breisgau 1996

Baisch, Chris/ Hoberg, Sybille/ Schmidt, Egbert: Interviews mit Grundschulkindern zum Thema Liebe. (Zusammenstellung: Petra Milhoffer) In: Milhoffer, Petra (Hg.): Sexualerziehung von Anfang an! Beiträge zur Reform der Grundschule. Bd. 97. Frankfurt 1995. S.134-
144

Beck, Gertrud/Scholz, Gerold: Soziales Lernen. Kinder in der Grundschule. Reinbek bei Hamburg 1995

Beck, Gertrud/Scholz, Gerold: Teilnehmende Beobachtung von Grundschulkindern. In: Heinzel, Friederike (Hg.): Methoden der Kindheitsforschung. Ein Überblick über Forschungszugänge zur kindlichen
Perspektive. Weinheim und München 2000. S.147-171

Beck, Ulrich und Beck-Gernsheim, Elisabeth (Hg.): Riskante Freiheiten.
Frankfurt 1994.

Beck-Gernsheim, Elisabeth: Was kommt nach der Familie? Einblicke in
neue Lebensformen. München 1998

Beck-Gernsheim, Elisabeth: Auf dem Weg in die postfamiliale Familie -
Von der Notgemeinschaft zur Wahlverwandtschaft In: Beck, Ulrich

und Beck-Gernsheim, Elisabeth (Hg.): Riskante Freiheiten. Frankfurt 1994

Behnken, Imbke/ Jaumann, Olga (Hg.): Kindheit und Schule. Kinderleben im Blick von Grundschulpädagogik und Kindheitsforschung. Weinheim und München 1995

Bertram, Hans/ Fthenakis, Wassilios/Hurrelmann, Klaus u.a.: Familien: Lebensformen für Kinder.Weinheim und Basel 1993

Biermann, Christine: Schüler 1996 „Liebe und Sexualität" Fachzeitschrift Erhard Friedrich Verlag 1996. S. 26-28

Biermann, Christine/ Schütte, Marlene: Verknallt und so weiter...Wuppertal 1996 Friedrich Verlag

Bilden, Helga: Geschlechtsspezifische Sozialisation. In: Hurrelmann, Klaus/ Ulich, Dieter (Hg.) Handbuch der Sozialisationsforschung. Weinheim und Basel 1980. S. 777-815

Bilden, Helga: Feministische Theorie(n) und feministische psychosoziale Arbeit. Aufsatz aus dem Internet. 1999

Biskup, Claudia/ Brink, Johann/ Pfister, Gertrud: Konflikte aus der Sicht von Schülerinnen und Schülern. In: Hempel, Marlies (Hg.) Grundschulreform und Koedukation. Beiträge zum Zusammenhang von Grundschulforschung, Frauenforschung und Geschlechtersozialisation. Weinheim und München 1996. S.155-171

Bochumer Arbeitsgruppe für Sozialen Konstruktivismus und Wirklichkeitsprüfung: Arbeitspapier Nr.8 Beziehungs-Skripte. Ruhruniversität Bochum. Im Internet als PDF-Version Januar 2000

Böhnisch, Lothar: Sozialpädagogik des Kindes- und Jugendalters. Eine Einführung. Weinheim 1992

Böhnisch, Lothar/ Winter, Reinhard: Männliche Sozialisation. Bewältigungsprobleme männlicher Geschlechtsidentität im Lebenslauf. Weinheim, München 1993

Böhnisch, Lothar: Pädagogische Soziologie. Eine Einführung. Weinheim und München 1996

Bornemann, Ernest: Ullstein Enzyklopaedie der Sexualität. Frankfurt; Berlin 1990

Breidenstein, Georg/ Kelle, Helga: Geschlechteralltag in der Schulklasse. Ethnographische Studien zur Gleichaltrigenkultur. Weinheim 1998

Bründel, Heidrun/ Hurrelmann, Klaus: Einführung in die Kindheitsforschung. Weinheim und Basel 1996

Büchner, Peter: Das Kind als Schülerin oder Schüler. Über die gesellschaftliche Wahrnehmung der Kindheit als Schulkindheit und damit verbundene Forschungsprobleme. In: Zeiher, Helga/ Büchner, Peter/ Zinnecker, Jürgen (Hg.): Kinder als Außenseiter? Umbrüche in der gesellschaftlichen Wahrnehmung von Kindern und Kindheit. Weinheim und München 1996. S.157-188

Büchner, Peter/ Du Bois-Reymond, Manuela/ Ecarius, Jutta/ Fuhs, Burkhard/ Krüger, Heinz-Hermann: Teenie-Welten. Aufwachsen in drei europäischen Regionen. Opladen 1998

Bundesministerium für Familie, Senioren, Frauen und Jugend (Hg.): Zehnter Kinder- und Jugendbericht. Bericht über die Lebenssituation von Kindern und die Leistungen der Kinderhilfen in Deutschland. Bonn 1998

Bundeszentrale für gesundheitliche Aufklärung: Wissenschaftliche Grundlagen. Teil 1 – Kinder. Fachheftreihe Band 13.1. Köln 1999

Bundeszentrale für gesundheitliche Aufklärung: Wissenschaftliche Grundlagen. Teil 2 – Jugendliche. Fachheftreihe Band 13.2. Köln 1999

Bundeszentrale für gesundheitliche Aufklärung: Kompetent, Authentisch und Normal. Aufklärungsrelevante Gesundheitsprobleme, Sexualaufklärung und Beratung von Jungen. Fachheftreihe Band 14. Köln 1999

Czerwenka, Kurt/ Nölle, Karin/ Pause, Gerhard/ Schlotthaus, Werner/ Schmidt, Hans Jochim/ Tessloff, Janina: Schülerurteile über die Schule. Bericht über eine internationale Untersuchung. Frankfurt 1990

Damon, William: Die soziale Welt des Kindes. Frankfurt 1990

DeMause, Lloyd (Hg.): Hört ihr die Kinder weinen. Eine psychogenetische Geschichte der Kindheit. 8. Aufl. Frankfurt 1994

Deutscher Verein für öffentliche und private Fürsorge (Hg.): Fachlexikon der sozialen Arbeit. 4. Auflage. Frankfurt 1997

Deutsches Jugendinstitut (Hg.): Was tun Kinder am Nachmittag. Ergebnisse einer empirischen Studie zur mittleren Kindheit. Weinheim und München 1992

Du Bois-Reymond, Manuela/ Büchner, Peter/ Krüger, Heinz-Hermann/ Ecarius, Jutta/ Fuhs, Burkhard: Kinderleben. Modernisierung von Kindheit im interkulturellen Vergleich. Opladen1994

Erikson, E.H.: Identität und Lebenszyklus. Frankfurt 1966

Erikson, E.H.: Kindheit und Gesellschaft. Stuttgart 1984

Fatke, Reinhard (Hg.): Ausdrucksformen des Kinderlebens. Phantasie, Spiele, Wünsche, Freundschaft, Lügen, Humor, Staunen. Bad Heilbrunn 1994

Fatke, Reinhard/ Valtin, Renate: Wozu man Freunde braucht. In: Psychologie Heute. Jg.15, Heft 4, 1988, S.22-29

Fatke, Reinhard/ Valtin, Reanate: Freundschaft und Liebe. Persönliche Beziehungen im Ost/West und im Geschlechtervergleich. Auer Verlag 1997

Faulstich-Wieland, Hannelore/ Horstkemper, Marianne: „Nur Mädchen in einer Klasse ist eine leere Klasse" – Selbstbilder von Grundschülerinnen. In: Pfister, Gertrud/ Valtin, Renate (Hg.): MädchenStärken. Probleme der Koedukation in der Grundschule. Beiträge zur Reform der Grundschule. Bd. 90. Frankfurt 1993. S. 40-50

Faulstich-Wieland, Hannelore/ Horstkemper, Marianne: „Trennt uns bitte, bitte nicht!" Koedukation aus Mädchen und Jungensicht. Opladen 1995

Faulstich-Wieland, Hannelore: Geschlecht und Erziehung: Grundlagen des pädagogischen Umgangs mit Mädchen und Jungen. Darmstadt 1995

Faust-Siehl, Gabriele/ Garlichs, Ariane/Ramseger, Jörg/ Schwarz, Hermann/ Warm, Ute: Die Zukunft beginnt in der Grundschule. Empfehlungen zur Neugestaltung der Primarstufe. Arbeitskreis Grundschule. Reinbek bei Hamburg 1996

Flade, Antje/ Kustor, Beatrice (Hg.): Raus aus dem Haus. Mädchen erobern die Stadt. Frankfurt, New York 1996

Flade, Antje: Sozialisation – das Hineinwachsen in die weibliche und männliche Lebenswelt. In: Flade, Antje/ Kustor, Beatrice (Hg.): Raus aus dem Haus. Mädchen erobern die Stadt. Frankfurt, New York 1996. S. 12-28

Fölling-Albers, Maria (Hg.): Veränderte Kindheit – Veränderte Grundschule. Arbeitskreis Grundschule e.v. Frankfurt 1989

Fölling-Albers, Maria: Kindheitsforschung und Schule. Überlegungen zu einem Annäherungsprozeß. In: Behnken, Imbke/ Jaumann, Olga: Kindheit und Schule. Kinderleben im Blick von Grundschulpädagogik und Kindheitsforschung. Weinheim und München 1995. S.11 – 20

Freud, Sigmund: Drei Abhandlungen zur Sexualtheorie. Frankfurt 1977

Friedrichs, Jürgen: Methoden empirischer Sozialforschung. 14. Aufl. Opladen 1990

Garlichs, Ariane: Schüler verstehen lernen. Das Kasseler Schülerhilfeprojekt im Rahmen einer reformorientierten Lehrerausbildung. Donauwörth 2000

Garlichs, Ariane/Leuzinger-Bohleber, Marianne: Identität und Bindung. Die Entwicklung von Beziehungen in Familie, Schule und Gesellschaft. Weinheim und München 1999

Giesecke, Hermann: Das Ende der Erziehung. Stuttgart 1985

Godlewski, Susanne: Erfahrungen mit dem „Lernziel Zärtlichkeit" in der Grundschule. In: Milhoffer, Petra (Hg.): Sexualerziehung von Anfang an! Beiträge zur Reform der Grundschule. Bd. 97. Frankfurt 1995. S.85-105

Goldstein,Martin/Mc Bride, Will: Lexikon der Sexualität, Wuppertal-Barmen 1970

Glumpler, Edith (Hg.): Koedukation. Entwicklungen und Perspektiven. Bad Heilbrunn 1994

Grossmann, Wilma: Aschenputtel im Schulalltag. Historische Entwicklungen und Perspektiven von Schulsozialarbeit. (Unveränderter Nachdruck der Erstauflage von 1987) Kassel 1996

Grundschule: Kinder brauchen Kinder. Zeitschrift des Westermann Verlages. April 1994

Habermann, Carsten/ Kaufeld, Barbara: Männer und Frauen – Jungen und Mädchen in der Kindertagesstätte. Beiträge zur frühkindlichen Erziehung. Bd.11. Frankfurt 1996

Haeberle, E.: Die Sexualität des Menschen. Berlin 1985

Hagemann-White, Carol: Sozialisation: Weiblich – männlich? Opladen 1984

Heinzel, Friederike (Hg.): Methoden der Kindheitsforschung. Ein Überblick über Forschungszugänge zur kindlichen Perspektive. Weinheim und München 2000

Hellbrügge, Theodor (Hg.): Die Entwicklung der kindlichen Sexualität. (Fortschritte der Sozialpädiatrie. Bd. 6) München, Wien, Baltimore 1982

Hempel, Marlies (Hg.) Grundschulreform und Koedukation. Beiträge zum Zusammenhang von Grundschulforschung, Frauenforschung und Geschlechtersozialisation. Weinheim und München 1996

Hempel, Marlies (Hg.) Verschieden und doch gleich. Schule und Geschlechterverhältnisse in Ost und West. Bad Heilbrunn 1995

Henke, Sylke: Fernsehwerbung und Konsumverhalten von Kindern. In Aden-Grossmann, Wilma (Hg.): Schulkinder. Beiträge zur pädagogischen Arbeit, Heft 3. Kassel 1998. S.3 – 52

Hentig, Hartmut von: Vorwort zur deutschen Ausgabe von: Ariès, Philippe: Geschichte der Kindheit. München 1994. S.7-45

Herzberg, Irene: Kinderfreundschaften und Spielkontakte. In: Deutsches Jugendinstitut (Hg.): Was tun Kinder am Nachmittag? Ergebnisse einer empirischen Studie zur mittleren Kindheit. Weinheim und München 1992. S. 75-126

Honig, Michael-Sebastian: Entwurf einer Theorie der Kindheit. Frankfurt 1999

Hopf, Arnulf: Außenflächen, Straßen und Verkehr in der Wohnumwelt von Kindern. In:Fölling-Albers, Maria (Hg.): Veränderte Kindheit – Veränderte Grundschule. Arbeitskreis Grundschule e.V. Frankfurt 1989. S. 90

Horstkemper, Marianne: „Kontaktbörse Grundschule. Zwischen Spaßkämpfen, erster Verliebtheit und Anmache. In: Biermann, Christine:
Schüler 1996 „Liebe und Sexualität" Fachzeitschrift Erhard Friedrich Verlag 1996. S. 44-47

Horstkemper, Marianne/ Zimmermann, Peter (Hg.): Zwischen Dramatisierung und Individualisierung. Geschlechtstypische Sozialisation
im Kindesalter. Opladen 1998

Hurrelmann, Klaus: Lebensphase Jugend. Eine Einführung in die sozialwissenschaftliche Jugendforschung. Weinheim und München
1994a

Hurrelmann, Klaus/ Ulich, Dieter: Handbuch der Sozialisationsforschung.
Weinheim und Basel 5. neu ausgestattete Aufl. 1998

Hurrelmann, Klaus: Einführung in die Sozialisationstheorie. Über den
Zusammenhang von Sozialstruktur und Persönlichkeit. Weinheim
und Basel 2000

Kaiser, Astrid: Beziehungsfähigkeit statt Gewalt – Jungenförderung in
der Grundschule. In: Pfister, Gertrud/ Valtin, Renate: Mädchen-
Stärken. Probleme der Koedukation in der Grundschule. Beiträge
zur Reform der Grundschule. Bd. 90. Frankfurt 1993. S. 167 – 173

Kauke Marion: Kinder auf dem Pausenhof. Soziale Interaktion und soziale Normen. In: Behnken, Imbke/ Jaumann, Olga (Hg.): Kindheit und
Schule. Kinderleben im Blick von Grundschulpädagogik und Kindheitsforschung. Weinheim und München 1995. S.51-60

Keller, Monika: Moralische Sensibilität: Entwicklung in Freundschaft und
Familie. Weinheim 1996

Kohlberg, Lawrence: Zur kognitiven Entwicklung des Kindes. Frankfurt
1974

Kluge, Norbert: Sexualverhalten Jugendlicher heute. Ergebnisse einer
repräsentativen Jugend- und Elternstudie über Verhalten und Einstellungen zur Sexualität. Weinheim und München 1998

Kränzl-Nagl, Renate/ Wilk, Liselotte: Möglichkeiten und Grenzen stan-
dardisierter Befragungen unter besonderer Berücksichtigung der
Faktoren soziale und personale Wünschbarkeit. In: Heinzl, Friederike (Hg.): Methoden der Kindheitsforschung. Ein Überblick über

Forschungszugänge zur kindlichen Perspektive. Weinheim und München 2000. S.59-77

Krappmann, Lothar/ Oswald, Hans: Alltag der Schulkinder. Beobachtungen und Analysen von Interaktionen und Sozialbeziehungen. Weinheim und München 1995

Krappmann, Lothar/ Oswald, Hans: Unsichtbar durch Sichtbarkeit. Der teilnehmende Beobachter im Klassenzimmer. In: Behnken, Imbke/ Jaumann, Olga (Hg.): Kindheit und Schule. Kinderleben im Blick von Grundschulpädagogik und Kindheitsforschung. Weinheim und München 1995. S. 39-50

Krappmann, Lothar: Sozialisation in der Gruppe der Gleichaltrigen. In: Hurrelmann, Klaus/ Ulich, Dieter: Handbuch der Sozialisationsforschung. Weinheim und Basel 5. neu ausgestattete Aufl. 1998. S.355-375

Landkreis Marburg-Biedenkopf (Hg.): Jahrbuch 1991

Lang, Sabine: Lebensbedingungen und Lebensqualität von Kindern. Frankfurt und New York 1985

Lange, Andreas: Kindsein heute. Theoretische Konzepte und Befunde der sozialwissenschaftlichen Kindheitsforschung sowie eine Explorativuntersuchung zum Kinderalltag in einer bodenseenahen Gemeinde. Konstanz 1996

Leidinger, Birgit: Fünf Jahre Betreuungsangebot an der Burgwaldschule in Wetter. Darstellung eines Modells und Aufarbeitung der Erfahrungen. Unveröffentlichte Diplomarbeit. 1996

Leidinger; Birgit: Herzklopfen und Kribbeln im Bauch. Ein Untersuchungsbericht über Freundschaft und Liebe bei Mädchen und Jungen im Grundschulalter. Manuskript angenommen. Der Aufsatz erscheint in „Grundschule", Heft 9/2004

Lipski, Jens: Zur Verlässlichkeit der Angaben von Kindern bei standardisierten Befragungen. In: Heinzel, Friederike (Hg.): Methoden der Kindheitsforschung. Ein Überblick über Forschungszugänge zur kindlichen Perspektive. Weinheim und München 2000. S.77-86

Luhmann, Niklas: Liebe als Passion. Zur Codierung von Intimität. Frankfurt, 5. Aufl. 1999

Maccoby, Eleanor: Psychologie der Geschlechter. Sexuelle Identität in den verschiedenen Lebensphasen. Stuttgart 2000

Markefka, Manfred/ Nauck, Bernhard (Hg.): Handbuch der Kindheitsforschung. Neuwied, Kriftel, Berlin 1993

Milhoffer, Petra (Hg.): Sexualerziehung von Anfang an! Beiträge zur Reform der Grundschule. Bd. 97. Frankfurt 1995

Milhoffer, Petra/ Krettmann, Ulrike/ Gluszcynski: Sexualerziehung, die ankommt... Ein Leitfaden für Schule und außerschulische Sexualerziehung von Mädchen und Jungen der 3. - 6. Klasse. Herausgegeben von der Bundeszentrale für gesundheitliche Aufklärung. Siegburg 1999

Mönkemeyer, Karin: Kindliche Sexualität. Tabus – Konflikte – Lösungen. Weinheim und Basel 1997

Muchow, Martha/ Muchow Heinrich: Der Lebensraum des Großstadtkindes. Hamburg 1935. (Reprint Bensheim 1978)

Münch, Peter (Hg.): Ordnung, Fleiß und Sparsamkeit. Texte und Dokumente zur Entstehung der >bürgerlichen< Tugenden. München 1984. Einleitung des Herausgebers S.9-38

Nauck, Bernhard/ Bertram, Hans (Hg.): Kinder in Deutschland. Lebensverhältnisse von Kindern im Regionalvergleich. Opladen 1995

Nauck, Bernhard: Kinder als Gegenstand der Sozialberichterstattung – Konzepte, Methoden und Befunde im Überblick. In: Nauck, Bernhard/ Bertram, Hans (Hg.): Kinder in Deutschland. Lebensverhältnisse von Kindern im Regionalvergleich. Opladen 1995. S.11 - 90

Neubauer, Georg: Kuscheln, Streicheln, Doktorspiele. Sexualität bei Kindern. In: Biermann, Christine: Schüler 1996 „Liebe und Sexualität" Fachzeitschrift Erhard Friedrich Verlag 1996. S. 26-28

Nötzoldt-Linden, Ursula: Freundschaft. Zur Thematisierung einer vernachlässigten soziologischen Kategorie. Opladen 1994

Nyssen, Elke/ Schön, Bärbel: Perspektiven für pädagogisches Handeln. Eine Einführung in Erziehungswissenschaft und Schulpädagogik. Weinheim und München 1995. S. 59/60

Oerter, Rolf/ Montada, Leo: Entwicklungspsychologie. 4 .Aufl. Weinheim 1998

295

Oerter, Rolf/ Dreher, Eva: Jugendalter. In: Oerter, Rolf/ Montada, Leo: Entwicklungspsychologie. 4 .Aufl. Weinheim 1998. S. 310-396

Ohlmeier, Dieter/Sandner,Dieter: Selbsterfahrung und Schulung psychosozialer Kompetenz in psychoanalytischen Gruppen. In: Sandner, Dieter: Gruppenanalyse. Heidelberg 1979

Opaschowski, Horst: Abschied vom Jahrhundert des Kindes. Die Zukunft von Freizeit, Medien und Konsum und ihre sozialen Folgen. In: Arbeitskreis Grundschule (Hg.) Zukunft für Kinder- Grundschule 2000. Bonn/ Frankfurt 1996. S. 141 – 176

Oswald und Boll.1992. S.48 In: Preuss-Lausitz, Ulf: Gender Patchwork: Fremd- und Selbstbilder der Geschlechter im Umbruch. In: Zeiher, Helga/ Büchner, Peter/ Zinnecker, Jürgen (Hg.): Kinder als Außenseiter? Umbrüche in der gesellschaftlichen Wahrnehmung von Kindern und Kindheit. Weinheim und München 1996. S. 189 – 207

Oswald, Hans: Geleitwort. In: Heinzel, Friederike (Hg.): Methoden der Kindheitsforschung. Ein Überblick über Forschungszugänge zur kindlichen Perspektive. Weinheim und München 2000. S.9-17

Pacharzina, Klaus/ Albrecht-Désirat, Karin: Konfliktfeld Kindersexualität. Frankfurt 1978

Paus-Haase, Ingrid: Was Kinder durch das Fernsehen lernen können. In: Aufenanger, Stefan (Hg.): Neue Medien – Neue Pädagogik. Ein Lese- und Arbeitsbuch zur Medienerziehung in Kindergarten und Grundschule. Bundeszentrale für politische Bildung. Bonn 1991. S. 106 - 121

Pekrun, Reinhard/ Fend, Helmut: Schule und Persönlichkeitsentwicklung. Stuttgart 1991

Pekrun, Reinhard/Helmke, Andreas: Schule und Kindheit. In: Markefka, Manfred/ Nauck, Bernhard (Hg.): Handbuch der Kindheitsforschung. Neuwied, Kriftel, Berlin 1993

Permien, Hanna/ Frank, Kerstin: Schöne Mädchen – Starke Jungen? Gleichberechtigung: (k)ein Thema in Tageseinrichtungen für Schulkinder. Freiburg 1995

Petillon, Hanns: Das Sozialleben des Schulanfängers. Die Schule aus der Sicht des Kindes. Weinheim 1993

296

Petillon, Hanns: Wie gehen Kinder in den ersten Schuljahren miteinander um. Grundschule. Zeitschrift des Westermann Verlages. April 1994

Petillon, Hanns: Soziale Beziehungen. In: Rost, Detlef: Handwörterbuch Pädagogische Psychologie Weinheim 1998. S.473-478

Pfister, Gertrud/ Valtin, Renate (Hg.): MädchenStärken. Probleme der Koedukation in der Grundschule. Beiträge zur Reform der Grundschule. Bd. 90. Frankfurt 1993

Piaget, J.: Das Weltbild des Kindes. Stuttgart 1978

Postman Neill: Das Verschwinden der Kindheit. Frankfurt 1987

Prengel, Annedore: Erkunden und Erfinden: Praxisforschung in der pädagogischen Arbeit mit Kindern. In: Heinzel, Friederike (Hg.): Methoden der Kindheitsforschung. Ein Überblick über Forschungszugänge zur kindlichen Perspektive. Weinheim und München 2000. S. 309-323

Pressespiegel zur Schließung der Kindertagesstätte der Freien Schule Marburg 1998

Pressel, Alfred und Ingeborg in: Fachlexikon der sozialen Arbeit. Deutscher Verein für öffentliche und private Fürsorge. 4.vollst.überarb. Auflage. Stuttgart, Berlin, Köln 1997. S.877 - 880

Preuss-Lausitz, Ulf: Körpersozialisation und Modernisierung: Freundschaft und Kooperation zwischen Jungen und Mädchen. In: Horstkemper, Manrianne/ Zimmermann, Peter (Hg.): Zwischen Dramatisierung und Individualisierung. Geschlechtstypische Sozialisation im Kindesalter. Opladen 1998. S. 109-123

Preuss-Lausitz, Ulf: Die Kinder des Jahrhunderts. Zur Pädagogik der Vielfalt im Jahr 2000. Weinheim und Basel 1993

Preuss-Lausitz,Ulf: Gender Patchwork: Fremd- und Selbstbilder der Geschlechter im Umbruch. In: Zeiher, Helga/ Büchner, Peter/ Zinnecker, Jürgen (Hg.): Kinder als Außenseiter? Ümbrüche in der gesellschaftlichen Wahrnehmung von Kindern und Kindheit. Weinheim und München 1996. S. 189 – 207

Rauschenbach, Thomas/ Thole, Werner (Hg.): Sozialpädagogische Forschung. Gegenstand und Funktionen, Bereiche und Methoden. Weinheim und München1998

Rogge, Jan-Uwe: Stichwort Medien. In: Deutscher Verein für öffentliche und private Fürsorge (Hg.): Fachlexikon der sozialen Arbeit. 4. Auflage. Frankfurt 1997. S.633

Rössner, Lutz: Kultivierung der Geschlechtsbeziehungen. Eine empirisch-erziehungswissenschaftliche Analyse. Neuwied und Berlin 1968

Rolff, Hans-Günther/ Zimmermann, Peter: Kindheit im Wandel. 5.,völlig neu bearbeitete Auflage. Weinheim und Basel 1997.

Rost, Detlef: Handwörterbuch Pädagogische Psychologie. Weinheim 1998

Rubin, Zick: Kinderfreundschaften. Stuttgart 1981

Schilling, Johannes: Didaktik/Methodik der Sozialpädagogik. Neuwied, Kriftel, Berlin 1995

Schön, Bärbel: Gegenstand und Fragestellungen der Erziehungswissenschaft. In: Nyssen, Elke/ Schön, Bärbel (Hg.): Perspektiven für pädagogisches Handeln. Eine Einführung in Erziehungswissenschaft und Schulpädagogik. Weinheim und München 1995. S. 51/52

Schütz, Heidi: Fragen von Kindern und Jugendlichen zu Sexualität, Liebe und Partnerschaft. In: Bundeszentrale für gesundheitliche Aufklärung (Hg.) Wissenschaftliche Grundlagen. Teil 1 – Kinder. Köln 1999. S.119 – 137

Schuster, Klaus: Die Entwicklung von Freundschaftskonzepten im Kindes- und Jugendalter. Hamburg 1994

Selman, Robert: Die Entwicklung des sozialen Verstehens. Entwicklungs-psychologische und klinische Untersuchungen. Frankfurt 1984

Smidt, Elke und Thomas: Sexualerziehung in der Grundschule. Starnberg 1974

Stadt Wetter (Hg.): Daten zur Geschichte von Wetter. 1997

Stadt Wetter (Hg.): Leben – Wohnen – Freizeit in Wetter. Infobroschüre. 1997

Stange, Helmut: Kindheit und Jugend zwischen Chancen und Risiken. Gesellschaftliche Voraussetzungen von Erziehung heute. In: Nyssen, Elke/ Schön, Bärbel (Hg.): Perspektiven für pädagogisches

Handeln. Eine Einführung in Erziehungswissenschaft und Schulpädagogik. Weinheim und München 1995. S. 57-100

Starke, Kurt: Junge Partner. Tatsachen über Liebesbeziehungen im Jugendalter. Leipzig 1980

Stöckli, Georg: Eltern, Kinder und das andere Geschlecht. Selbstwerden in sozialen Beziehungen. Weinheim und München 1997

Trautner, Hans Martin: Entwicklung der Geschlechtstypisierung. In: Markefka, Manfred/ Nauck, Bernhard (Hg.) Handbuch der Kindheitsforschung. Neuwied, Kriftel, Berlin 1993. S.289 - 301

Ulich,Klaus: Schulische Sozialisation. In:Hurrelmann, Klaus/Ulich, Dieter (Hg.): Handbuch der Sozialisationsforschung. Weinheim und Basel 1980. S.469-499

Ulich,Klaus: Schulische Sozialisation. In:Hurrelmann, Klaus/Ulich, Dieter (Hg.): Handbuch der Sozialisationsforschung. Weinheim und Basel. 5. Neu ausgestattete Auflage 1998

Valtin, Renate/ Warm, Ute (Hg.): Frauen machen Schule. Probleme von Mädchen und Lehrerinnen in der Grundschule. Beiträge zur Reform der Grundschule. Bd. 61/62. Frankfurt 1985

Valtin, Renate: Freundschaft und Streit. S. 55 – 68. In: Reinhard Fatke (Hrsg.) Ausdrucksformen des Kinderlebens. Phantasie, Spiele, Wünsche, Freundschaft, Lügen, Humor, Staunen. Bad Heilbrunn 1994

Valtin, Renate/ Fatke, Reinhard: Freundschaft und Liebe. Persönliche Beziehungen im Ost/West- und im Geschlechtervergleich. Petersen, Jörg/ Reinert, Gerd-Bodo (Hg.) Auer Verlag 1999

Von Salisch, Maria: Kinderfreundschaften. Emotionale Kommunikation im Konflikt. Göttingen 1991

Wagner, Jürgen: Kinderfreundschaften. Wie sie entstehen. Was sie bedeuten. Berlin und Heidelberg 1994

Wehr, Dagmar: Eigentlich ist es etwas Zärtliches. Erfahrungsbericht über die Auseinandersetzung mit Sexualität in einer dritten Grundschulklasse. Weinheim und Basel 1992

Wolffheim, Nelly: Erotisch gefärbte Freundschaften in der frühen Jugend. In: Psychoanalyse und Kindergarten. Wien 1930. S. 32-44

Wansch, Astrid/ Stangl, Werner: Charakteristika der Vorpubertät. Linz 1997

Youniss, James: Soziale Konstruktion und psychische Entwicklung. Hrsg. Von Krappmann, Lothar und Oswald Hans. Frankfurt 1994

Zeiher, Helga/ Büchner, Peter/ Zinnecker, Jürgen (Hg.): Kinder als Außenseiter? Umbrüche in der gesellschaftlichen Wahrnehmung von Kindern und Kindheit. Weinheim und München 1996

Zeiher, Helga: Kindheitsräume. Zwischen Eigenständigkeit und Abhängigkeit. In: Beck, Ulrich und Beck-Gernsheim, Elisabeth (Hg.): Riskante Freiheiten. Frankfurt 1994. S. 353 - 375

Kinderbücher

Bergström, Gunilla: Willi Wiberg spielt doch nicht mit Mädchen. Hamburg 1986

Härtling, Peter: Ben liebt Anna. Weinheim und Basel 1979

Klages, Simone: Mein Freund Emil. Weinheim und Basel 1989

Kline, Suzy: Der freche Fritz hat ein Geheimnis. München 1995

Lindgren, Astrid: Ronja Räubertochter. Hamburg

Nöstlinger, Christine: Liebesgeschichten vom Franz. Hamburg 1996

Olsson, Sören/ Jacobsson, Anders.: Niklas ist doch nicht vom Affen gebissen. Hamburg 1999

Sachar, Louis: Rudi Rotschopf. Bd. 3. Sind Mädchen doof? München 1995

Van der Heyden, Haye: Küßchen. Ulm 1996

Westhoff, Hannelore (Hg.): Herzklopfen, Herzflattern. Geschichten vom ersten Verliebtsein. Ulm 2001

Zöller, Elisabeth/ Wittkamp, Julia: Gruß und Kuß Dein Julius. Bindlach 1996

www.ingramcontent.com/pod-product-compliance
Lightning Source LLC
Chambersburg PA
CBHW020505270326
41926CB00008B/748